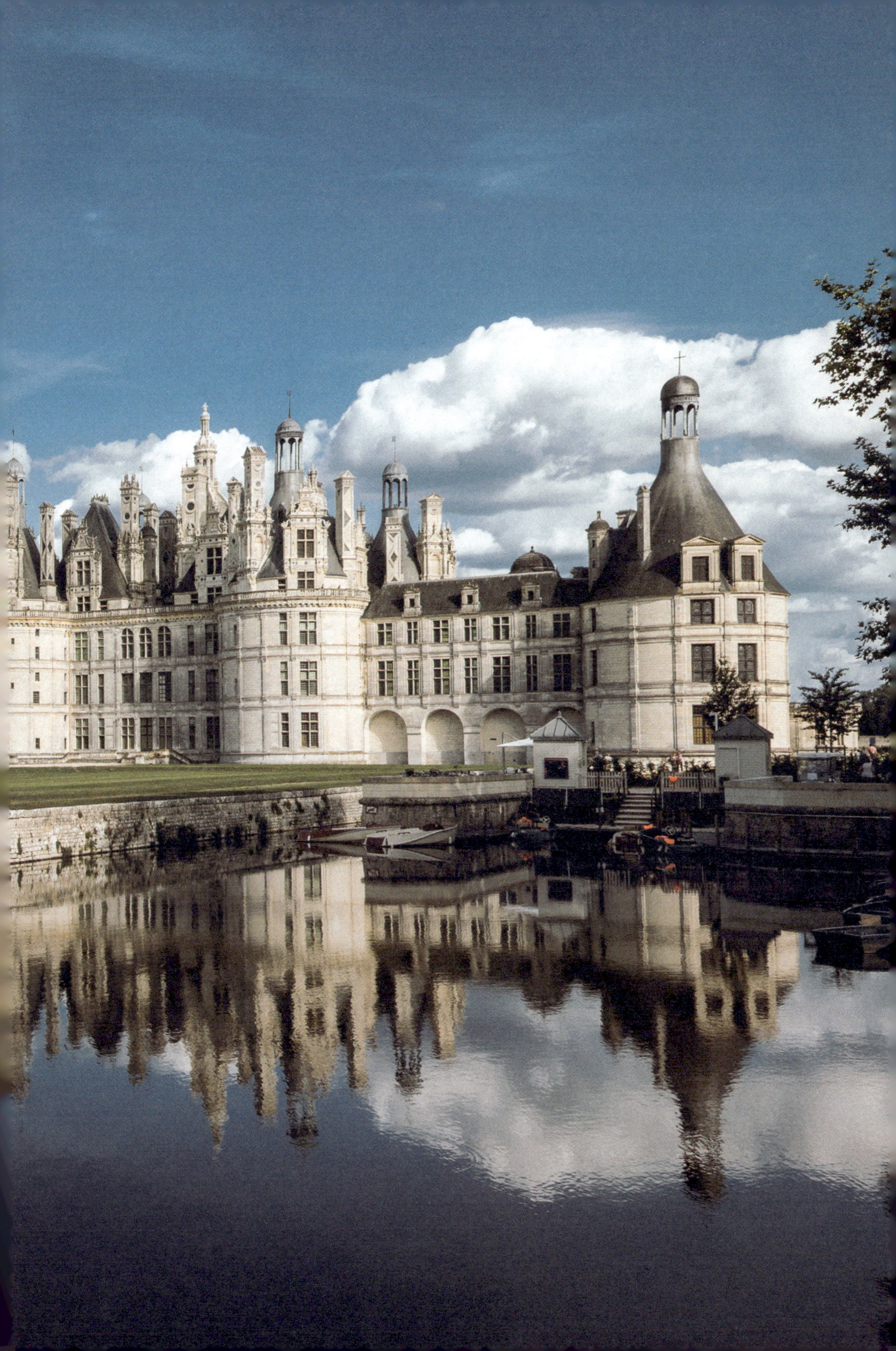

高高山頂立　深深海底行

故宫院长说皇宫

李文儒 著

天地出版社 TIANDI PRESS

图书在版编目（CIP）数据

故宫院长说皇宫 / 李文儒著. -- 成都：天地出版社，2017.8（2019年重印）
ISBN 978-7-5455-2711-7

Ⅰ.①故… Ⅱ.①李… Ⅲ.①宫殿—介绍—世界 Ⅳ.①K917.4

中国版本图书馆CIP数据核字（2017）第068388号

故宫院长说皇宫

出 品 人	杨 政
著 者	李文儒
摄 影	李文儒
责任编辑	陈文龙　卞 婷
选题策划	高高国际
封面设计	高高国际
责任印制	葛红梅

出版发行	天地出版社
	（成都市槐树街2号　邮政编码：610014）
网　　址	http://www.tiandiph.com
	http://www.天地出版社.com
电子邮箱	tiandicbs@vip.163.com
经　　销	新华文轩出版传媒股份有限公司
印　　刷	北京文昌阁彩色印刷有限责任公司
版　　次	2017年8月第1版
印　　次	2019年1月第5次印刷
成品尺寸	170mm×240mm　1/16
印　　张	23.5
字　　数	323千字
定　　价	68.00元
书　　号	ISBN 978-7-5455-2711-7

版权所有◆违者必究

咨询电话：（028）87734639（总编室）
购书热线：（010）67693207（市场部）

本版图书凡印刷、装订错误，可及时向我社发行部调换历史不仅属于它的创造者,也属于每一个人的眼睛和心灵。

目 录

埃 及
    太阳雨中的金字塔　3
    尼罗河的疤痕　17
    神殿或宫殿　29

奥地利
    两个女人的皇宫　41
    维也纳的声音　55

巴 西
    两个皇帝的皇朝　67

俄罗斯
    克里姆林童话　79
    一位皇帝和一座城市　97

法 国
    巴黎中轴　113
    流动的宫殿　131

韩 国
    王宫・皇宫　149
    王的丘陵　161

墨西哥
    从神皇到人皇　173

葡萄牙
　　　海上帝国　195
日　本
　　　遗址里的平城宫　207
　　　皇居·御所　223
瑞　士
　　　山高皇帝远　241
斯里兰卡
　　　岩石上的宫殿　253
西班牙
　　　输水渠与古城堡　265
　　　皇帝的影子　277
意大利
　　　皇宫在庞贝旁　289
　　　梦断废墟　303
印　度
　　　怅望泰姬陵　323
英　国
　　　从肯辛顿到白金汉　337
　　　皇家堡垒　351

题　记

在增补修订此书的时候，北京紫禁城——中国明清两朝皇宫，现在的故宫博物院——连续数年，每年的参观人数超过1500万。

不只中国的皇宫，法国的卢浮宫、凡尔赛宫，俄罗斯的克里姆林宫、艾尔米塔什，英国的温莎堡、白金汉宫，等等，全世界的皇宫类建筑，都是旅游观览者的必去之地。

由于历史原因，由于帝王个人、家族，以至国家的原因，历史上的皇宫变迁、宫殿建筑、皇家收藏及其中的人物、故事，往往凝聚了、浓缩了和代表着这个国家或地区的历史、文化、艺术。任何人都可以在很短的时间里，通过游览皇宫高度集中地得到丰富的知识。所以，它们对很多人有着巨大的吸引力。

并且，每一处皇宫作为历史的遗存，由于它的独特性、不可替代性、无法复制性、无法移动性，而成为历史的"唯一现场"。身临其境，即走进历史"唯一现场"，以自我的"体验"获得的识见，是任何其他的信息通道所无法提供的。所以，它们对所有的人都具有无穷的魅力。

不过，走进一座座皇宫，每个人的见识不尽一致。面对皇宫和皇宫的历史，追寻曾经生活在皇宫里的人、发生在皇宫里的事，以及宫殿的兴与废，由于年龄、经历、知识结构，甚至心境的原因，每个人、每一次走进皇宫的感悟不尽一致——这正是天下皇宫总是作为天下的人们不断追寻游走的首选原因。

我在为《紫禁城》撰写关于紫禁城建筑专栏时，写过这样的话："作为世界上现存规模最大、保护最完整的古代皇宫建筑群，紫禁城的伟大建筑在于它早已凝结为经典图像。既凝固又变幻的紫禁城图像属于它的创造者，属于自它出现以来所有见到和想到它的人们，属于每个人的眼睛和心灵。"

其实不只紫禁城，不只天下皇宫，不只宫殿建筑，世界上所有保存至今的人类历史文化遗产莫不如此。

本书所收皆为世界各地的皇宫类建筑，及一些虽不是皇宫但在世界建筑史上有极高地位的古代建筑。写作起因于开设"感悟皇宫"专栏。书中所收篇目，大部分在专栏中发表过。此次增补修订，除了新增数篇外，对全书文字做了统一的梳理，又调整了不少图片，并改为彩印，只希望读起来看起来更有趣味些。

埃及

历经沧桑的金字塔

壹
太阳雨中的金字塔

去埃及,最想看的,是金字塔;到埃及后,最先让看的,是金字塔。

最早出现在尼罗河边的大金字塔最具历史遗址的废墟性——我相信只要站在开罗南30公里处古埃及首都孟斐斯旁边的萨卡拉金字塔区,任何一个人都会立刻生出这样的感觉来。

是的,看一眼就知道这个地方曾经有过多大的规模,这个地方经历了多久的时光销蚀。

看看那些远远近近的金字塔,看看那些看得出与金字塔连在一起的石屋石柱石墙,看看它们坍塌的边角,甚至整体坍塌形成的堆积,如何凌乱在起伏的沙丘间,就知道无比坚硬的岩石,也无法抗拒风沙和时光的消磨;但是,只要意识到坍塌在你面前的是将近5000年前的人工建筑,还是会在心底里慨叹这里的任何存在是如此的坚硬、坚韧、坚强。

遗址区的核心是世界上第一座用石块建造起来的阶梯式金字塔陵墓。高62米、底部长125米、宽104米的巨大体积,一个惊天动地的庞然大物。即便以今天的眼光来看,仍然有着强烈的震撼力。

据说宽阔的通道从金字塔的底面向下,直通到法老王的花岗岩墓室,4

最早的萨卡拉金字塔区域，完成和未完成的梯形金字塔，经过5000年的风沙，虽然已经坍塌成这个样子，仍然可以看得出当时的宏伟壮观

万多个装着各种祭品的石头做成的瓶瓶罐罐塞满两旁的走廊；以金字塔为中心，墓葬建筑、神庙、宫殿等共同组成整齐有序的建筑群；建筑群外环绕着高10余米的厚厚的石墙，石墙四面有14个入口，但只有一个是真能出入的。现在在凌乱的废墟间随意出入，完全可以想象出当年的宏伟。

古埃及第三王朝国王祖塞尔下令为他建造这么一座前所未见的陵墓，为的是证明他的权力权威的绝对和至高无上，同时他也在向自己的权威和实力挑战。

祖塞尔做到了。到了他的时代，法老王的地位已经登峰造极，并开始了集权统治向宗教领域的成功渗透。金字塔陵墓的创造就是他修筑的直达天堂的永恒之路。

权力欲极度膨胀的祖塞尔开了一个既劳民伤财又几乎难以为继的头。

他的继任者兴建的梯形金字塔规模更大，然而没能完工。但金字塔从此就一直修了下去，一直修建到第十二王朝，延续了1000年左右。

以祖塞尔金字塔和古都孟斐斯为中心，沿尼罗河西岸，南北50公里的链条上，点缀着80多座金字塔。另有无数达官贵族的被称作马斯塔巴的圆锥台型石墓，散布在一座座金字塔的周围。如果这些陵墓在暗夜里能够发光的话，从上面看下去，定然有星空里看见银河的效果。

只有第四王朝的金字塔远远超越了祖塞尔。

第四王朝的第二位国王胡夫比祖塞尔拥有更多想象力，更有实力也更疯狂。

胡夫给自己建造的金字塔高达146.5米，底边每边长232米，塔底面积5.29万平方米。有人计算过，整座金字塔用230万块石头砌成，每块石头平均重2.5吨，其中有许多重达15吨。如此浩瀚的工程，10万人20年方可建成。

胡夫的金字塔不仅比祖塞尔的大得多，更重要的是，祖塞尔金字塔为6层阶梯塔状，梯形容易坍塌，正如已经和仍在坍塌的那样，而胡夫金字塔的四个三角斜面则各以51度52分的角度倾斜向上，全部用花岗岩砌出光滑平

从尼罗河向西望去，可以看清楚吉萨金字塔区的全景。这一天，当白日的游人散尽，日落黄昏时分，在摆满了椅子的区域，要举办特别的文化活动

面——真正的金字塔斜面。石块砍凿得非常精细，干砌的石块之间甚至连刀片都插不进去。金字塔内部的通道设计精巧，计算精密。

  4700年前的埃及人到底使用了什么样的工具？使用了什么样的技艺？多少年来一直众说纷纭，至今仍然是一个谜。与胡夫金字塔排列在一起的，还有胡夫的儿子和孙子的金字塔。儿子的仅比胡夫的矮3米，建筑形式则更加完美壮观，塔前建有神庙，更有著名的叫作斯芬克斯的狮身人面雕像充当忠实的值守。这个神秘的动物从它的后臀到前爪，长达74米，即使同宏伟的金字塔比起来，也称得上庞大。胡夫的孙子做国王的时候，第四王朝进入衰落期，金字塔的高度一下子就降到66米，即便如此，也比祖塞尔的高一点——位于开罗郊区吉萨区的金字塔群就这样成了埃及，也成了全世界最宏伟、最具标志性、最知名的文化遗产。

当年靠近水边的陵地神庙早成废墟

那一天有风有云。风流云动。从祖塞尔金字塔区赶往胡夫金字塔区已是午后时分,刚进园区大门,一阵太阳雨哗哗落下,雨点很大很急。陪同我们游览的爱丽女士在北京的第二外国语学院读过书,她说埃及年降雨只有30毫米,难得下雨,她说我们带来了让埃及人特别高兴的雨,所以她要先带我们到远一点的地方眺望金字塔。

这的确是一个非常好的主意。在远一些的地方,更容易看清楚三座金字塔之间的排列关系,以及它们与尼罗河,与开罗城,与周围的沙漠、不远处的绿洲的关系。

雨很快就停止了。风大,云很快地流动。太阳的光芒在稍有起伏的沙漠上,在金字塔的塔尖上很快地流动。

金字塔巨大的影子在流动,金字塔似乎也在游动。

最大的胡夫金字塔露出一块块一层层的堆砌状，201层石阶直通云霄。第一层高1.5米，最上层高0.55米。本来总高146.5米，因最上层组成尖锥体的高质量石料被弄走用于建造开罗城，现实际高度为137米。拿破仑曾下令计算，结果是祖孙三代的三座金字塔大石块可以为法国造一道高3米、厚0.3米的围墙

  金字塔群后面的尼罗河、开罗城似乎也在移动，从金字塔的缝隙间经过。

  就这样看着看着，忽然觉得非洲最长的河流尼罗河，非洲最大的城市，也是世界十大城市之一的开罗城，竟躲在古老的金字塔后面，缩略为金字塔可有可无的背景了。

  但是，没有尼罗河，就可能没有金字塔。

  埃及缺乏木材，却多石料。千里外的阿斯旺有很坚硬很好看很光滑的花岗岩。近处，河对面，尼罗河东岸有开采不完的石灰岩。不必说千里远的花岗岩，就是对岸的石灰岩，一堆又一堆小山般的石料，没有河水，没有船，怎么运得过来？

  尼罗河还得运送法老的遗体。当年，胡夫的儿子用一艘太阳船把胡夫从河的那边运到河的这边，在河边的神庙里，用尼罗河的水为胡夫施了净礼，

制成了木乃伊，通过金字塔下面的通道，秘密地送进在岩石深处开出来的墓室中。

胡夫的儿子哈佛拉把运送胡夫遗体的太阳船拆开，就地埋在胡夫金字塔的南边。这艘国王的专用船出土后，在原址修建了太阳船博物馆。现在，每一位看金字塔的人，便有幸直面这艘用1224块埃及无花果木和枣木木板制作、绳索捆绑、长46米、中部宽6米、有长9米的可封闭船舱、航行于4700年前的"巨轮"了。

谁也不肯放过仔细打量的机会，并思索在那么遥远的时代，国王的船在尼罗河航行，到底会是一种什么样的情景。

从太阳船展厅出来，望望不远处的尼罗河，太阳雨又来了。

人们纷纷跑去躲雨，我愿任雨淋洒。我知道，只有这雨，还是和5000年前淋洒过古埃及人、淋洒过尼罗河、淋洒过沙漠、淋洒过一个个法老王们的雨是一样的。

我向哈佛拉金字塔，向那座最为完美的金字塔走去。只有它的高高的尖顶上光滑的花岗岩保留至今，它的三角形尖顶的下部，包括胡夫的金字塔，还有其他金字塔表层光滑的花岗岩统统不知去向了，有不少可能成为开罗城里的宫殿或那么多的清真寺的一部分。

乌云聚集在金字塔上方，西斜的阳光穿过乌云恰好落在光滑的花岗岩尖顶上。光滑的花岗岩尖顶亮晶晶光闪闪地悬浮于乌云的下面，仿佛在天地间向人们验证和讲述法老王金光灿灿的王冠的故事。

于是，花20埃及镑，顺着狭窄幽深的通道，几乎完全是弯着腰甚至趴着进入哈佛拉金字塔的内部。不进去不知深浅，进去了更不知深浅。只知金字塔之谜大谜深谜不可测。后来翻阅一本书看到18世纪法国人萨瓦里在《埃及书信》中记载他进入时的情形：斜着下去，斜着上去，如蛇一般地爬下爬上，开了一枪，震耳欲聋的枪声在这座庞然巨物中回荡久久，惊起成千上万只蝙蝠，从高处扑下，撞在手脸上，好几把火炬被扑灭了。

1954年才出土的4700年前的"太阳船",陈列在出土地胡夫金字塔的旁边。主要因金字塔而闻名全世界的胡夫的遗体,就是被这艘船从尼罗河那边运到尼罗河这边,做成木乃伊,埋入金字塔下面的岩层中的

从哈佛拉金字塔中爬出来，太阳雨停了。

闻到了很新鲜的花岗岩、石灰岩的气息，沙漠的气息，尼罗河的气息。

风忽大忽小，云忽开忽合。西斜的阳光继续在金字塔，在斯芬克斯狮身人面像上流动。光影变幻，明暗交错。

忽悟：金字塔的创意岂非"阳光穿过乌云投向大地的图像"吗？太阳与水不正是古埃及的众神之神吗？

好像得到一个重大发现似的，立即将此语发给远在北京的朋友，竟得到也许是因距离而生的更有意味的感悟：

——那是上帝的身影吧？他躲在阳光之手的后面呵呵笑着，这些傻乎乎的法老们，瞧瞧他们造了些什么？阳光之手破开乌云宣示了上帝的存在，法老们悟到了刹那间的稍纵即逝，发誓要用超稳定的石头庇护身后的日子以对抗时光的销蚀。谁说金字塔征服世人是心源深处无论如何也驱逐不开的原始几何形体？怎见得不是对于上帝的敬畏与不服？可是上帝从不出现，只投下影子在阳光之手的后面呵呵笑着。

是啊，金字塔的神秘，建造金字塔的神秘的力量，的确来自太阳。

后来翻阅有关文字，知道研究者从古埃及象形文字中读出了这样的文句："他说，安宁地来到这里并穿越天空的人，就是太阳神。"

古埃及人将金字塔与他们眼里的太阳的神秘力量联系起来，金字塔的各个面都要折射太阳的光线，如太阳破云而出将光芒洒向大地。金字塔是天地间的桥梁，是光的化身，是伟大的涅槃的标志。

事实上，被奉为先知的法老，不止一位这样描述过金字塔，在金字塔上刻下这样的文字表达自己："愿天空为你增强太阳光吧，这样你就可以上天堂做拉神（太阳神）的眼睛。"

法老主宰一切的权力结构就是金字塔结构。法老在塔尖，法老就是太阳的化身，就是太阳神。

太阳的万道金光，像上帝，像造物主伸出的无数的无限延伸并看得见的

作为胡夫儿子哈佛拉陵墓的守卫者，长 74 米、高 20 米的庞然大物斯芬克斯，完全是在岩石上雕出来的。在数千年的时间里，只能看见浮现在黄沙中的巨大神秘的女人头像。从出土到呈现出这个样子，几乎用了整个 19 世纪的百年时光。至于修补工作则一直没有间断

手臂一样，伸向大地，伸向所有的人，并能把他们带入天堂。

　　从视觉上，从感觉上，人们都可以走在光线上，走在光坡上，上升，上天，向着太阳，前进，前进。沿着金字塔斜面走向永恒。而天上的、金字塔尖的太阳神说："到我这里来。"

　　如果不能建立起这样的信仰，如果不能为法老的极权提供那么多的宗教依据，如果大多数人不是心甘情愿地把自己奉献给太阳神，这样的金字塔的建造，还有同样工程浩瀚的神殿宫殿的建造，在那个时候，简直无法想象。

　　金字塔的力量一直延续到很久很久以后。极端的例子是，16 世纪，一位旅行的绅士沿着斜面爬了上去，就要到达尖顶的时候，可能因为眩晕突然掉了下来，摔得粉身碎骨，连人的形状都看不出来了。

　　拿破仑到底有帝王气，18 世纪金字塔战役之前，他在他的军队前，可

仅存的完好的哈佛拉金字塔光滑坚硬的粉色花岗岩尖顶，极少被这样的云雨笼罩并冲洗

能用他的指挥刀指着金字塔尖，发出了最有穿透历史力量的战前动员令："士兵们，在这些金字塔的顶上，40个世纪注视着你们！"

这些事件本身，还有之前再之前的许许多多的事情，一再说明古老的金字塔保护不了古老的文明，连与金字塔连接在一起的法老王们、法老王的臣民们的蚕蛹再生式的木乃伊的信念，木乃伊的精神之源，也蜕变得苍白无力。

因为疑问出现了，幻灭感产生了：木乃伊真是产生永恒生命的"蚕蛹"吗？许多墓葬，法老的，大祭祀的，王公贵族的，包括坚固如金字塔者，坍塌了，消失了，即便还在，也早被掏空了，可是，从来有谁出来为谁说明过什么吗？

上帝却仍旧躲在阳光之手的后面呵呵笑着。

从沙漠向东北看去,现代都市开罗只能成为古老
金字塔的模糊背景

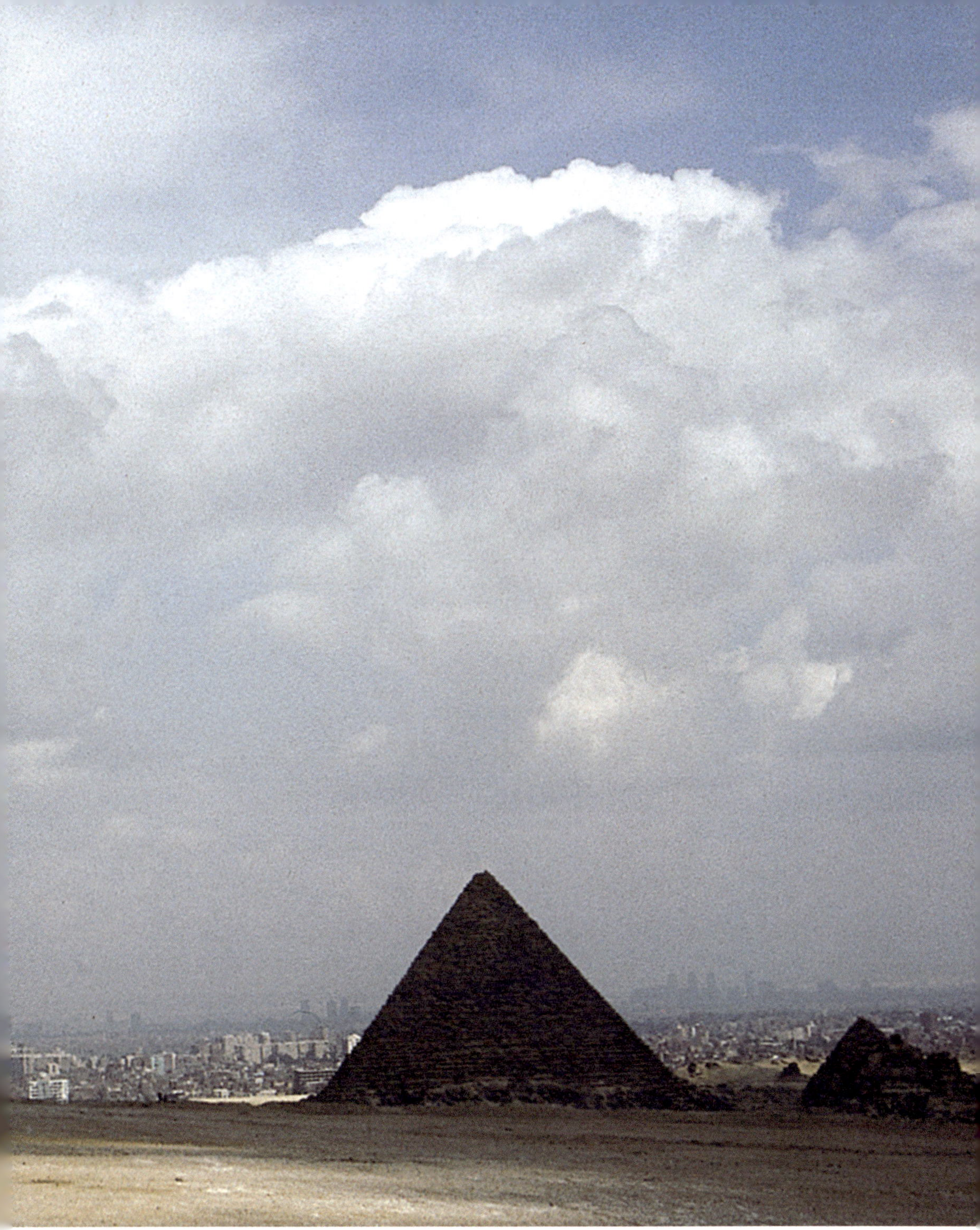

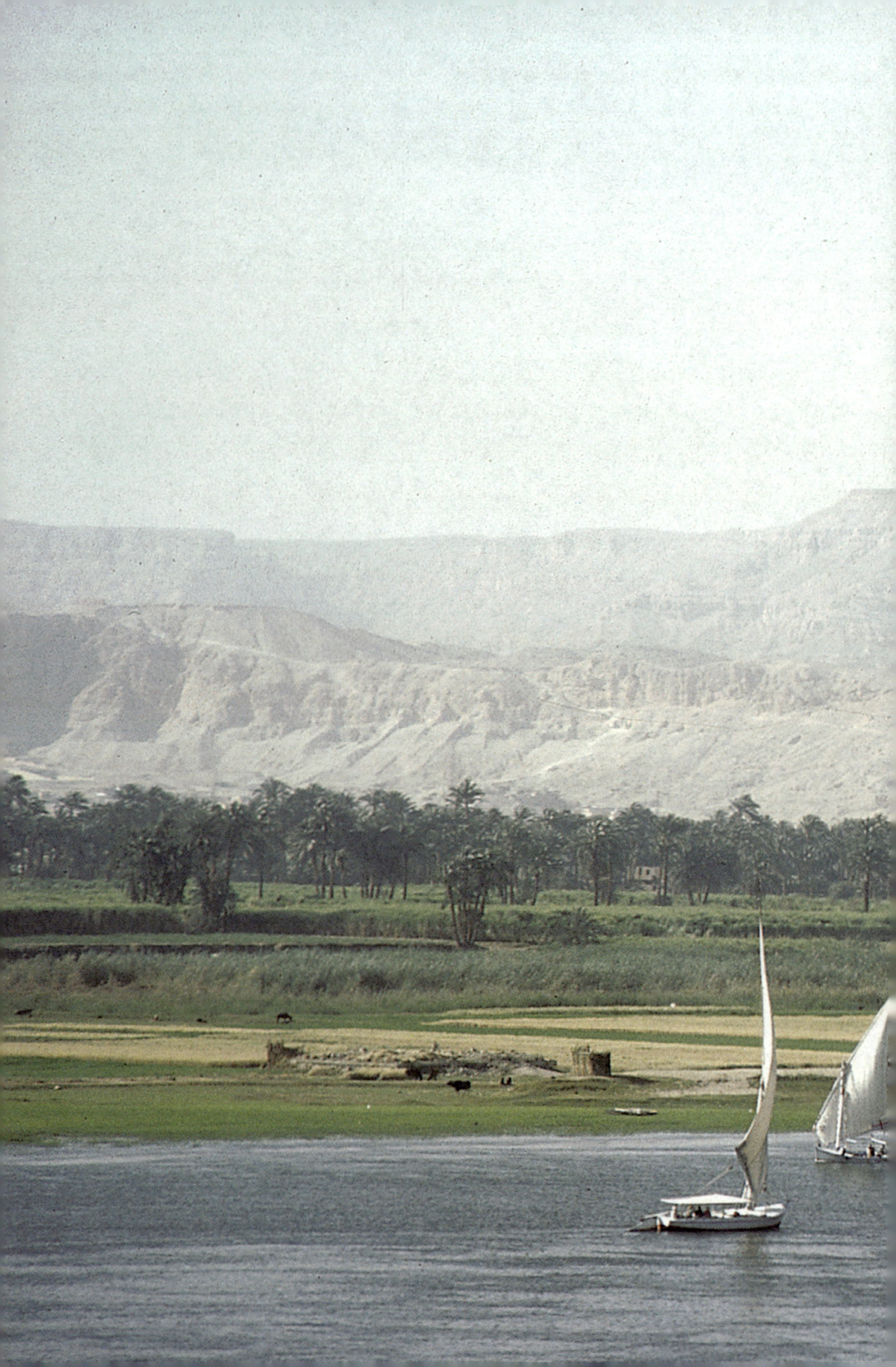

贰 尼罗河的疤痕

卢克索，一个说起来极有感觉的名字。

这座尼罗河畔的著名城市距开罗670公里，位于在埃及的尼罗河上游。一早起来推开窗户，蓝色的尼罗河面上清爽新鲜的空气就飘了进来，一同飘进来的还有咖啡、面包、烤肠的芳香。

太阳还没有升起，豪华的大游船安稳地靠在岸边，正对窗前的五只洁白的单桅小船宁静而清纯，远处的河面上有数点白帆移动，与河水一样蓝的天空中，热气球悄然飘过。在这样的地方，任何想象不到的事情、任何浪漫的事情都有可能发生，或早已发生过了。

现在的卢克索是古埃及帝国首都底比斯的一部分。3500年前，底比斯人以此地为中心重新统一了埃及，建立起一个更加强大的帝国。这个维持了1500多年的帝国，在这里建造了众多宏伟壮观的神殿、宫殿、王朝陵墓，卢克索因此成为寻觅古埃及遗迹的宝库。此时此刻，静静地铺展在窗下的油画般的尼罗河景致，更能唤起人们对消失在历史深处的尼罗河的张望。

比卢克索成为帝都的时候还早1000年，甚至更早的时候，尼罗河已经是船帆的世界了。用纸莎草秆、棕榈树皮做的小船，十多米长的斜桅小帆船，

孟斐斯遗址公园

雪花石斯芬克斯是现存仅用一块石料雕成的最大的狮身人面像，高 4.5 米，长 8 米

可运送数十米长的方尖碑的巨型木筏，在尼罗河上来来往往。

有资料表明，公元前 2620 年，建造最大金字塔的第四王朝的船队，至少由 40 艘特制的长达 50 米的大船和 60 艘较小一些的船只组成。那时的造船技术已经相当成熟。上等亚麻巨帆和又粗又长的密密的帆缆，与浩浩荡荡的船队，与长长的宽宽的尼罗河完美地组合成流动的风景。唯有这样的风景，才造就了尼罗河两岸古埃及 3000 年文明的辉煌。

但是，昔日的辉煌早已变为看得见与看不见的遗址遗迹。

所谓的文明其实是历史的疤痕——尼罗河两岸几乎无处不有。

孟斐斯就是一块最早最大的疤痕。孟斐斯虽然早已消失在开罗附近，或者说被后来的开罗取代，但它开创和延续古埃及文明影响之大、时间之长，是任何一个地方都无法比拟的。

大约在5100年前，上埃及国王统一了上下埃及，选择在上下埃及的接点，尼罗河三角洲的顶端，建立首都孟斐斯城，从此，古埃及许多王朝都以此为统治中心。

更早些的时候，尼罗河两岸，法尤姆湖畔，尼罗河三角洲上数不清的沟渠旁出现了众多小镇，出现了更大的居住中心，比希腊城邦早了2500年。

更不可思议的是，那时候就可以建立起上千公里的拦河坝，将沼泽与沙漠改造成肥田沃土。

6000年前的文明如此成熟，古埃及仿佛来自另一个世界。有研究者说，可能来自更早些的两河流域，来自美索不达米亚。

不管来自何处，总之，在黄色的沙漠边缘，在蓝色的法尤姆湖畔，在尼罗河的绿洲上，用白色城墙围起来的都城孟斐斯异常靓丽。

漂亮的孟斐斯虽然永远看不到了，可是，在去孟斐斯的路上，却忽然生出一种特别的感觉：似乎走在、走向一处非常熟悉的地方——简陋的沥青路面自然地与两边的沙土融在一起；黄灰色的村庄一个接一个；土地，田园，庄稼；闻得到泥土的气息，庄稼正在生长的气息，农家院落里的气息；看见所有的人都悠然自得，一切无所谓的样子；你不知道这里发生过什么，你又知道这里什么都发生过了——对了，那感觉，就好像走在陕西、河南、山西黄土地上的任何一个地方，稍一留神，就有可能发现几千年前的痕迹。

孟斐斯只剩下所谓的遗址公园了。

在不起眼的遗址间，怎么也想象不出曾经绵延15公里、有着白色城堡、满是古老世界各位神灵的神庙圣殿的都城是什么样子。

公元前4世纪已是废都一片。

18世纪考古发掘到重要的遗址塔赫神庙，那是历代法老王加冕的神圣殿堂。曾经矗立在神庙前高达13米的拉美西斯二世巨像，如今无奈地躺在遗址简单的展厅里。曾经守卫在神庙门口的、用一整块雪花石料雕刻出来的最大的斯芬克斯像，如今孤独地守望着空寂的遗址。只有从远处那一座座遗

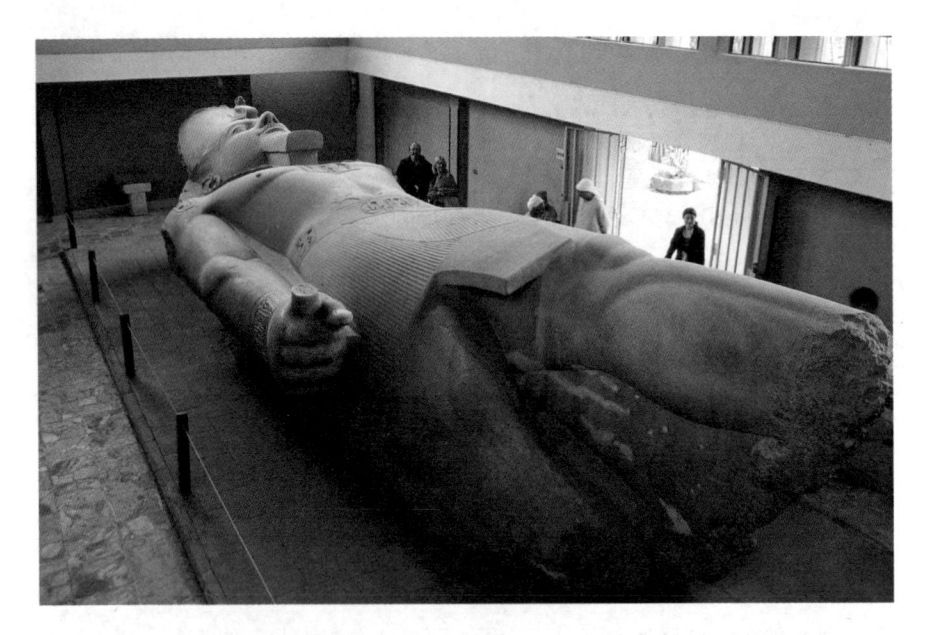

躺在孟斐斯遗址公园里简陋的陈列厅中的拉美西斯二世（约前 1304—前 1237）雕像原高 13 米

世独立的金字塔上，多少能看到孟斐斯当年的影子。

不过，不少最重要的内容，还是被所有称得上伟大发明中最伟大的发明——文字——记载下来了。

孟斐斯遗址里就竖立着一块刻着古埃及象形文字的岩石。

成熟于 6000—5000 年前的埃及象形文字，使用了 3000 年基本未变的埃及象形文字，更多地书写在尼罗河边到处生长着的纸莎草制成的草纸上。

20 世纪末，失传了 1000 年的纸莎草造纸工艺被发现了。于是，在开罗市内尼罗河的一小岛上，新建了一个"法老村"，村里生长着茂盛的纸莎草，作坊里可以看到如何把草制成纸，如何在草纸上书写象形文字和绘制古老的画。

这样的草纸简直像尼罗河一样能够永存。保存在博物馆里的这样的草纸书的价值比石碑更长久，足以取代神庙和金字塔的位置。

历史被它们完整真实地记录留存下来。记事记人的文字，歌颂太阳神、歌颂尼罗河、歌颂爱情的诗歌——通过后来的研究者的解读，终于让那个遥远的时代重新诉说自己。

即使非常粗疏地在卢克索地区风光旖旎的尼罗河两岸走一走，就会发现这个曾经傲世千年的圣地简直是疤痕累累。

就在我怅望尼罗河日出日落的那个窗口的对面，在尼罗河西岸较为开阔的田野上，孤零零地矗立着两座被叫作门农的石头巨像——再典型不过的疤痕累累的标本。

这两个高20米、体重约1300吨、早已残缺不全、面目模糊的著名历史巨人，实际上是阿梅诺菲斯三世神殿前雕像。

建于公元前14世纪初的新王国鼎盛时期的气势恢宏的墓葬神殿，是这片肥沃土地上神殿建筑的巅峰之作——这么巨大的雕像足以证明。但坐像身后的殿堂被后来的法老毫不可惜地拆掉了，用拆下来的石料去建造自己的神殿。

也许是因为人们把巨大的石像当作希腊神话中门农的雕像，这两尊雕像才幸免于难。

罗马统治时期的强烈地震使巨像从肩部到骨盆出现了裂缝，从那个时候开始，每当太阳升起，风在尼罗河畔的原野上掠过，门农就开始发出唱歌一样的声音。

门农巨像成为希腊人和罗马人的朝圣之地。

然而，当有人出于感激之情做了保护性的修补之后，门农便不再歌唱了。

从1844年的一幅画作中，看见洪水淹没了部分田野，门农巨像的下部浸泡在水里。现在，我从远一点的地方望过去，觉得佝偻在碧绿的玉米地中的两位老人，再也经不起太阳的曝晒了。

门农神像的后边，永远被太阳晒得发烫的沙漠里，起伏着嶙峋的山岩。

看起来光秃秃的不毛之地，谁能想到从十七王朝到二十王朝的64位法老，扎堆埋葬在这样一条山谷里。

不管尼罗河畔的风有多大,孤零零地矗立在田野上的门农巨像不再唱歌了

这个地方就是赫赫有名的国王谷。

古埃及复兴之后的图特摩斯时代，约在公元前 1500 年前后，开始了一个新的墓葬形式并形成传统。死去的法老的木乃伊仍是原来的做法，但墓葬不再如胡夫的金字塔那样在天地间做至高无上的宣示了。

法老们的墓室选择在底比斯几乎与世隔绝的山谷里的石灰岩层中，严格执行也是一个至高无上的法老的密令："没有人看见，没有人听到！"

从外边绝对是什么也看不到的。王朝复兴之后的所有辉煌，建筑、壁画、财宝，统统被严密地封存在山谷的岩层里。

最大的一座墓葬是第十九王朝沙提一世墓。从入口到最后的墓室，水平距离 210 米，垂直下降距离 45 米。开掘出来的巨大的岩石洞穴营造成宽敞的地下宫殿。墙壁天顶布满壁画。此世的奢华拥有与彼世的完美保留及走向天堂的路被描绘装饰得无比华丽。

大部分墓穴的入口开在半山腰，留下细小通道通向墓穴深处。通道两壁的图案和象形文字仍然十分清晰。有些陵墓通向墓室的通道不止一条，除正面通道外，还有侧面的绕行通道。有些墓室不止一层，开辟为二层三层。

第一位女王哈特舍普苏的陵墓有一条极长的弧形地道，须走好多公里才可到达墓室。她的墓前神庙的遗址，宽阔得不可思议。其建筑的创新，成为古埃及建筑艺术独一无二的典型。

"没有人看见，没有人听到"——压根儿就不可能做到。

张扬在金字塔下面的 4000 多年前的墓室被掏空了。隐藏在沙漠中荒山岩石里的 3000 多年前的墓室同样被掏空了。

国王谷里有幸完整留存下来的反倒是最简陋的一座墓室，因而也成为最著名的一座。

它的主人是第十八王朝的图坦卡蒙。生活在动荡时代的这位国王还没有到成年的时候就去世了。他的陵墓的修建和安葬是在动乱中匆匆忙忙完成的。若干年后，又被修建另一位法老王的大陵墓的废料将这座不显眼的陵墓掩埋

国王谷中的发掘工作仍在继续

得严严实实。

这一埋就是 3000 多年,直到 20 世纪重见天日。

清理这座这个地方最小的陵墓,竟然足足花了 4 年的时间。自然,收获是前所未有的:用金子和彩色珐琅制成的棺椁,宝石金面具,用金块和景泰蓝制成的秃鹫形耳坠……墓葬中的发现成为埃及最重要的珍宝。

在几乎被翻了个底朝天的国王谷突然发现未被盗过的国王墓的消息轰动了整个世界。如今,陈列在开罗博物馆的图坦卡蒙墓室的珍贵文物,令人惊叹不已的同时,更让人深思不尽:其他那些几乎统统超过这座简陋陵墓的法老墓室被洗劫,究竟给人类的历史见证带来多大损失?数千年前一朝一代的帝王无理性无节制的劳民伤财已经给历史制造了无数伤疤,随之而至的无休止的争夺、破坏、毁灭、盗窃,使尼罗河两岸更加疤痕累累。

只有奔腾不息的伟大的尼罗河可以作最公正的见证。

20世纪出土于国王谷中的图坦卡蒙（约前1354—前1345）面具现收藏在开罗埃及博物馆。宝石金面具与国王的面部几乎严丝合缝，额头上突出的由天青石、绿松石、玉石组成的王国标志，接近于写实的面孔与夸张的蓝色条纹，使国王的面具显得既尊贵又优雅

嶙峋的山岩前,古埃及第一位女王哈特舍普苏(约前1505-前1482)神庙遗址宽阔得不可思议

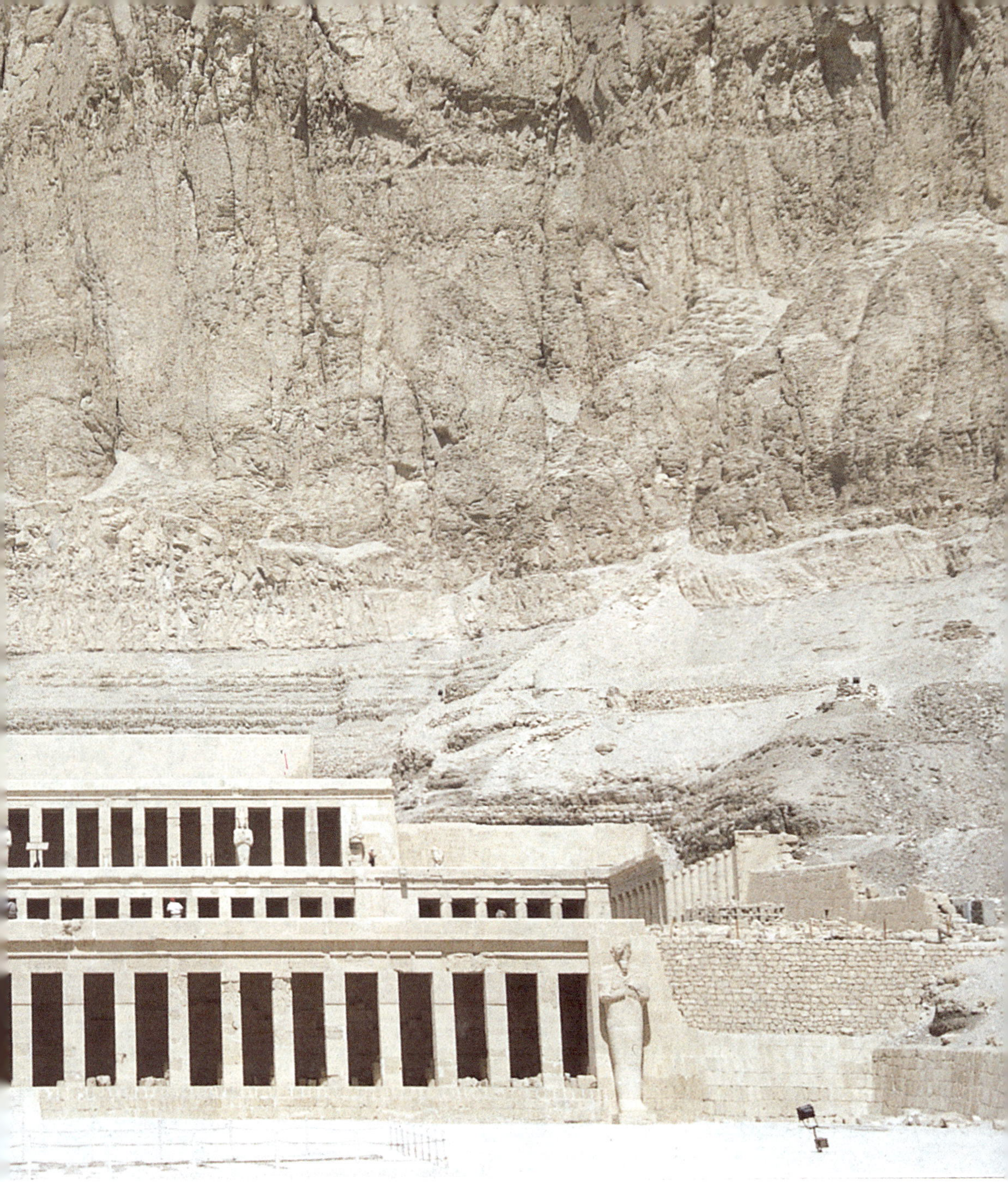

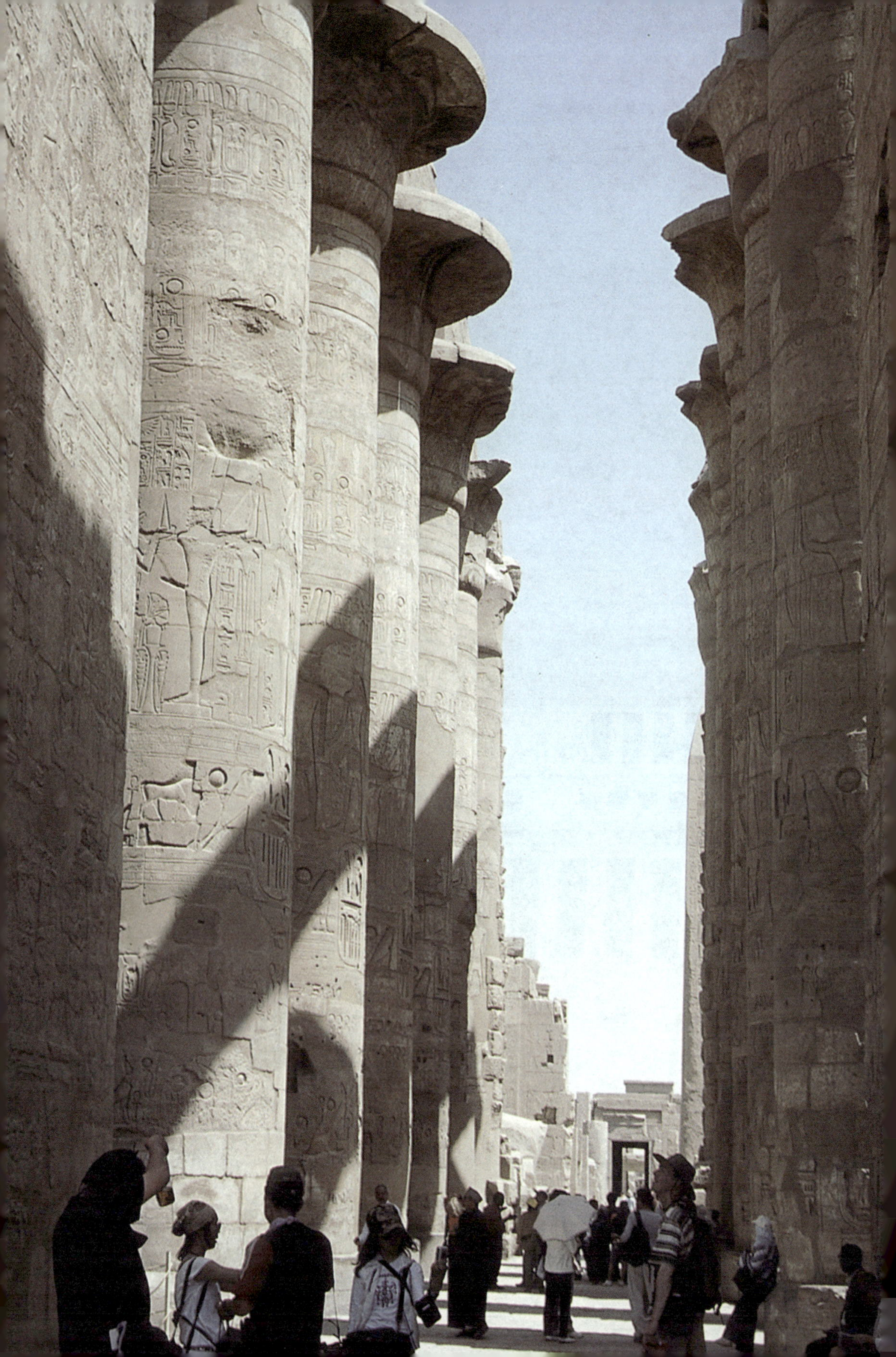

叁

神殿或宫殿

在尼罗河边古埃及遗迹集中的孟斐斯、卢克索、阿斯旺等地寻找古埃及的踪影，常常会想到这样一个问题：为什么看到的地面上的遗址，大多是神庙神殿，而很少有王室宫殿呢？

想来想去，凡改朝换代，迁都毁城，摧毁前朝宫殿的事大约是经常发生的；而一旦成为不管什么神的居所，恐怕就不可以随意动手了。

再有的原因，或是人与神的关系，国王与神的关系——法老即神，神殿即宫殿，宫殿即神殿。

远在第一王朝之前，6000年前，埃及人认为自己的历史开始于奥斯里斯的统治。从那个时候开始，奥斯里斯就被人们奉为半神半人的伟大国王。人们赋予他无穷的美德与智慧：治洪水，种小麦，制面包，酿葡萄酒，传授文字和艺术。

传说中的他在埃及完成了伟大的使命后，把宝座交给心爱的妻子伊西丝，独自往东方开创新的天地。当他回来的时候，被他的弟弟杀害，他的尸体被肢解，埋到埃及各地。

悲痛欲绝的伊西丝在神灵的帮助下找到了丈夫遗体的所有部分。

因修建大坝、水库而整体向上移位 60 米的阿布辛贝勒神庙。拉美西斯二世的四尊雕像和整座神庙直接雕凿在岩石里的状况原样保留

伊西丝的滚滚热泪竟使奥斯里斯复活了。

多么悲怆动人的故事！每当看到狮身人面的斯芬克斯，我就会想到这个故事。

那是一个神话与真实交织在一起的时代，那个时代的形象代表可能就是神秘的法力无边的斯芬克斯。尽管有不同的说法，我总觉得狮身上漂亮勇毅的人面像就是使伟大的国王复活的伊西丝——王的保护神、再造神。

在古埃及的神殿里，被塑造和描绘最多的也是奥斯里斯和伊西丝。其影响所及，上至法老，下到臣民，不约而同地把历史上发挥了重大作用、产生了重要影响、给埃及带来了光荣与梦想的法老尊奉为神。

更为直接的是，大部分法老自己就把自己作为神了。

他们建造自己的神庙，树立自己的雕像。

他们让自己和自己的塑像一同住在自己的神庙里，那就是自己的宫殿。

被称为最伟大法老的拉美西斯二世，固然为埃及创造了许多伟大的奇迹，同时他也在用各种各样的方法，包括借不同的神，用臣民的颂扬，不断地修饰自己，使自己更加完美无缺。

他创造历史的过程也是神化自我的过程。

比如，他册封大臣，大臣就把这样的诗句献给他："你是两国的国王，所有异邦都受你命令支配，你的疆域直达天界，天下所有的一切都在你的掌控中，而太阳照耀下的一切都在你眼下，海里的万物都臣服于你，你在人世间，在天神阿鲁斯的王位上，光辉耀眼地，当所有人的国王。"

拉美西斯二世更是一个不知疲倦的，甚至有特别嗜好的建筑家。他在尼罗河谷到处大兴土石。他知道神庙比生命的留存久远得多，他在所有建筑物上用鲜艳的色彩描绘他的丰功伟绩，他把他光辉伟大的雕像与所有的建筑组合在一起。他最得意的作品阿布辛贝勒和卢克索神庙，真是如他所希望的那样，一直到现在，一直到今后漫长的岁月里，都会越来越吸引后来者的目光。

乘机飞往位于埃及最南端，距开罗 1180 公里、与苏丹接壤的阿布辛贝勒，只见晴空万里、黄沙连天，碧波荡漾的纳赛尔水库显得更为纯洁明净。若不是专程寻访，谁会想到这么一处寂静的地方会有举世瞩目的古迹？

也许是为了炫耀他的疆域或守卫他的国门，拉美西斯把这座最宏伟、最高贵的神庙建造在光秃秃的沙漠里。

他让建造者把高 31 米、宽 36 米、纵深 60 米的庙宇直接开挖进岩石山体里。

在入口处的岩壁上，雕出 4 座巨型的拉美西斯坐像，每尊高 20 米。巨大的拉美西斯小腿间，据说是他的母亲、妻子、子女的小雕像，栩栩如生。

岩洞里，即庙宇内部，满壁雕刻、彩绘，描画出来无穷尽的拉美西斯的故事，成为现在埃及人仿制草纸画的主要范本。

大概是地理方面的原因，这座著名的神庙曾经在许多世纪里退出了人们

位于卢克索北边的卡尔纳克神庙

的视野，差一点被流沙掩埋。

19世纪初，在陡峭的尼罗河河岸上，一个瑞士人惊讶万分地发现四个巨大的石人头从沙堆里冒了出来。几年后，一个意大利人从沙堆里挖出一座门的上部，发现了入口。从此，旅行家、学者、考古学家接踵而至。许多人把这个地方当作寻觅历史的心灵坐标地。

20世纪60年代，当决定在这座神庙的下游阿斯旺建造尼罗河大坝，建成世界上第二大水库，即后来的纳赛尔水库时，这一带以拉美西斯神庙为核心的古迹面临永沉湖底的危险。它们的价值及抢救立即受到全世界的关注。

联合国教科文组织发出呼吁，51个国家作出反应，一个大规模的国际抢救古迹活动开始了。

由24个国家考古学者组成的考察团实地考察研究发现，3000多年前的建造者精确地运用天文、星象、地理等多方面知识，按照可能是拉美西斯的要求，把神庙设计成只有在他生日那一天和神庙奠基的那一天，即每年的2月21日和10月21日，旭日的金光才能从神庙的大门射入，穿过60米深的长廊，照亮神庙尽头的拉美西斯二世石像。

人们把这一奇观发生的时日称作太阳节。

为了在整体搬迁中保证这一奇观的再现，联合国教科文组织发起募捐，派出当时国际一流的科学技术人员，运用最先进的科技方法，将神庙拆散重组，原样向上移位60米。前后经过20年的努力，神庙是保住了，可是，太阳照射拉美西斯的时间之光却无可挽回地错后了一天。

到卢克索寻找拉美西斯二世的那个白天和夜晚同样令人难以忘怀。

古埃及帝国在卢克索遗留下来的最壮观的两座神庙虽然不是由拉美西斯始建，却是由他来完成的。

卡尔纳克神庙在卢克索北4公里处。看见它的时候，还以为是一座城堡，想来神庙应当藏在它的里面。

其实它就是神庙。

卡尔纳克神庙的主体部分太阳神阿蒙神庙的石柱大厅，柱面刻满了古埃及文字

　　卡尔纳克神庙正是以其浩大的规模闻名于世的。现保存完整的部分就达30万平方米。建筑群中有大小神殿20余座。完全用大大小小的石块组装起来的整座建筑群中，有10座高高大大的塔门衔接转合。从高44米、宽131米的塔门下走过，怎么也想不到这样古老的都城竟能有如此高大的城门。东南部有波光粼粼的圣湖两处，是祭司们每日进行4次净化仪式的地方。最令人震撼的是建筑群中主体部分的太阳神阿蒙的神庙。134根高21米、须6人方可合抱的巨大石柱撑起的5500平方米的石柱大厅让人目瞪口呆。中间部分最大的12根石柱高23米，周长15米，开放的纸莎草式柱顶盘上站50人也不显拥挤。这些石柱历经3000多年无一倾倒，被视为古埃及建筑艺术的典范之作。

　　拉美西斯二世把这座神庙增建到无以复加的时候，选择他认为最适当的地方——在原始森林般的多柱厅入口处——矗立起自己粉色的花岗岩巨像。

卡尔纳克神庙有三条让这座宏大雄伟的"圣城"更加壮观开阔肃穆的羊头狮身斯芬克斯大道通向外面。

向南的一条与 4 公里外卢克索神庙的人首狮身斯芬克斯大道连接在一起，向西的一条通向尼罗河码头。

在法老们把这个地方作为都城的时代，一年里最盛大的节日活动在两座神庙之间进行。30 名祭司抬着至高无上的太阳神阿蒙的圣舟，首先走出卡尔纳克神庙。随后是全埃及的精神王后阿蒙妻子的圣舟，再后是阿蒙的儿子月亮神的圣舟。法老及王朝的官员跟在圣舟后面，男女祭司们高唱着非常古老的歌曲，漂亮的姑娘吹着笛子跳着欢快的舞蹈，来自帝国各地的兵队两旁护卫。游行到尼罗河边，游行队伍登舟向卢克索神庙进发。几乎倾城参加，人们兴奋而幸福，这些天他们觉得自己离太阳神最近。

来到卢克索神庙已是夜幕低垂。

浓重的夜色与布置在神庙内外的景观灯把雄伟的建筑装点得恍若仙境。最终完成神庙建设的拉美西斯同样把自己的巨像矗立在正门两侧。光影掩映下的拉美西斯神秘莫测。

现实与历史的界限忽然模糊起来。这个时候，不能不相信做了上千年古埃及首都的这个地方，法老们曾经聚集起多得难以想象的财富，正如荷马所写："只有沙漠中的沙粒在数量上能超过封闭在这座城市里的财富。"

财富的一部分就变成了这样的神殿和宫殿。

拉美西斯好大喜功的建筑狂热，终于将献给太阳神的宏大结构过渡给自己。帝王执政的中央大殿，很快扩张成同神殿一样的多柱式大厅。宽敞的大厅伫立着一排排巨柱，一直通向御座，像神殿里通向神座一样。

拉美西斯本来在卢克索神庙前矗立起六座同样高大的自己的雕像，现在只剩三座了。和他的雕像并列在一起，还有两座高高的方尖碑，现在只剩一座了，另一座流落到了巴黎的协和广场。

卢克索神庙夜景

在阿斯旺市区边，顺着尼罗河，有一处绵延6公里长的古埃及采石场，全埃及最好的花岗石被尼罗河从这里源源不断地送到各处的金字塔、神庙、宫殿。

采石场遗址的乱石堆里，现在仍然横躺着一个巨大的未完成的方尖碑，长41米，重达1267吨。这个方尖碑原本是第十八王朝女王哈特舍普苏要用的，不知什么原因没能运走。

也许因为它是世界上最大的方尖碑吧。

作为原料地的古采石场一直躺着的裂开了缝的方尖碑，作为遗址地的神庙神殿前一直站立着的方尖碑、作为国际大都市最繁华的协和广场上流浪的方尖碑……像古采石场一样残破的古埃及遗址、像残破的古遗址一样的古埃及采石场……忽然一起聚集在我面前组成奇异的场景。

世界上最大的方尖碑躺在阿斯旺的古采石场里，这件半成品还没有同岩体完全分离，古埃及神庙或宫殿中最好、最大的花岗岩大部分开采于此

这些都和宏大雄伟的古埃及建筑相关。

"法老"一词，本就是"大宫殿"的意思，意在确立一种在与其他房子相比中的永恒与至高无上的地位。

如今法老没有了，残破的神殿还在，残破的"大宫殿"还在。

法老没有了，神化了的法老神像还在。

他们还在以数千年不变的姿态、表情、言语，打量和言说着他们曾经指挥调度过的千变万化的世界；这个世界也在继续打量着他们，打量着完整的他们和他们残破的神殿，残破的宫殿。

尼罗河小岛中属于女神伊西丝的菲莱神庙，纸莎草和荷花状柱头装饰着高大的石柱

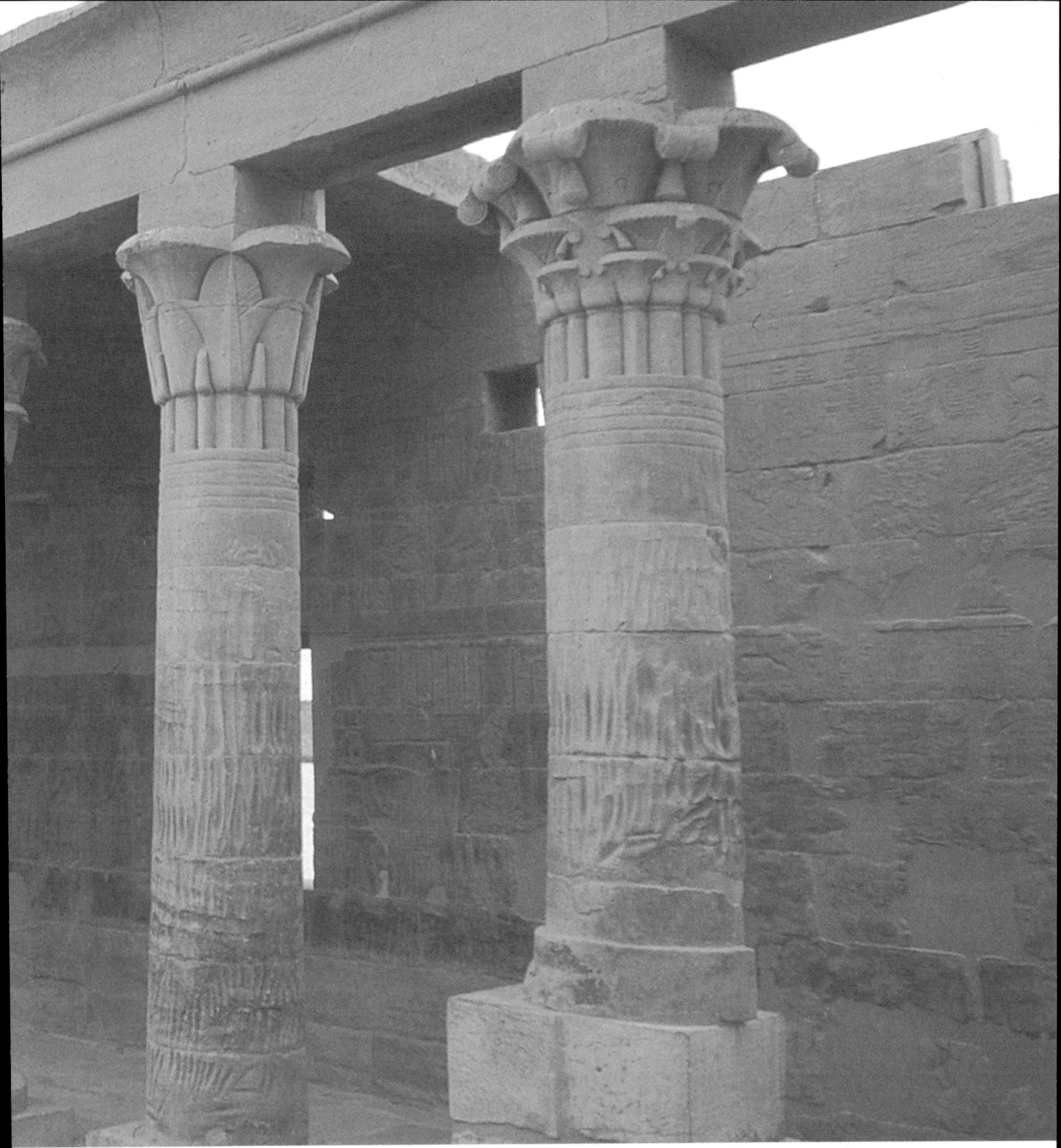

奥地利

奥地利皇宫的雕像

壹

两个女人的皇宫

美泉宫,这样柔美的名称,注定有更多女性的色彩、女性的故事,一如从它旁边流过的多瑙河一样。

欧洲人把莱茵河称为男性河,因其宽阔浩荡;把多瑙河称为女性河,因其细窄轻柔,一如《蓝色的多瑙河》演奏的那样。

第一次看见鲜亮的明黄色宫殿建筑和清澈的水面、嫩绿的草地、盛开的鲜花,怎么也不会想到美泉宫会有那么悠久的历史。

美泉宫的名称出现于17世纪中期,不过从16世纪中期开始,这个地方就是皇家的苑囿了。自从13世纪神圣罗马帝国皇帝鲁道夫把奥地利封给他的儿子们以后,哈布斯堡王朝开始了对奥地利(以及后来的奥匈帝国)长达700多年的统治,一直到20世纪初第一次世界大战结束。

美泉宫见证了哈布斯堡王朝的兴衰。

虽说早已是王朝的领地,但皇室若要作为家族的私产自己使用,仍需花钱购买。14世纪初,这片土地、山林的地产属于新城堡修道院,几次易手后,1548年租赁者是当时的维也纳市长。这位市长扩展了建筑范围,修建了一座

美泉宫广场

堂皇的大宅子。1569年,神圣罗马帝国皇帝马克西米连二世将房屋和地皮一并买了下来,当时的购买合同中清楚地写着一座住宅房子,一座水碾房子,一个马厩,一个游乐花园,一个果园。自此,这些就统统成为哈布斯堡家族的财产了。

最初是当作皇室狩猎地使用的。据说1612年马提亚皇帝在这里打猎时,无意中发现了一个泉眼,泉水甘冽。还听说常喝此水,会越来越漂亮。他的继承者斐迪南二世和皇后爱莱奥诺蕾热衷于狩猎,很快就把这个地方打造成维也纳贵族打猎的社交场所。

斐迪南皇帝逝世后,爱莱奥诺蕾以此为据点,更加热衷于社交活动。1642年,她在这里亲自督建起一座享乐的宫殿,并正式命名为美泉宫。美泉宫的名称被这位皇后叫响后,名声大振,皇亲国戚王公贵族趋之若鹜。

1683年,美泉宫被围攻维也纳的土耳其大军占领并严重毁坏。1686年,奥皇利奥波德一世决定在废墟上为自己的皇位继承人建造一座新的美泉宫。为此,他特地聘请了在罗马接受过建筑教育的建筑家约·伯·菲舍尔负责设计。

这位雄心勃勃的建筑梦想家决计要让美泉宫超过凡尔赛宫,至少在图纸上。两年之后,"美泉宫一号设计"摆在皇帝的面前。皇帝随即任命这位建筑师担任皇太子的建筑老师。做了充分的准备后,1693年开始大兴土木。可是,到1700年主殿基本完成时,王储突然夭折,又有战争爆发,财政发生困难,宏大的美泉宫建设骤然停止,哈布斯堡皇室的半拉子工程就此沉寂。

完美的美泉宫留待奥地利历史上第一位女皇来完成。

把美泉宫修建装点成今天这个样子的玛丽亚·特雷莎女皇同时负有挽救哈布斯堡王朝的使命。

从利奥波德手里接过奥皇权力的查理六世,不仅面临内忧外患的种种困扰,同时还因为自己没有男继承人而不得安宁。没有继承人,本已混乱的帝国局面会很快四分五裂。查理六世绞尽脑汁,总算于1713年颁布了一份国本诏书,诏书允许将皇位在必要时传给女儿。又于1728年把美泉宫的建筑和地产买下来送给自己的女儿玛丽亚·特雷莎。可是,结婚4年的特雷莎却一连生出三个女儿,这使得过度肥胖,且患有痛风病身体日益糟糕的老皇帝撒手西去时不能瞑目。

特雷莎回顾登基时写道:"我发现自己没有钱,没有声望,没有军队,没有经验,没有知识……"但女皇有的是生育力。她接连不断地生出16个孩子。后来的事实证明,女皇的精力、创造力、执政力与她的生育力一样强盛。

就在玛丽亚·特雷莎刚刚即位的时候,就生下了7公斤重的男孩,从根本上扭转了皇位继承者香火不旺的局面。怀抱"龙子"的女皇信心十足。特雷莎骑着自己的白色战马,腰胯军刀,北战南征,击退了妄图肢解哈布斯堡帝国的几方势力,终于保住了神圣罗马帝国的皇位。

自从登上皇位之后,包括无奈之下将皇位让给丈夫及辅助健壮的儿子约瑟夫二世执政的时期,特雷莎从没停止过对美泉宫的修建。

建造宫殿的精力也与她的生育力一样旺盛。

（上）美泉宫海神喷泉雕塑与凯旋门
（下）英雄广场上的玛丽亚·特蕾莎塑像与皇宫区的皇家艺术历史博物馆

不断的修建持续了整整40年。

特蕾莎有理由也有条件这样做。

在她统治的时期，奥地利帝国统治范围扩展到西班牙、巴西，号称"日不落帝国"。维也纳繁荣无比，人口由8万多猛增到17万多。在艺术领域，尤其是音乐领域，维也纳更是闪耀着夺目光彩的欧洲明灯。

在美泉宫能看到一幅很大的油画。这幅油画作于1754年，基本上是特蕾莎一家的全家福写真：她和丈夫弗朗茨·斯蒂芬与他们的16个孩子中的11个在一起，13岁的皇太子约瑟夫身穿大红盘锦宫廷外套站在母亲身边。

美泉宫的不断扩建与孩子们的不断增加也有些关系，但主要原因还是国力的强盛与女皇的喜好。特蕾莎亲自选定了宫廷建筑师，她的目的很明确，她要把昔日的狩猎行宫改建成皇室生活和行政的大型宫殿。

她首先扩建和改造了主殿的东西两翼，增建了足以安置1000多名宫廷服务人员起居饮食的附属设施。她建造宫廷剧场。她一再改造礼仪大厅。尤其是她的丈夫突然去世后，为纪念夫君，不惜代价地重新装修了五六处大小厅堂。

长43米、宽10米的大节日大厅被她改成拱顶，天顶和墙面增添了繁复华丽的浮雕和气势磅礴的壁画，成为欧洲宫廷建筑中最大、最美的大厅之一。20世纪奥地利共和国建立之后，这个大厅仍然是国际会晤和举办音乐会的高端场所。1961年，美国和苏联的最高领导人肯尼迪与赫鲁晓夫传奇般的会面，就是在这里进行的。

特蕾莎对艺术表现出特别的热情。除了表现在建筑与装修上外，宫殿的许多地方悬挂起大小不等的油画作品，当然大部分作品是对皇室尤其是对她本人的歌功颂德，画面中最突出的主角总是她自己。

她还为她和丈夫及孩子们创作的作品布置了精巧的画廊。

特蕾莎对中国艺术似乎情有独钟，她和她的家人曾登场演出他们理解的中国元代戏剧。美泉宫至少有三个地方命名为中国厅、阁，以中国山水花鸟、

维也纳古城区霍夫堡皇宫，现奥地利总统办公处

青花瓷、民俗风情图案做布置装饰。至于中国古典艺术的痕迹，在美泉宫几乎随处可见。

特蕾莎对美泉宫真是做到了生命不息，修建不止。

在她生命的最后十年里，完成了大型花园、海神群雕喷泉、古罗马废墟、方尖碑等多处景观，还让大道小径排列了许许多多的石雕造像。1780年去世前，她又做了最后一次的总体整修，最终形成总计1441间房屋、两平方公里花园的典型法式宫廷园林。

玛丽亚·特蕾莎花费40年心血营造成功的美泉宫，一直原状原貌地留存至今。可能是在最后一次整修完成后，不知是出于炫耀还是想与她的臣民分享，特蕾沙向公众有限地开放了美泉宫的花园和礼仪大厅。

这种开放的姿态甚至影响了拿破仑。拿破仑分别于1805年、1809年两次占领维也纳，都把自己的司令部安扎在美泉宫，并经常在美泉宫花园里举行面向公众的阅兵式，直到发生了有人持刀企图刺杀他的恐怖事件，公开的阅兵式才告停止。

与玛丽亚·特雷莎形成鲜明对比的是因一部电影而举世皆知的茜茜公主。

来自巴伐利亚公爵家的伊丽莎白美丽活泼，被家里人亲切地称为茜茜。但是，自从嫁给弗朗茨·约瑟夫成为奥地利的皇后，茜茜就快乐不起来了。

她不快乐的生活从美泉宫开始。

她于1854年4月22日抵达维也纳的第一个晚上，就是在美泉宫度过的，后来的大部分时间也是在这个地方度过的。她喜欢这个法国式的园林，但又在躲避和逃离这个地方。

从小无忧无虑地生活在大自然中，热爱自然，酷爱自由，喜欢骑马奔跑的伊丽莎白，实在无法融入已有数百年皇室规范淤积的宫廷生活。

她学不会在众目睽睽的挑剔中轻松地承担起体面风光的一国威仪的皇后重担。

她的婆婆不相信她能够按照皇室的要求培养好皇帝的孩子，竟然无情地

霍夫堡皇宫内部庭院与皇宫门前的古罗马时代
遗址

剥夺了她亲自带自己孩子的权利，这使作为母亲的茜茜雪上加霜。

她的丈夫从小就被她的婆婆严格训练成循规蹈矩的皇帝样板。弗朗茨·约瑟夫18岁登基以来就是一个刻板到近乎迂腐又非常勤政的皇帝。也许正是这个原因，他成为哈布斯堡帝国历史上在位最长的皇帝，到1916年去世，兢兢业业地做了68年皇帝，甚至可以评价为鞠躬尽瘁，死而后已。

和美泉宫大多数华丽的殿堂相比，这位皇帝的卧室、办公室简单简朴到不能再简了。铁板床，木桌，几把木椅而已。他在维也纳城内霍夫堡皇宫里的卧室、办公室也是这个样子。半个多世纪没有任何改变，如他的工作程序一样。他每天早上4点钟起床，冷水盥洗后，做一个虔诚天主教徒的早祈祷。5点钟，总是身着银色军服的约瑟夫准时坐在窗前的办公桌前。不管重要的和不重要的文件，他都要一一仔细过目。他经常在办公桌上，在成堆的文件中简单地用餐。皇帝自己说，他是他国家的第一公务员。

陪着皇帝，大多数时间待在美泉宫的茜茜，唯一的支柱就是皇帝丈夫；但丈夫只是国家的皇帝，只是国家的第一公务员。

茜茜理解而无奈。

这对新婚夫妇只在共同的奢华卧室里住了不到一年，就各自封闭进各自简单的空间。

茜茜只能对两件事感兴趣：一是坚持锻炼，二是维护美貌。

这两件事倒是可以连在一起的。每日的体育锻炼，特别的健美食谱，对饮食的自觉控制，漂亮的紧腰裙服，还有需花几个小时才能编成发冠盘于头顶的长及脚踝的一头秀发，这使茜茜苗条的身材更加秀美。

在她写过不少书信、日记、诗歌的写字间内，有一旋梯直通底层，茜茜可以由此通道避开卫兵和宫廷人员的视线，随时自由地离开房间。30岁以后，茜茜开始把长途旅行作为自己的主要生活。

到底是因皇帝勤政而茜茜被疏远，抑或是因被茜茜疏远而皇帝勤政？大概都不是。

御花园一侧的伊丽莎白雕像

倒是他们唯一儿子的悲剧与他们的影响无法分开——母亲赋予的自由天性与父亲代表的压抑皇权不可调和，最终导致了王储鲁道夫与情人在维也纳西南边的森林里饮弹自尽。从此，只能拥有和保护自己美貌的茜茜再也没有穿过黑色以外的衣服。

10年后的1898年，在瑞士日内瓦旅行的伊丽莎白，竟然无端地遭到意大利无政府主义极端分子的刺杀。一生都在逃避皇权的人反倒成了帝制的牺牲品。

又过了两个10年，统治奥地利长达700年的王朝终结在与这个王朝格格不入的茜茜的悲剧命运之后。

玛丽亚·特蕾莎，伊丽莎白，同样是女人，同样是美泉宫的主人，同样是天下独尊的皇后，一个拼命地营造自己的宫殿，一个拼命地逃避别人为她营造的宫殿。

维也纳霍夫堡皇宫前的英雄广场上，扬臂挥手的特蕾莎以及跃马扬威的欧根亲王、卡尔伯爵两位国家英雄的青铜塑像高高矗立；在与英雄广场连在一起的御花园一侧，纯洁白色大理石雕刻的伊丽莎白端坐在水池边，安安静静地独自凝视着日夜不停地喷洒着的细细的水柱。

皇家后花园

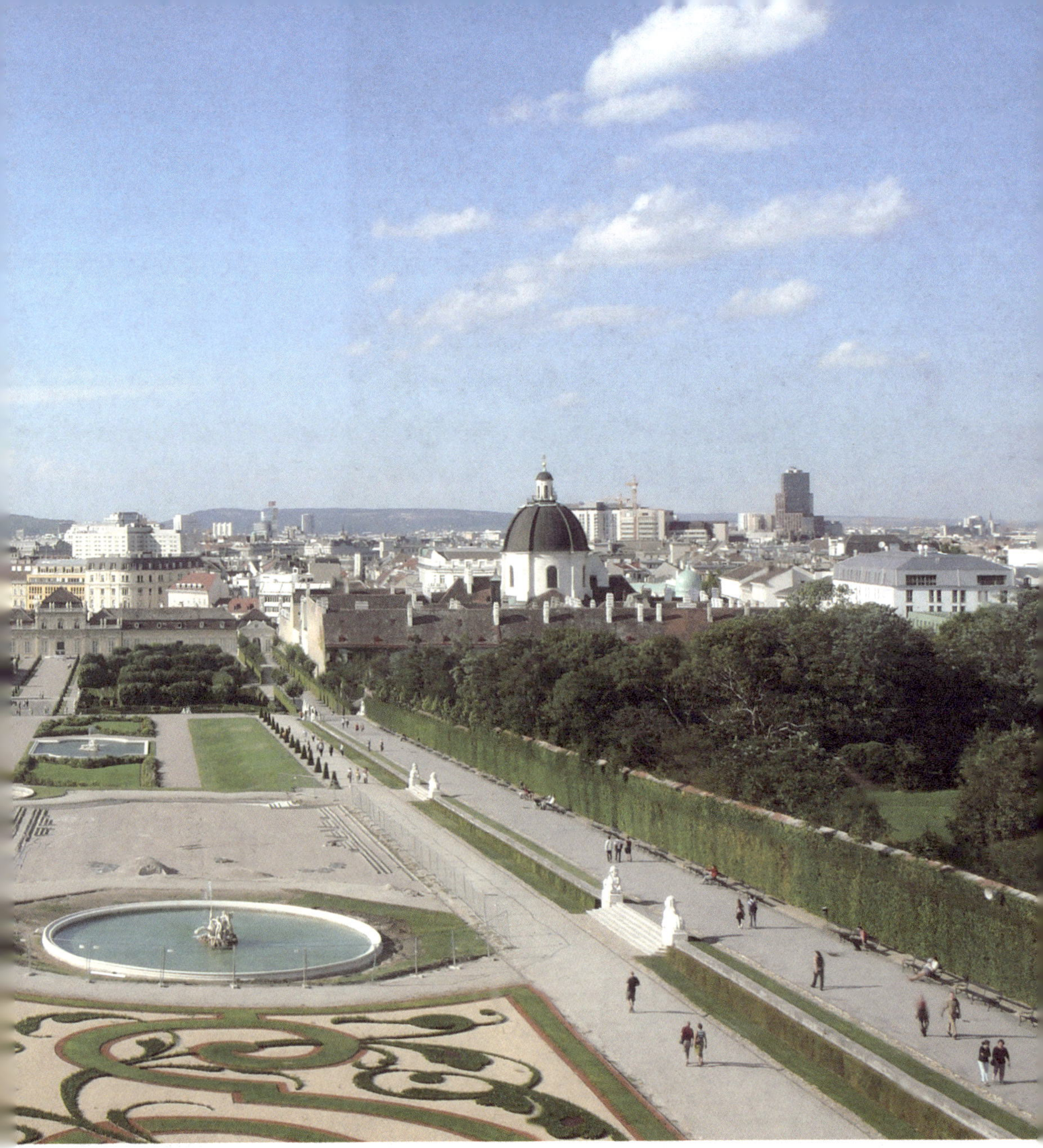

维也纳城市花园里的金色斯特劳斯塑像

贰

维也纳的声音

事隔许久回想起来,到维也纳,其实是为了去倾听维也纳的声音。

在维也纳的第一个早晨,就是被那里的钟声敲醒的。

整7时,先是低低的,接着高扬起来,又渐渐低下去——悦耳的钟声便在寂静的晴空里荡漾开来。

中午12时整,在皇宫区参观的时候,同样的钟声又一次响彻全城:整饬端庄又雄宏博大,稳定牢固又悠扬飘荡——仿佛从古老宫殿的深处流淌出来。

第三天中午12时整,在莫扎特的家乡萨尔茨堡,同样听到了已经熟悉了的维也纳声音。

不知什么原因,萨尔茨堡似乎比维也纳更具魅力。

到奥地利的人们,大概没有不去这个地方的。

人们总是说奥地利像一个鸡腿,或者像一把小提琴,我看更像鸡腿,但我宁愿它更像小提琴。奥地利就是一把小提琴,一把悬挂在阿尔卑斯山北麓的小提琴。而端坐在山腰的萨尔茨堡恰巧是悬挂奥地利的那个挂钩——维也纳在小提琴很饱满的那一端,萨尔茨堡在小提琴很纤细的那一端,就在手指

蓝色的多瑙河如五线谱般流过维也纳

按动琴弦发出种种美妙声音的那个地方。

从维也纳到萨尔茨堡，一路往西，往高处，往阿尔卑斯山脉。

圣诞节快到了，望见雪山的时候有碎雪飘洒，路边绿草地上薄雪依稀。愈行雪愈显。树木披挂，树林披洒。远树，远山，山坡间村落屋顶的白雪最为显眼。不厚，也不薄，如白纱白雾笼罩。不是皑皑的样子，不是银装素裹，是素装银裹的样子。

到了被高高的雪山笼罩着的萨尔茨堡，听到熟悉的维也纳那样的声音时，太阳出来了。

古堡的确迷人。浩浩流过、清洌见底的萨尔茨河把古堡排列在它的两侧。

由于独特的地理位置和宗教积累，13世纪，这里的大主教获得了神圣罗马帝国王子的称号。由于至高无上的权力和由这里的盐业与银矿资源带来的庞大收入，大主教们完全可以在建筑上显示他们的权威。

16世纪的一位主教王子，梦想在此地建立一个北部的罗马。他命令意大利的建筑师建立一座比罗马大教堂还要大的教堂。不管后来实现到何种程

萨尔茨河

度,仅据此梦想,后来的人们怎么想象高山与河流间建筑的恢宏都不会过分。事实上,这里的大教堂,也的确成为几个世纪的宗教文化中心。

站在大教堂广场,至少可以看见四座巨大的教堂和一座主教宫殿雄踞四围,还能看得见耸立在山梁上的修道院和城堡式的威风凛凛的要塞。河对面米拉贝尔花园里数不清的雕塑,在我看来不仅远远超过维也纳皇宫区的雕塑,也超过了法国凡尔赛宫的雕塑。但是,我相信,给所有到这里的人留下印象最深的还是莫扎特。

不是因为广场上矗立着莫扎特的铜像,不是因为年轻的莫扎特经常在大主教宫殿的大厅里演奏,也不是一年一度在这里举行的莫扎特音乐节,而是因为莫扎特出生在大教堂旁边高高的、深深的、窄窄的街巷里。

莫扎特故居周围永远被来自世界各地的人们围得水泄不通。差不多每个人手里都捧着莫扎特塑像,莫扎特音像光盘,印有莫扎特头像的巧克力、葡萄酒等。

当我在莫扎特故居旁边听到与维也纳同样的钟声时,我觉得莫扎特与我

萨尔茨堡广场的莫扎特塑像

们是如此的亲近。我看见这声音是从阿尔卑斯山顶皑皑的白雪中，是从萨尔茨河浩浩的水流中，是从高耸的古堡里，是从阳光下熠熠生辉的大教堂金黄色清冽尖顶上，是从湛蓝的天空中，是从漂浮的白云下，是从大片大片茂密的森林、缓慢的山坡、舒展的原野里流淌出来的。

想到了获得奥斯卡10项提名，获得包括奥斯卡最佳影片奖、最佳导演奖在内的5项大奖的《音乐之声》，这部誉满全球的电影就是在这一带拍摄的。而且，影片里四处巡演的情景使我想到莫扎特小时候的经历。我相信大多数人是冲着莫扎特的声音而来的，又追随着莫扎特的声音而去的。

出生于音乐世家的莫扎特绝对是个音乐天才。3岁弹琴，5岁作曲演奏，6岁，父亲带着姐弟二人到处巡演。小小的莫扎特一年里有200多天颠簸在奔波的马车上。他只记得屁股的麻木感觉。

到维也纳的时候，这位音乐神童已誉满全城。玛丽亚·特蕾莎女皇召见他时，将莫扎特放在自己膝上，搂着莫扎特的脖子不住地亲吻。皇宫里的人

奥匈帝国的冬宫，位于距维也纳50公里处的艾森斯塔特，海顿的《创世纪》《四季》作于此

聚集一堂聆听神童的演奏。后来有一幅油画里莫扎特穿着女皇送的衣服。这套服装原本是女皇儿子的。有的书中还有这样的记载：莫扎特在宫里摔倒了，一位同龄的小女孩扶他起来，莫扎特感激地说："你真好，等你长大，我娶你为妻。"这位小公主就是后来的法国王后。

少年得宠的莫扎特尽管能够继续不断地出入欧洲不少国家的宫廷，受到多位国王、王后的接见，但谋求维也纳宫廷职位的努力却不大顺利。

为了呼吸自由的空气，他自负地逃离雇用他的萨尔茨堡皇家大主教，但直到1787年31岁的时候，才勉强得到奥皇约瑟夫二世宫廷作曲师之职。可是，对于这位35岁就告别人世的音乐天才来说，已是生命的晚期。宫廷作曲师名声不错，薪俸却微薄。莫扎特的最后4年是贫病交加的4年，当然也是创作灵感最盛的4年。

当他意识到来日无多，他想用《安魂曲》做自己的挽歌。

《安魂曲》虽然没有完成，年仅35岁的莫扎特已经以他完美到令人惊

维也纳霍夫堡皇宫旁边的莫扎特花园

叹的音乐创作成为欧洲古典乐派的核心人物。他用音乐塑造发展变化中的歌剧人物达到出神入化的境界。《费加罗的婚礼》《魔笛》等一直是举世熟悉的经典之作。

维也纳的声音不只属于莫扎特。

奥地利这把天设地造的小提琴注定要如高山流水般催生出众多的音乐奇才。

莫扎特之前有海顿。被莫扎特亲切地尊称为"老海顿爸爸"的海顿比莫扎特早出生24年,晚去世18年。海顿为奥皇家族的亲王们服务时经常访问维也纳,结识了莫扎特,并成为莫扎特的良师益友。海顿吸取不同流行音乐创造出的华丽复杂、优雅愉快、敏感强烈的风格给莫扎特不小的影响。

海顿一生创作音乐作品400多部,因其对交响乐与弦乐的巨大贡献被称为交响乐和弦乐四重奏之父。他晚年创作的《帝王四重奏》被用作奥地利国歌达一个世纪之久。

莫扎特之后有贝多芬。贝多芬小莫扎特14岁，小海顿38岁。这位公认的有史以来最伟大的作曲家虽非奥地利人，但与莫扎特、海顿关系非同一般，受二人影响甚深。

贝多芬也是一位音乐神童。5岁显示音乐才华。其父羡慕莫扎特父子巡演扬名，亦步后尘。父亲为8岁的贝多芬办专场音乐会，受到亲王的重视与栽培。1787年，莫扎特获宫廷作曲师职那一年，贝多芬到维也纳求学于莫扎特。莫扎特断言："这个青年不久将扬名世界！"莫扎特病逝第二年，贝多芬定居维也纳，求学于海顿。维也纳隆重举行祝贺海顿76岁生日的音乐会，海顿的出现引发响彻大厅的热烈欢呼。贝多芬跪吻老师之手。

贝多芬集古典音乐之大成，开浪漫主义之先声。

当听觉渐失的厄运袭来，贝多芬喊道："我要扼住命运的咽喉！"

崇尚法国大革命理想，热情地追求和捍卫个人自由与尊严的贝多芬，曾经激动地把他的交响曲献给他眼中的英雄拿破仑。然而，当交响曲完成时，拿破仑却将皇冠放在自己的头顶上。贝多芬愤然从曲稿上划掉了拿破仑的名字。

贝多芬的《命运交响曲》《合唱交响曲》《英雄交响曲》《月光交响曲》等大量不朽之作，成为传达他内心世界最有力的工具。

维也纳铭记着贝多芬的一切行踪。现在，只要有时间，能在维也纳找得着60多处贝多芬故居。

贝多芬的钢琴鸣奏曲震撼了维也纳之后，紧接着，老、小施特劳斯的圆舞曲在维也纳富丽堂皇的宫殿和纵横交错的街巷中流淌开来。

作为维也纳圆舞曲主要作曲家，老施特劳斯甚至得到"奥地利的拿破仑"的尊称。这不只是对施特劳斯的推崇，更表达了奥地利人对音乐的崇拜。

海顿、贝多芬辞世之后，1835年，老施特劳斯出任皇宫舞会指挥，《拉

维也纳音乐厅对面的贝多芬塑像

德茨基进行曲》风行不已。到处是辉煌的灯火,华丽的服饰,起伏的音乐,翩翩的舞姿。

节奏热烈,旋律极具魅力的舞蹈乐曲让整个维也纳一刻也不停地旋转着。

也许正因如此,老施特劳斯不让小施特劳斯学习音乐。但担任银行职员的儿子却瞒着父亲学习小提琴,在餐馆里指挥自己的伴舞乐队。父亲去世后,他将自己的乐队与父亲的乐队合并。

他的两个弟弟也是著名的指挥家、作曲家。

维也纳成了圆舞曲的世界,施特劳斯家的天下。

小施特劳斯终于登上超越其父的巅峰,成了真正的"圆舞曲之王"。1872年,小施特劳斯在纽约、波士顿指挥音乐会。他一生创作圆舞曲500多首,《蓝色的多瑙河》《维也纳森林的故事》《维也纳气质》《皇帝圆舞曲》

的旋律自打出世之后就没有停息过。

维也纳向来以伟大的音乐为荣，以伟大的音乐家为荣。

音乐家们的塑像一点也不比帝王将相的少。

但在帝王的时代，几乎所有音乐家的创作都或多或少地得到帝王们的支持、赞助，否则，他们连生存都很困难。

1809年，维也纳的若干亲王为了把贝多芬留在维也纳，一起讨论之后作出一个共同的约定："众所周知，一个人只有排除了物质上的后顾之忧，才能全心全意献身于艺术，才能创作出第一流的上乘之作，真正为艺术增光。因此，本约定的所有签署人决定资助路德维希·范·贝多芬先生，保证他的基本需要。"

贝多芬接受资助的唯一条件，是必须留在维也纳。

贝多芬从未富裕过，但从此不再为钱的问题分心了。接受资助的艺术家当然希望在这种情况下仍然可以保持自己的独立人格与意志。这一点其实很难做到。就在亲王们集体挽留贝多芬的三年前，1806年，始终对贝多芬关怀备至的一位亲王，坚持让贝多芬为占领奥地利的法国军官演奏，贝多芬忍无可忍，冒雨冲出城堡，写信给这位亲王说："亲王！您之所以成为亲王是出于一种偶然，是由于出身。而我，我是靠着自己才成为今天的我。过去有过亲王，今后还会有成百上千个。而贝多芬只有一个。"

帝王们并没有因此不能容忍贝多芬，反倒集体挽留他。

说到底，不管出于什么目的，皇帝，亲王，他们大多还是懂得艺术，热爱艺术，尊重艺术，尊重艺术家的。还以贝多芬为例。贝多芬去世，3万维也纳人跟着他的灵柩一直走到墓地——任何一位皇帝的葬礼都没有这样隆重过——维也纳的声音早已融入民众的生活、生命之中。

连距维也纳不远的绿色生态环保酒店，也在自
然中鸣奏着音乐之声

O último retrato da Família Imperial em Petrópolis as vésperas do exílio.
Novembro de 1889
Fotografia de Otto Hees

Imperatriz
resa Cristina

Princesa
D. Isabel

Imperador
D. Pedro II

Principe
D. Pedro Augusto

Cond
Gaston

Principe
D. Antonio

Principe
D. Luiz

Principe
D. Pedro de Alcântara

巴西

在位长达半个世纪的巴西第二个皇帝、也是最后一个皇帝的"全家福"

两个皇帝的皇朝

巴西只出现过两个皇帝：一个是父亲，一个是儿子。

巴西的皇朝大概是世界上最短的：父亲开始，儿子结束。

而且，这两个皇帝并非土生土长，是从使巴西成为殖民地的葡萄牙移植过来的。

巴西最早被欧洲发现，是在 16 世纪开始之时。1500 年 4 月 22 日，本来是率船队前往印度的葡萄牙航海家佩德罗·卡布拉尔发现并登上了巴西的土地。从此，巴西成为葡萄牙的殖民地。在此之前，生活在这片土地上的是印第安人。

葡萄牙统治巴西 300 余年后，情况发生了变化。法国大革命后，葡萄牙参加了英国、西班牙的反法战争。1807 年，拿破仑的军队占领了葡萄牙，葡萄牙摄政王，也就是后来的国王约翰六世，带着他的儿子携王室逃亡巴西。

葡萄牙的殖民地，这时候反倒成了葡萄牙王室的避难地。

约翰六世先到了圣保罗，1808 年抵里约热内卢。

只有亲自走在巴西的大地上，约翰才真切地感受到，他刚刚失落的葡萄牙帝国，比起他的巴西殖民地来，不知要小多少倍。他甚至觉得，即使回不

圣保罗独立公园中的皇家博物馆、花园、独立广场、独立纪念碑

了葡萄牙，也许在巴西更可以大有作为。

不能算是"反客为主"吧，他觉得他本就是巴西的主人。

避难的葡萄牙国王一心一意地经营起巴西来了。在不太长的时间里，以很快的速度推进行政、司法、教育等社会改革，成效既快且大，巴西经济得以迅速发展，海外的殖民地反而一时成为葡萄牙帝国的中心了。

1811年，在英国军队的打击下，法国军队撤离葡萄牙。法国走了，但英国来了，葡萄牙又被英国势力控制。在这种情况下，葡萄牙王室不能或更不想回去了。一直到10年之后的1820年，葡萄牙立宪主义者发动革命，英国军队被驱走，作为葡萄牙的国王，约翰六世才不得不回去了。

1821年，约翰六世率王室离开巴西的时候，把他的儿子留下，让他的儿子做了巴西的摄政王。

这位留在巴西的约翰六世的儿子，正是巴西帝国的创始人，巴西帝国的第一位皇帝佩德罗一世（1798—1834）。

佩德罗的父亲回到葡萄牙后，于1822年召集立宪会议，制定自由宪法，对内实行新的治国方略，对外加快殖民扩张。而摄政巴西的佩德罗，在身边大臣的极力主张下，开始筹划巴西的独立。这当然是葡萄牙政府不能允许发生的事情。就在葡萄牙议会以"完成政治教育"为名要求佩德罗回里斯本之时，佩德罗于1822年9月7日发布巴西独立宣言，不久即将自己加冕为巴西皇帝。

佩德罗一世本质上是一个对议会制政府并不感兴趣的独断专行者。1823年，巴西议会拟像葡萄牙那样，制定一部自由主义宪法，佩德罗皇帝反对，并下令解散了议会，此举差点使他下台。1824年，佩德罗采纳了由政务会拟定的另一部自由主义宪法，才使他免于下台，但这位新任也是首任皇帝的威信已丧失殆尽。议会反对，地方起义，勉强维持到1830年，这位从葡萄牙来的巴西皇帝，做了不到10年的皇帝，就只好宣布退位，回葡萄牙去了。

正如他的父亲离开巴西时把他留下做摄政王那样，他离开时将皇位传给年仅5岁的儿子，于是有了佩德罗二世。

独立纪念碑，终年不熄的圣火映照着以佩德罗一世为中心的青铜群雕

别看这位巴西始皇帝在治理国家方面不怎么样，但在经营皇位、王位方面还是颇有建树的。

就在他做巴西皇帝的时候，1826年3月10日，他的父亲，葡萄牙国王约翰六世去世，于是，充任实职的巴西皇帝，同时成为挂名的葡萄牙国王佩德罗四世。在大西洋这边是真正的巴西皇帝，在大西洋的那边是挂名的葡萄牙国王，权衡之下，佩德罗选择留在巴西继续做巴西皇帝，但这等于他放弃了葡萄牙王位。两个月后，为了他的女儿即位，他辞去葡萄牙王位，这样一来，他的女儿便顺利地成为葡萄牙玛丽亚二世女王。

巴西的这位始皇帝的确是个人物，是个极为特殊的皇帝：一人居然做了两个国家的皇帝，居然又把这两个位子分别传给自己的一儿一女。

巴西人似乎并不反感他们的这位始皇帝，甚至有些欣赏。

在巴西最大的城市圣保罗，有一个著名的独立公园，是专门纪念佩德罗一世的，由皇家博物馆及花园、独立广场、独立纪念碑组成。独立公园占地面积很大，由高往低依次铺展开来，最高处是皇朝时期建造的皇家博物馆和博物馆前的大花园。这里当时就是作为博物馆使用的，米黄色的建筑形式和建筑前面的喷泉花园，典型的欧洲风格，看得出在规划设计上显然是仿照了法国的凡尔赛宫；当然比凡尔赛的宫殿园林小得多。

从宽阔的绿树草地中间长长的坡道走下去，最低处就是阔广空荡的独立广场。广场中央青铜群雕簇拥的独立纪念碑高高耸立。

纪念碑正中的主雕塑是以佩德罗一世为核心的场面宏大、人马众多的青铜浮雕。纪念碑四周的青铜雕像是为巴西独立做出贡献的著名人士，其中包括提出独立方案的议员和报道宣传、影响舆论的媒体记者。纪念碑前的圣火熊熊燃烧，终年不熄。

巴西独立广场、独立纪念碑是在纪念巴西独立100周年时建立的，现在已经被宣布为巴西人文遗产。

来访的外国政要，往往选择到此敬献花圈。

佩德罗二世的夏宫建在靠山临水的台地间

使巴西成为殖民地的是葡萄牙国王，使巴西从葡萄牙统治中独立出来的也是葡萄牙国王。

对于巴西人民来说，到底是谁使他们国家成为殖民地不重要，重要的是几百年来他们没有自己的独立自主；到底是谁使他们国家实现独立自主的并不重要，重要的是他们终于获得了自己的独立自主。

所以，他们在纪念独立100周年的时候，为自己的历史建造了这座规模宏伟的独立广场和独立纪念碑，并且，他们并不回避让来自葡萄牙的巴西皇帝成为被纪念的主角。

连皇帝佩德罗一世大概也觉得在他手中使巴西独立是他此生最有光彩的壮举，所以，他才在逝世前做出决定，在他和他的皇后百年之后，让他们的灵柩越过大西洋，把他们埋葬在他使巴西独立、让自己称帝的地方。

现在，当我们走进独立纪念碑的地下室，参观这位巴西始皇帝、葡萄牙国王的长眠之地时，似乎也不必追究他的所作所为到底出于什么目的，只要能纪念对一个国家的独立自主，就是最重要的收获了。

比起佩德罗一世来，佩德罗二世为巴西做的事情更多。

不仅仅因为他在位的时间很长很长。

父亲把皇位留给他的时候，对于年仅5岁的小皇帝最多只能是一个空名。他到1840年正式加冕，开始行使皇帝的权力也不过15岁。从那时候起，一直到1889年发生军事政变被迫退位，佩德罗二世在位执政长达半个世纪。

开始执政之时尽管年纪尚轻，但这位小皇帝却相当自负自信，俨然以巴西政治生活的主宰者自居。不过，从其政绩来看，也确实让人另眼相看。

最令人佩服的，是他反对奴隶制、废除奴隶制的坚持不懈的努力。1840年加冕之后，小皇帝行使权力的第一件大事，就是果断地解放了自己的，也是皇室的奴隶；1853年，全面停止奴隶买卖；1871年，通过法令规定新出生的黑奴婴儿为"自由民"；1885年，通过法令规定60岁以上的奴隶获得自由；1888年，终于在他退位的前一年，最后一次颁布法令，彻底废除奴隶制，使巴西70万奴隶获得自由，并且不给奴隶主任何补偿。

此外，如他极善于利用宪法给予的权力，调解起实际统治作用的各敌对集团之间的矛盾，使动乱的巴西政治走向安定与进步；如他极有平衡智慧，交替支持自由党和保守党，保证两党大致相当的执政期，并保证政权非暴力有秩序地交接，在位49年，换过36届政府，民众对他的支持率一直很高；如他善于学习，主张开放，三次访欧，一次访美；如他重视发展文教事业，发展科学技术，推动铁路、电信建设，推动咖啡生产，扩大对外贸易，促使巴西经济迅速发展；等等。

佩德罗二世当皇帝的能力和作用，大大超越其父。但不论在圣保罗，还是在里约热内卢，已经不大容易找到像圣保罗那样属于佩德罗二世的纪念性建筑了。但在里约热内卢百公里外的大山深处，却有一处虽然不大著名，但确实是属于佩德罗二世的优美纪念地。

当佩德罗一世当年为了寻求巴西独立的支持者而奔走各地时，在距里约

(上）夏宫的建筑形态和色彩具有鲜明的葡萄牙风格
(下）参观皇家博物院的观众中，最多的是青少年学生

热内卢不远的山区中的一座小城边，发现一处环境优美的农庄。农庄坐落在紧靠城市的一块坡地上，靠山依水，气候凉爽，遂出资买下。父皇把皇位留给儿子的时候，同时给儿子留下了这块风水宝地。

1845 年，佩德罗二世 20 岁的时候，开始在此建造夏宫，1862 年落成。夏宫的设计建造，很得体地利用和发挥了自然环境的优势，与田园山水自然协调地融为一体，赏心悦目。建筑规模不算大，简朴而精致，适用而温馨，造型和色彩，又极具鲜明的葡萄牙风格。夏宫建好后，便成为皇室的常住之地。1941 年，时任巴西总统将巴西第二位皇帝，也是巴西最后一位皇帝的夏宫立为皇家博物院。

现在，这座叫作佩德罗波利斯的古老而优雅美丽的城市，参观者络绎不绝。作为皇家博物院的夏宫，保留了佩德罗二世在这里工作生活的原状。夏宫外的草地树木间，佩德罗二世的"全家福"老照片，与参观者同在。想想这位末代皇帝对巴西的贡献，单是对奴隶制度坚决废除的态度，就值得永远纪念。

大山深处的佩德罗波利斯市，因夏宫而知名，因夏宫而优雅优美

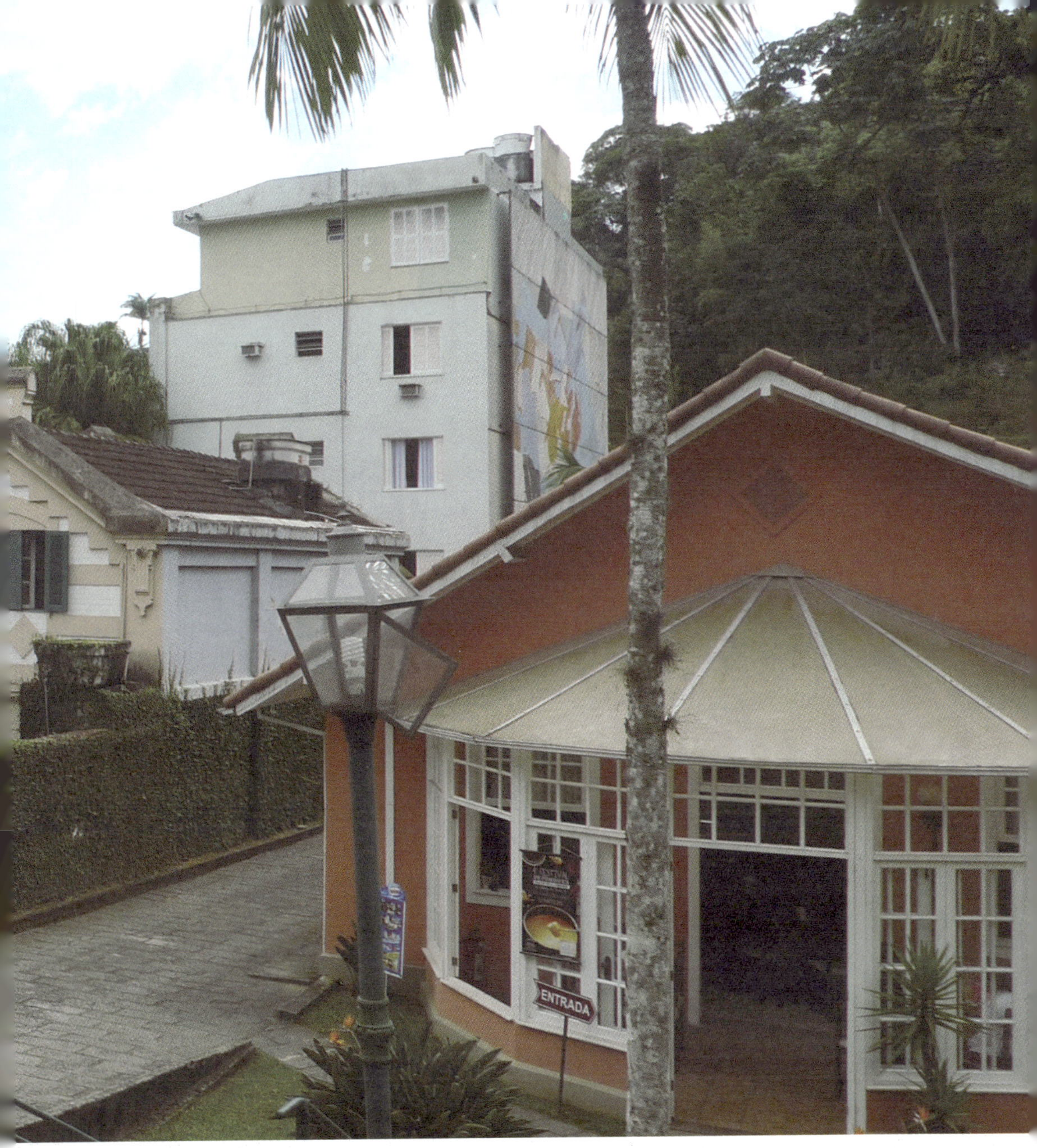
ENTRADA

俄罗斯

克里姆林宫外、红场一侧的圣瓦西里大教堂，
"用石头描绘的童话"

壹

克里姆林童话

看见克里姆林宫的时候,有一种见着童话世界的感觉。

后来每每想起,这感觉有增无减:三角形的平面格局已够奇特了,且不大规则,如小孩子画出的三角形;高低起伏的紫红色宫墙间站立着大小、高低、间距不等的几十座尖尖的钟楼;内内外外一座座教堂顶上排列着五颜六色的"洋葱头";宫墙和红场的红,是那种含点巧克力色的紫红——整个儿就是一块大蛋糕的挤切造型,一方大积木的搭建组合。

况且,宫里还有明光闪闪的刀枪库,眼花缭乱的珍宝馆,金光灿灿的马车队,从未使用过的巨型大炮,从未敲响过的巨型大钟……

克里姆林宫的俄语意思是"堡垒"或"要塞"。

莫斯科克里姆林宫的最早出现,就是一个童话故事。

11世纪之前,这个地方还是被呼啸着的针叶森林覆盖着的起起伏伏无边无际的原野。以简朴的畜牧、农业为生的稀疏的东斯拉夫民族散落在森林的缝隙中。由于位于莫斯科河和涅格林那亚河汇流处,才慢慢发展成这个地域的手工业、商业中心。

到12世纪初,这片领土归属了弗拉基米尔—苏兹达利公国。1147年,

从莫斯科河方向看红墙与塔楼围绕的克里姆林宫,正中塔楼后面是克里姆林宫大宫殿

莫斯科的名字出现在编年史中,这一年后来被正式定为莫斯科城奠基年。1156年,在两条河流的交汇处,在现在克里姆林宫的地方,一座木建的要塞出现了。

  有利的战略位置,繁荣富有的城市,招引来王公们不停地争夺。从此,呼啸在针叶森林里的战火就没有间断过。如森林深处的篝火一样,木构建筑时代的莫斯科一次次地被烧毁,又一次次地复苏。要不是20世纪在克里姆林宫里新建大会堂时挖出最早的要塞遗址,人们无法得知当时的情状。遗址显示得很清楚:木建要塞长700米,宽40米,高8米,土筑围墙,底部用三层圆木加固,顶部围以木栅栏,设立三四个瞭望塔。要塞内一座大楼房显然是王公派驻官员的指挥所。

  13世纪初,鞑靼军队长驱直入,莫斯科要塞被付之一炬。据说掠夺并烧毁要塞的是成吉思汗的孙子。后来的几十年里,莫斯科城被游牧民族多次

克里姆林宫参观入口处和兵器库

践踏。

　　14世纪，伊凡一世执政期间，莫斯科公国的领土得以大幅度扩展，国力大增，基本结束了外敌的入侵。1339年，围绕着恢复扩大了的要塞，遍植橡树，郁郁葱葱的克里姆林宫变成中世纪著名的绿色要塞。可是，能挡得住外敌的入侵，却挡不住大火的袭击。1365年，一场大火又使克里姆林宫荡然无存。

　　莫斯科需要牢固永久的防御。

　　两年后，伊凡一世的孙子将克里姆林宫重建成石头要塞。要塞内的教堂也用来自莫斯科郊区的白石建造。

　　新要塞很快就在接二连三的战争中发挥了意想不到的作用。石造的要塞同时保障和促进了经济的发展，俄罗斯眼看着就成为一个强大的国家，莫斯科就是这个国家的坚固核心。莫斯科很快从防御的要塞变成了发达的商业和

16 世纪 40 吨重的"炮王"和 19 世纪 1 吨重的炮弹

手工业城市。

15世纪后期,分封制的公国合并为统一的中央集权国家,伊凡三世大公获得"全俄沙皇"称号,俄罗斯成为世界上最大的帝国——罗马和东罗马帝国的合法继承者,莫斯科因此有了"第三罗马"之称。

1485年,克里姆林宫开始了又一次前所未有的大扩建,占地面积达到27.5万平方米。在保持原来不规则三角形这一主要特征的基础上,先后建成了红砖围墙和众多的瞭望塔。总长2235米的红砖围墙,因地形而高矮薄厚不一,高5米到19米不等,厚3.5米到6.5米不等。宫墙上设有防御垛口1045个。

为了加强防御的功能,16世纪初,沿宫墙开挖了一条宽32米、深12米的人工河,把莫斯科河与涅格林那亚河连接起来,克里姆林宫又变成一座防守严密的岛上要塞了,直到19世纪初人工河被填平。

任何时候看过去,最招人瞩目、最有童话色彩的是与红色的宫墙连接在一起的塔楼。

造型不一、功能有别、高低参差,并有各自名字的大大小小的塔楼竟有20座之多。

被公认为欧洲要塞建筑专家的意大利建筑师们参与了克里姆林宫的建设。

1485年,意大利人建成第一座里面有水井、有通向莫斯科河秘密通道的瞭望塔,取名为达伊尼茨卡娅塔。此后,各样名头的塔楼接连不断地耸立起来。1487年,还是那位意大利建筑师,为了表达对居住在克里姆林宫不远处的贵族别克列米舍夫的尊敬,在宫墙的东南角建了一座以这位贵族名字命名的塔楼。现在这座塔楼叫莫斯科河塔。

在两河汇流处建造的塔叫斯维布罗夫塔,塔里面也有水井和通道,后来还装上抽水机,通过特殊管道,把水输送到克里姆林宫的各个角落,因此,这个塔也叫抽水机塔。

安葬历代沙皇的大天使教堂

1491年，建造起庄严的十层高的救世主塔。塔门就是克里姆林宫的正门，大门上方有救世主的圣像。通过这座神圣的大门时，不允许骑马，不允许戴帽。一百多年后，救世主塔上安装了报时钟。时钟的表盘不是现在的12等分，而是17等分；不是指针转动，而是表盘转动。可惜，这座奇特的报时钟被1701年的大火烧掉了。彼得一世下令，重新制作了带音乐的报时钟。今天看到的塔顶的大自鸣钟，制作于19世纪。四面四个表盘，每个表盘直径6.12米。每个表盘上不停地走动着的时针长2.97米，分针长3.28米。大自鸣钟与天文台报时钟相连，报时精准。在莫斯科，每隔一刻钟，就会听到著名的"克里姆林宫的钟声"。

1495年，最高的三位一体塔落成。三位一体塔的大门专供总主教、女皇和公主官邸的人员通过。

此外，还有无名塔、枢密塔、军火库塔、兵器库塔、马厩塔、要塞司令塔，等等。有的塔带有行车道，可以运送食品和饲料。有的塔用来审判和关押罪犯，叫刑讯塔。有以钟声提醒和召唤人们的叫警钟塔。

大部分塔楼设有许多枪炮射击垛口，顶层还有向外伸出去的悬空垛口，可以把进攻的敌人消灭在墙脚下。每个塔都有与宫墙连接的通道，守卫的士兵不必下到地面就可跑遍整座要塞。

1680年建成的宫墙上的最后一座瞭望塔虽然取名沙皇塔，却是一座很小很小的塔，好像童话中的小阁楼。这个地方原先有一座小木塔，据说当年的沙皇伊凡四世常常钻进小小的木塔里悄悄地监视宫墙外广场上发生的事件。

被宫墙和塔楼严严实实围起来的皇家建筑，色彩鲜艳明亮，看起来像新修的一样。面对这些建筑，很难想到它们已有几百年的历史。

最宏大的建筑是克里姆林宫大宫殿。大殿正面长125米，高44米，内有单独房间700个。一层是皇室人员的起居区，二层是颁发国家勋章、举行礼仪活动、接待会谈的各式大厅。

报喜教堂，曾作为莫斯科大公们的家用教堂，其中内容丰富的壁画是得以保存的俄罗斯16世纪绘画珍品

大宫殿外立面的墙根基以灰色石块镶砌，门、窗框全部用白色石块，并雕刻出多种装饰图案。殿内各大厅精美豪华的装潢陈设，包容了不同时期的不同风格。完成大殿全部工程的是当时俄罗斯最优秀的建筑家、画家、雕刻家们。大宫殿虽然建造于19世纪40年代，但艺术家们出色地将新的宫殿与自14世纪以来的宫廷建筑——多棱宫、沙皇金殿、阁式宫、宫殿教堂等——和谐地连接在一起并组成完美的整体，使所有参观的人们可以从中完整地体味500年中俄罗斯建筑与装饰艺术的独特创造。

　　和北京的紫禁城一样，莫斯科的克里姆林宫是世界著名的国家历史文化保护区博物馆。不过，克里姆林宫的博物馆行动要早得多。现在对外开放的闻名世界的兵器馆，就是当年克里姆林宫的珍宝馆，也是俄罗斯最古老的博物馆。

　　最早的兵器库是皇室的作坊，类似的还有黄金库、银器库等，专为皇室和总主教院制作贵重器物，如紫禁城里的造办处。作坊里集中了俄罗斯最有才华的工艺艺术大师，也如紫禁城里的造办处。不同的是，从16世纪初开始，兵器库就成了收藏国家珍宝的专用馆舍。到了18世纪，宫内的所有作坊、国库，整合为一体，成为今天兵器馆的前身。1806年，亚历山大一世下令，将克里姆林宫兵器库作为对外开放的博物馆。6年后，新建了一座博物馆大楼，一直使用到19世纪中期。1851年，新的兵器库（博物馆）落成。20世纪80年代，有9个展厅的博物馆重新改建，并安装了保护珍贵文物的现代设备，这就是我们现在能欣赏到加冕皇冠、金刚石宝座、沙皇甲胄权杖刀剑、超豪华皇家马车队、复活节金蛋银蛋、2500颗各类宝石装饰的福音书、3公斤女王大金盘、雍容华贵的刺绣服饰等精美文物的地方。

　　克里姆林宫西部还有一座也可以称作博物馆的建筑叫军火库，是彼得大帝下令于18世纪初建造的。

　　军火库曾收藏贵重的战利品，后来辟为1812年卫国战争博物馆。大楼正面摆放着800门大炮，其中大部分是1812年从法国军队手中缴获的。最

俄罗斯最重要的总领教堂圣母安息教堂

珍贵的是16、17世纪俄罗斯杰出的炮械专家制造的20门大炮。

大概那个时候真是俄罗斯的大炮时代。今天依然雄踞在教堂广场一侧的被称作"炮王"的大炮，就是16世纪一位造炮大师在莫斯科炮厂浇铸出来的。那是真正的"炮王"啊！重40吨，口径890毫米，世界上口径最大的大炮。原本是为保卫克里姆林宫铸造的，起初安置在救世主塔楼旁。

"炮王"满身浮雕花纹题词，精美无比。这哪里是用来打仗的啊！1835年，彼得堡专为"炮王"浇铸了四颗同样满是花纹的生铁炮弹，每个1吨重。当然也不是用来发射的。本不属于"炮王"的"弹王"，现在与"炮王"摆放在一起，怎么看都是一个巨大的跨时空装置艺术。

不仅如此，"炮王"附近还有"钟王"。这个重200吨、高6.14米、直径6.6米的庞然大物，大概只能在皇宫里就地浇铸了。

果然是这样做的，时在18世纪初。

"钟王"表面浮雕图案中的主人是女皇、沙皇。

1737年，扑灭一场大火时，冷水浇在灼热的钟身上，一块11.5吨重的裂片掉了下来。破裂的"钟王"就这样在自己的浇铸坑内无可奈何地躺了整整100年。直到1836年，人们才想法把它安放在台座上。

从未放过炮的"炮王"，和从未敲响过的"钟王"，事实上只是皇帝的大玩具，但却称得上是克里姆林童话里的重要角色。

克里姆林宫中最宏伟的是大宫殿建筑群，而最引人注目的则是教堂建筑群。

不论在宫中的哪个角落，只要抬起眼，就看得见一大片金色的洋葱头。即使在宫外很远的地方，不论从哪个方向，首先跳入眼帘的是紫红色的宫墙、塔楼里金光闪闪错落有致的"洋葱头"组群和外边色彩斑斓的"洋葱头"组合。

克里姆林宫里不同时代的教堂有7座之多，集中在教堂广场一带。

最早出现的，也是国家最主要的总领教堂圣母安息教堂，是伊凡三世1475年下令兴建的。这里以前曾有木构教堂和墓地，是克里姆林宫最古老的

红场、圣瓦西里教堂、救世主塔楼、列宁纪念墓、国家领导官邸

祭奠中心。

六根粗壮的立柱撑起高大的拱顶,著名的画家绘制出三层圣像壁画。17世纪中期的沙皇从各地召集近百名画家在保持原有壁画内容的前提下重新绘制。249个故事,2066个人物,分层环绕在教堂的四壁和所有的立柱上。

教堂中专设总主教的祈祷座和沙皇的祈祷宝座。选举大公、沙皇登基、皇帝加冕——国家重大隆重的庆典在此举行,足见东正教在俄罗斯社会中的重要作用和克里姆林宫有这么多教堂的原因。

16世纪初建造的大天使教堂是安葬莫斯科大公和历代沙皇的地方。教堂里同样布满了壁画。在最下面一层的立柱上,画有60多位历史人物,构成独特的帝王肖像画廊。每个人上方的小圆圈里,都画有为他们祝福的圣徒;每个人的形体手势动作各不相同;每个人的衣服因面料花纹镶嵌的珠宝不同而姿态纷呈。大公和沙皇们的遗体集体埋葬在教堂的地下室里,17世纪在地面上安放了刻有花饰和碑文的46块白石墓碑。

教堂建筑群东侧,耸立着叫作"伊凡大帝"的高高的钟楼。那座"钟王"

就安坐在钟楼的前面。15世纪钟楼初建成时高60米。100年后，长高到81米。钟楼上悬挂16到19世纪铸造的21口铜钟。最重的一口重达70吨，虽然难比"钟王"，但可以敲响。站在这座曾作为克里姆林宫警戒楼的最高处，数十公里内的莫斯科及郊区尽收眼底。钟声响起，声闻四达。

最富有童话色彩的圣瓦西里大教堂，矗立在克里姆林宫外的红场东侧，与作为克里姆林宫正门的救世主塔楼、紧靠宫墙的列宁墓成掎角之势。

这组教堂是为纪念莫斯科周围各公国的统一而修建的。9座教堂共同矗立在一座高起的台基上，相依相连地组成一个教堂群。中间最高的主教堂高47米，其余8座高低不一，将主教堂团团围定。每座教堂都有一个极其相似的"洋葱头"顶。早期外观极为朴素，不加任何粉饰。大约在17、18世纪，赤橙黄绿青蓝紫，9颗洋葱头变得色彩缤纷起来，连同下面的主体部分。

洋葱头的表面式样与色彩均不相同，与宫墙、塔楼的紫红不一样，与宫内一座座教堂顶的一棵棵洋葱头的金黄也无相同之处，但看起来倒也搭配得靓丽、鲜活、生动，难怪被人们形容为"用石头描绘的童话"。

除去18、19世纪圣彼得堡做首都的两百年，克里姆林宫几百年来都是俄罗斯的权力中心，一直到现在。

15世纪已经形成的9万平方米的红场，依然是俄罗斯举行盛大检阅的大广场。俄罗斯总统继续在克里姆林宫办公。

然而变化还是有一些的。

红色的列宁纪念墓出现在红场上，终结沙皇帝国的伟大的革命领袖的墓葬与被他推翻的帝王们的墓葬仅仅一墙之隔。

1935年至1937年间，环绕克里姆林宫的20座塔楼尖顶上的俄罗斯国徽双头鹰被红五星代替。这些五角星可不是用一般材料制成的。三层红宝石镶嵌在不锈钢框架上，五星外边上的金属配件镀有厚50微米的黄金。红宝石五星的大小从3米到3.5米不等，重量从1吨到1.5吨不等，安装的灯泡从3700瓦到5000瓦不等。借助特制轴承，红五星随风转动，昼夜放光，克

红场另一侧的古老商店

里姆林宫被装扮得更加亮丽而神秘。若在漆黑的夜晚从高空望下去，莫斯科的心脏真的在不停地跳动着。

可是在第二次世界大战期间，克里姆林宫居然以其无比巨大的特殊伪装，弄得纳粹轰炸机飞行员始终找不着投弹的准确位置。

1960年到1961年间，正是新中国成立以来遭遇最大困难的时期，克里姆林宫军火库的对面，新建了为原苏共代表大会和最高苏维埃委员会开大会用的克里姆林宫大会堂。会堂内有800多个独立的不同场所。5600平方米、6000个座位的中央大厅，曾经是欧洲最大的演出场所。新建的大会堂比100多年前建造的有700多个独立空间的克里姆林宫大宫殿大得多。看着古老的建筑映现在大会堂的玻璃墙面里，总有一种异样的感觉生发出来。

1967年，为永远悼念在伟大的卫国战争中牺牲的英烈，在克里姆林宫西侧墙下的亚历山大花园里建造了无名烈士墓。烈士墓的颜色与宫墙的颜色，与列宁墓的颜色一样红。跳动的火焰永不熄灭地燃烧着。墓壁上刻着：

你的名字无人知晓，你的功绩永世长存。在无名烈士墓前驻足，会看见英武的士兵将笔直的腿抬得很高的换岗仪式，会看见漂亮的新娘、新郎献上美丽的鲜花。

2006年，为选定克里姆林宫博物馆来故宫博物院举办珍品展的展品，我在刚刚庆祝过建馆200周年的兵器馆里见到了爱琳娜·加加林娜馆长。

这是克里姆林宫藏品在中国首次展出，普京总统已为展览写好了祝词。

见加加琳娜馆长之前，我就知道她是世界闻名的伟大航天员加加林的女儿，但当我见到这位优雅漂亮的女馆长时，还是有一种奇异的感觉。

是啊，她的父亲代表人类第一次轰轰烈烈地进入宇宙空间，她则安安静静地在克里姆林宫执掌着俄罗斯珍贵的历史文化遗产。

告别加加琳娜前往另一处展馆的路上，陪同者告诉我们，总统官邸就在对面的米黄色大楼里。我想，加加琳娜巡视她的展馆时，时常会在不经意间遇上走出总统办公楼的普京总统吧？

莫斯科郊外不远处的圣三一（圣母、圣子、圣灵）谢尔吉修道院，俄罗斯最重要的东正教圣地，始建于14世纪，兴建过程长达6个世纪。修道院中最早建造的圣三一教堂得到皇室的特别"赞赏"。莫斯科大公、沙皇们在圣者谢尔吉陵墓旁以最隆重的"吻十字架宣誓"典礼缔结条约，在征战前后到此举行接受圣灵祝福的祈祷仪式

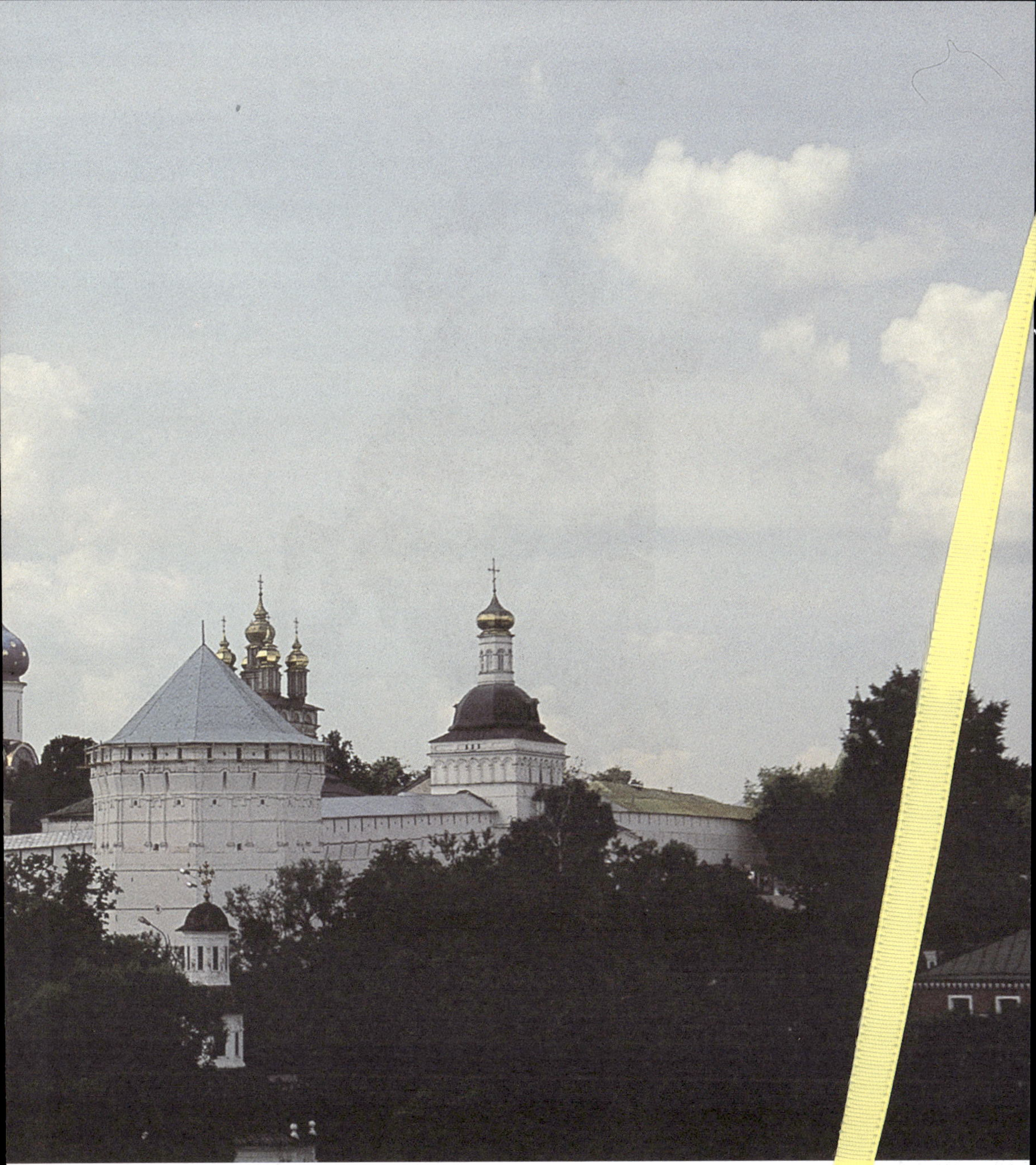

十二月党广场上面向涅瓦河的彼得大帝铜像。
石座上刻:"叶卡捷琳娜二世纪念彼得一世"

贰

一位皇帝和一座城市

刚过10岁的少年沙皇彼得,在莫斯科郊外一个外国人聚居的小村子里,看见一条破旧的英国帆船。

从这个时候起,圣彼得堡,这座将要诞生在地球北边最宏大的城市的种子,就这样落地生根了。

或者说,彼得的梦,圣彼得堡的梦,俄罗斯的梦,是从这条破旧的英国帆船开始的。

那时的彼得虽然继承了皇位,但由于他还很小,更由于宫廷派系的争夺,不仅是与他异母兄长并当沙皇,还被架空并被排挤到权利中心之外不为人知的角落里闲待着。

但自从看到那条破旧的帆船后,他的航海欲望便不可遏止地与日俱增。

他狂热地学习数学、筑城学、航海术。他建筑模拟要塞,组织"游戏"军队,亲自驾驶俄国建造的第一批海船。

当他于1687年15岁时真正即位后,"游戏"军成了他的禁卫军。

酷爱航海的彼得首先关注的问题是俄国与海洋的关系问题。

他的国家虽然广阔无比,但没有通向黑海、里海、波罗的海的出海口。

彼得保罗要塞的六角形围墙与钟楼上有镀金尖顶的彼得保罗教堂。1712 年开始建造的教堂高 122.5 米，现在仍然是圣彼得堡最高的建筑

这让他苦恼不已。千方百计地取得出海口，成了彼得对外政策的主要目标。

1695 年，他首先发动对土耳其的战争，夺得了黑海边的要塞。

1696 年，与他并当沙皇的伊凡五世去世，独掌朝政的彼得立即派出许多青年贵族到国外学习航海造船技术。第二年，又组织了 250 人的大使团到西欧考察，搜集欧洲经济文化情报。为了直接了解西方先进国家的真实情况，沙皇彼得不仅亲自率团考察，还化名为米哈伊洛夫下士，到造船厂当了一名船舶木工，用四个月的时间学习造船技术。到英国后又到皇家海军船坞打工，参观学校、工厂、博物馆，到英国国会旁听。

当彼得回到莫斯科的时候，欧洲文明的钥匙已经装在他的口袋里了。

1700 年，自认为做了充分准备的彼得，毫不犹豫地发动了旨在赶走占据波罗的海海湾的瑞典人的北方战争，这场战争持续了20多年。

在莫斯科往圣彼得堡的火车上，我竭力想象300多年前年轻气盛的彼得挥军北伐时的情形。

正逢6月23日极昼日，难得的白夜。午夜1时夕阳西下，两个小时后朝阳就升了起来，最黑暗时分，仍可读书看报。不知疲倦的太阳，大半夜里还在渲染着翠绿的大地。红杉紫了，白桦紫了，芦花也紫了。疯长着的草、树仿佛生死了多少回也没有人在意。散漫的房子如结在树丛里的鸟巢。

俄罗斯真的是太过广阔、太过散漫了。现在尚且如此，300年前呢？我想，散落的俄罗斯，那时候大概的确更需要有人出来好好地收拾一番吧？

到达圣彼得堡的时候，是异常宁静的清晨。

圣彼得堡还没有醒来。

清晰而真切的第一感觉是：俄式的广袤散漫，突然变为欧式的典雅精致。

圣彼得堡是彼得大帝一手创造出来的。

当知道了圣彼得堡300年后的今天基本上还是300年前的样子时，我不由得对彼得大帝肃然起敬。

仔细地看看圣彼得堡，不能不觉得彼得大帝妄图在俄罗斯边缘打造欧洲中心的美梦几乎就要实现了。

一座城池300年保持不变很难。更难的是300年前建造之初一切就非常到位。

这要归功于伟大的彼得。他把欧洲的创造与智慧移植过来，连同保护其永久的法律一起移植，放进俄罗斯的博大厚重中。

于是，圣彼得堡的雄浑与精致就都有了，且一直保留得好好的，如300年前一样。

彼得率军北伐时，一定张扬着一派志在必得威风凛凛的气势。其实从瑞典人手里夺取芬兰湾一带的沼泽地可能并不困难，也许瑞典人早不耐烦这块涣漫无当渺无人气的地方了。但彼得肯定觉得这块地方辉煌灿烂，前程似锦。

在美国的俄罗斯艺术家舍米亚金1991年送给圣彼得堡的彼得大帝铜像安置在彼得保罗要塞，按照确实的石膏面模创作出的有些怪诞的彼得形象颇具威严的内力

没用多长时间，芬兰湾南侧已经掌握在俄罗斯手中。迫不及待策马前往的彼得，看见近百个岛屿散漫在涅瓦河三角洲的海角河滩上时，虽然有些失望，但还是信心十足。

他像一位不畏艰险的拓荒者，命令部下在涅瓦河边叫作兔子岛的地方搭起一座简陋的木屋。

只用了不到三天的时间，松树圆木组合的典型俄罗斯木屋便搭好了。

彼得跳下战马，一头钻了进去。

这间小小的木屋，就是现在著名的彼得保罗要塞的第一间房子，也是圣彼得堡这座城市最老的房子。现在叫彼得一世小屋。

当时可不这么叫。当时的彼得顺手拿来荷兰"圣彼得堡"的大帽子，扣在这间小小木屋的头顶上。时在1703年。

9年后，这个要塞成为俄罗斯帝国新首都的核心。

又一个9年后的凯旋式上，1721年，在震天动地的欢呼声中，人们把"全俄罗斯皇帝"的皇冠戴在彼得的头顶上。

像这间小小的木屋一样，彼得保罗要塞最初的防御工事是就地取材，用泥土和木头筑起有六个角的围墙。每个角设有棱堡。从高处往下看，就像一片大大的雪花飘落在涅瓦河边。

从1706年开始，彼得可以腾出手来改建要塞，规划设计并立刻建设以要塞为核心的新兴城市了。

他心中的样板无疑是他考察过的他认为最好的欧洲城市。并且，他的城市一定要超过那些城市。

他请来瑞士人设计，请来德国人管理督导施工工程。

他首先以欧洲最新的筑城技术用石头和砖改建了要塞。到了叶卡捷琳娜女皇时代，朝向涅瓦河的围墙和棱堡都用花岗石包了起来。碧蓝的河水拍击着厚厚坚硬的花岗石，要塞显得更加雄伟而牢不可破了。

1714年为要塞建造的彼得大门，是圣彼得堡巴洛克式典型之作。浮雕

与彼得保罗要塞隔涅瓦河相望的冬宫

饱含着彼得战胜瑞典人的内容。大门正中悬挂铅铸的俄罗斯帝国国徽——双头鹰执帝王权杖与权球。

  1712年开始建造的彼得保罗教堂高高的镀金尖顶，不仅像挺拔英勇的武士，象征着俄罗斯对涅瓦河以及波罗的海边土地的占领，同时以碧水蓝天间直冲霄汉的尖锐形象，一举打破平坦的沼泽景观。122.5米高的十字金顶，至今应该是整座圣彼得堡城永远仰望的顶点。落成后的教堂同时也是皇家的陵墓。从彼得一世开始的沙皇、女皇绝大部分埋葬在这里。

  现在的要塞主要是作为博物馆供游人参观。彼得一世的小木屋里摆放着彼得用过的物品。

  彼得在他的小木屋里规划出来的关于圣彼得堡的宏大蓝图，不可能在他在世的时候全部实现。

  他还有更重要的事情，何况他又过早离世。

冬宫广场上的亚历山大纪念碑、冬宫博物馆入口。纪念碑高47.5米，直径4米，由整块花岗石雕成，重600吨，为纪念亚历山大一世战胜拿破仑而立

1722年这位新受命的"全俄罗斯皇帝"出征波斯，取得里海西南岸区域。

1724年，彼得大帝奋不顾身地跳入冰水中救援搁浅的士兵，因受风寒身患重病，结果在1725年刚刚53岁时，就永远地告别了他的圣彼得堡，告别了他的俄罗斯。

不过，他为俄罗斯做的事情已经够多了。彼得终其一生，是让俄罗斯尽快赶上和超过西欧发达国家，为此，他发动了一系列全方位改革。他不断研究外国的先进经验，聘请了许多外国专家，建立起精锐的军队，设计出新型的大炮，并在短短的几年时间里就建造了52艘战舰，合计数百艘舰船。他还建立各种学校，翻译各国书籍，创办俄国第一家报纸《新闻报》，建立俄国科学院，强迫实行欧化，在行政上结束了门第贵族的独霸局面。

彼得虽然过早地去世了，但他给俄罗斯留下的是从白令海到黑海，从波罗的海到太平洋的庞大帝国。

建于 1818 – 1858 年的圣埃撒教堂是俄罗斯最大的教堂，高 101.5 米，长 111 米，宽 98 米，上下四围门廊圆柱均用整块花岗石雕刻，内部装饰用不同颜色的石材与镀金青铜雕塑匹配，雄伟豪华，是涅瓦河畔城市中心广场最具标志性的建筑

他把俄罗斯收拾得有条有理。可他给后继者留下的俄罗斯并不好收拾。但对于圣彼得堡来说，以他生前已经设计实施的规划，以他的权威，以他的影响力，他的后继者一定会忠实跟进，一切会按既定方案办，努力完成先帝的遗志。其中特别卖力的是两位女皇——他的妻子叶卡捷琳娜一世和他孙子的妻子叶卡捷琳娜二世。

华西里耶夫斯基岛是涅瓦河三角洲最大的岛。彼得决意要将这个岛变成新首都的中心。他要像荷兰的阿姆斯特丹那样开挖许多运河。他让两位设计师做好了运河网络方案。彼得在世时没能全部落实，但从他留下的几何图形的道路和规划中可见他制定的宏伟蓝图。此后的百年里，圣彼得堡科学院、俄罗斯学院、美术学院、第一士官武备学校、海军士官武备学校、采矿学院、珍奇物品博物馆、普希金馆等北方首都的学术和高等教育机构、文化机构陆续集中在这里（今天的圣彼得堡依然是俄罗斯最重要的教学、科研中心，有40多所高等院校，400多个科研机构）。1718年开始建造的珍奇物品博物馆，是俄罗斯最早的公共博物馆，还没完工，就开始展出彼得一世各种奇异的收藏。最初的科学院图书馆、天文馆也建在其中。

彼得当然不会不营造自己的宫殿和苑囿。他在小木屋住了没几年，就开始建造他的夏宫和夏季花园。位于市中心的夏宫主要建筑，其实只是一座朴素端庄的两层小楼。花园里倒是有不少可爱的雕塑和喷泉，彼得经常在这里举行庆祝活动和招待会。

因普希金而声名鹊起的皇村，当初是彼得送给他妻子叶卡捷琳娜的瑞典庄园，1717年用石头建造了小小的宫殿，起了个叫作皇村的名字，后来就越修越大了，百年后开办了贵族子弟学校，普希金得以在这里读书学习。

真正的宫殿是彼得宫。1705年奠基。彼得一世选择在自然的海岸台阶上，建筑面向芬兰湾的大殿，作为宫殿建筑群的中心，并开辟了布局规整的上下两个花园。彼得邀请全欧洲著名的设计师、画家、雕塑家，鼓励他们以新的艺术趣味，与俄罗斯和当地环境的实际及本地设计师的经验结合。他觉得只有如此，才可以实现他的追求。在彼得的规划和基础上，经后继者的继续建设，宫殿群、花园、喷泉、镀金雕塑、游亭等构成类似法国的凡尔赛宫。彼得宫的喷泉尤其出类拔萃。彼得宫堪称喷泉之宫。金色大力士参孙掰开的狮子口中喷出的水柱高达22米，象征长达22年的北方战争的伟大胜利。176眼喷泉形成的处处瀑布、处处喷泉，喷洒得彼得宫活力四射。

世界著名的冬宫，虽然是在彼得逝世20年后于1754至1762年修建的，可能是因为由彼得最称职的继承人叶卡捷琳娜二世一手操持的原因，这座意大利建筑师斯特雷利设计的宫殿，反倒更能显示出彼得大帝的气势。

冬宫与后来陆续建造的几座殿堂，组合成庞大宏伟的皇宫建筑整体。冬宫总长230米、宽140米、高22米，占地9万平方米，建筑面积4.6万平方

复活教堂，也叫"溅血的救世主教堂"，1883 - 1907年在1881年3月1日亚历山大二世被炸致伤而亡的地方建造，是彼得一世以前莫斯科时代教会建筑风格的例证，也是俄罗斯马赛克技术集大成的巨大作品

米的白、绿、金相间的亮丽皇宫，倒映在碧蓝的涅瓦河里，华美无比。

有人做过统计，冬宫总共有房屋1050间，有门1886座，有窗1945个。四周圆柱林立。房顶上排列着100多尊人物塑像和大花瓶。金碧辉煌的内部有用俄罗斯孔雀石、碧玉、玛瑙等宝石装饰的各类大厅。1917年11月7日夜，临时政府的部长们就是在用了两吨孔雀石装饰的孔雀厅束手就擒的。

彼得大厅，也叫小御座厅，是纪念彼得大帝的专厅，陈列着彼得生前的用品。这里到处是双头鹰国徽图案。意大利画家绘制的彼得与罗马神话中的战争与智慧女神在一起的油画挂在御座的上方。

大御座厅是冬宫的心脏。1837年大火后，圆柱，壁柱，墙面，一律用意大利白色大理石重新做过。天花板的镀金图案，与16种珍稀木材镶拼的地板上下呼应，使整座大厅高雅庄严非凡。沙皇帝国的所有大事几乎都与这座大厅有关，更显出大御座厅的气魄恢宏。

十月革命后的1922年，原来的皇宫成为国家艾尔米塔什博物馆。其实早在1764年，冬宫里就有叶卡捷琳娜二世的个人收藏馆了。这一年她从德国商人手里买进伦勃朗、鲁斯本等人的225幅作品，接着的10年间增至2000幅。她的图书馆藏书3.8万册。现在的艾尔米塔什，作为世界上最古老、最大的博物馆之一，共收藏世界各地、各个历史时代文物270万件，若将400多个展厅的展览线连起来，竟有22公里之长。

与皇宫广场连在一起的海军总部大楼的历史比冬宫更早。1704年按照彼得一世的设计开始建造海军总部造船厂。1705年建造的海军总部类似当时的彼得保罗要塞，周围预留了开阔的广场，不准任何设施占用。100年后建成的海军总部大楼，成为我们现在看到的俄罗斯古典风格建筑艺术杰作。

……

在圣彼得堡，无论走到哪里，几乎都能看到彼得大帝的踪影。

所有对彼得大帝的记忆几乎都和船、海有关。

彼得大帝的辉煌，圣彼得堡的辉煌，来自那条彼得小时候看见的破旧的

海军总部大门，最早是 1704 年按照彼得一世设计图建造的海军总部造船厂

停泊在涅瓦河畔作为"博物馆"的波罗的海巡洋舰"阿芙乐尔"号（俄语意为曙光号）。1917年11月7日从这艘巡洋舰上发射出攻击冬宫的第一炮，即著名的"十月革命一声炮响"

英国帆船。

然而，彼得大帝做梦也不会想到，他的帝国却终结于他开创的舰队中的一条叫"阿芙乐尔"号的巡洋舰。

1917年11月7日，这艘巡洋舰发出了攻击冬宫的第一炮。

不过，波罗的海湾的圣彼得堡，1500米宽的涅瓦河两岸的圣彼得堡，42个岛屿、72条运河、360座桥梁组织起来的圣彼得堡，却是一艘永不沉没的航空母舰，一艘彼得大帝一手打造的俄罗斯航母——涅瓦河是它的跑道，波罗的海是它的广场。

冬宫中的徽章大厅，地板面积超过1000平方米，壁柱、圆柱全部镶金

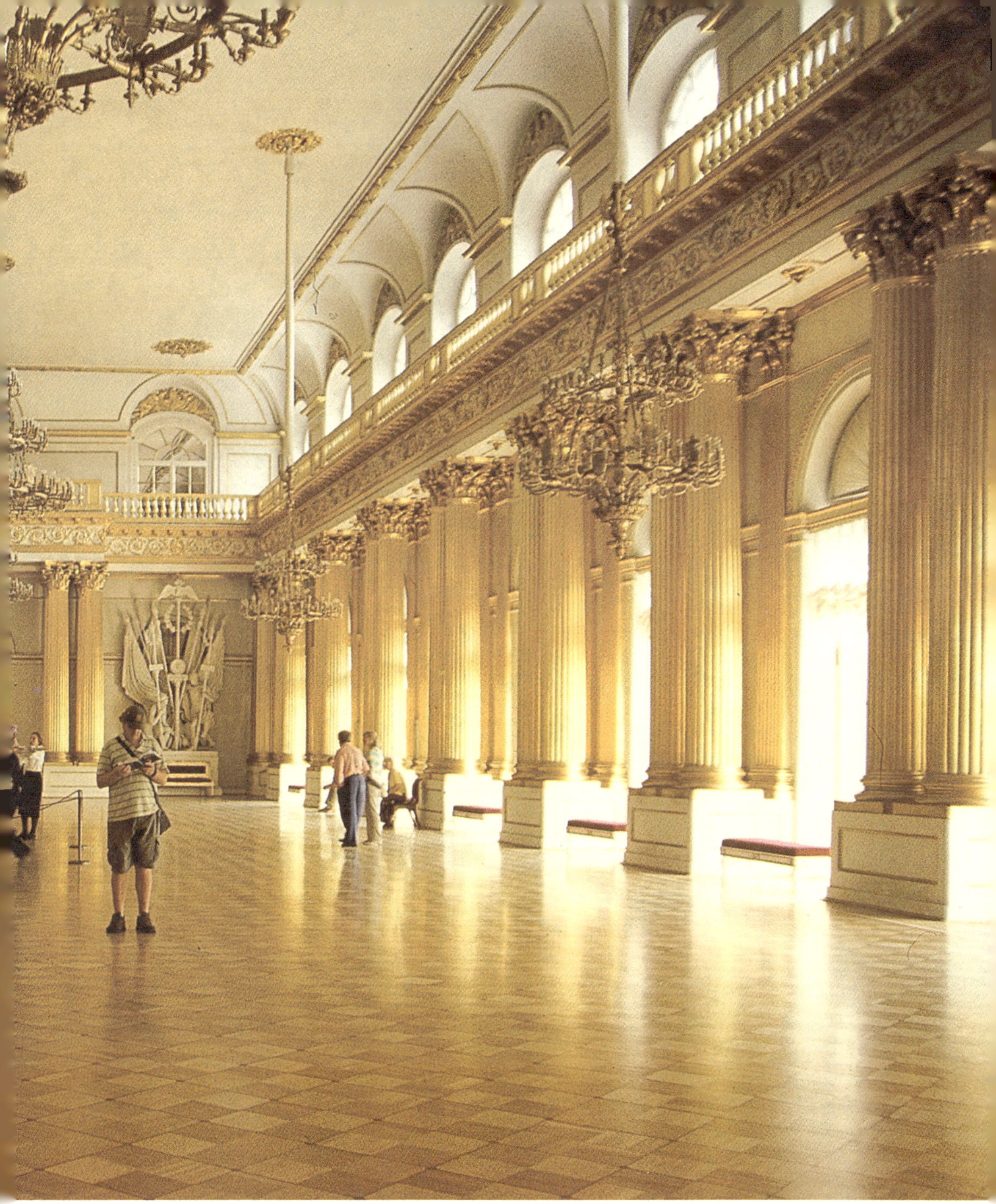

法国

从罗丹博物馆看到的现代雕塑、罗丹的《思想者》、拿破仑陵墓、埃菲尔铁塔

壹

巴黎中轴

巴黎城也有像北京城那样的中轴线。

不过，巴黎的中轴线有点依顺着塞纳河，不像北京的中轴线那样独立。

塞纳河有弯曲。巴黎的中轴线比起北京城中轴线的正直端庄来，就多了点委婉、浪漫与自由。

巴黎中轴的起点，也是作为世界大都市巴黎的起点，在塞纳河中的西岱岛上。最初的巴黎就出自这座小岛，有记载的历史可以追溯到公元前3世纪。

小岛的西端，是10世纪前后卡佩王朝多位国王居住的地方，后来成为巴黎法院及其附属监狱。法国大革命期间，监狱曾被用来关押等待处决的犯人。关押玛丽·安托瓦妮皇后的单人牢房里，现在还陈列着在断头台上处死她的铡刀和她胸前的十字架。

岛上的标志性建筑物，是被雨果的小说、同名电影和那个敲钟人推敲得差不多的人人皆知的巴黎圣母院。圣母院建于12世纪到13世纪，自建成之后，就和法国历史上许多重大的事件紧紧连在一起，最隆重的自然是法兰西国王的加冕仪式。在所有国王的加冕仪式中，大概只有拿破仑的加冕仪式最具拿破仑特色的。1804年12月2日，镀金的皇家马车队穿过漫天的风雪，

从塞纳河左岸看巴黎圣母院

穿过无数围观的人，拿破仑和约瑟芬从后门进入圣母院，在教堂的侧翼皇袍加身后，双双登上雄伟正殿中特设的皇帝、皇后宝座。据绘画和传说描述，当教皇还在犹豫是否应由自己亲手给拿破仑戴上皇冠之时，拿破仑已经不耐烦地伸手拿过皇冠，自己戴在头顶上了。接着，拿破仑亲自为约瑟芬加冕。拿破仑大概觉得他这个皇帝是法国公民投票选出来的，而且几乎是全票当选（3572329 票赞成，2569 票反对），所以才如此自信十足吧。

　　欣赏巴黎圣母院最好的地方其实在塞纳河左岸。从飘着咖啡浓香的旧书摊旧书店老餐馆的任何一处间隙隔河而望，即便只看到圣母院的尖顶与侧影，都能感受到这座哥特式经典宗教建筑的迷人之处。

　　坐在一街之隔的萨特和西蒙娜最喜爱的花神咖啡馆里，想想发生在巴黎圣母院一带的许多事情，真让人好奇不尽。

　　就说萨特吧，情人西蒙娜坐在旁边，咖啡馆里人来人往谈笑风生，他怎

蓬皮杜文化艺术中心

么安安心心地写作呢？

再想一想，又觉很是自然。从18世纪到19世纪，再到20世纪，狄德罗、韦莱纳、马拉梅、海明威、菲茨杰拉德、列宁、托洛斯基……这里一直是诗人、作家、哲学家、思想家、革命家等著名知识分子经常聚会、热烈讨论的地方。新思想新艺术如塞纳河的流水，源源不断，滔滔不绝。

塞纳河的对面，圣母院另一侧不远处，则是20世纪70年代出现的高科技与新艺术结合的新地标。

标新立异的蓬皮杜总统决定建造一座标新立异的国家文化艺术中心。但怎么也想不到的是，只看这座新潮建筑的外景，怎么也和文化艺术搭不上边——暴露在外的杂乱管道和好像还没有拆除的钢铁脚手架，只会让人想到炼油厂或化肥厂或其他什么工业设施。

然而，就是这座刚刚出现时令大部分人十分讨厌的怪模怪样的蓬皮杜国

从塞纳河左岸的这个角度，可以看到卢浮宫的全景

家文化艺术中心，很快便成为巴黎最引人入胜的现代景观之一。

是啊，从巴黎中轴的起点开始，古老的与现代的，传统的与创新的，就如影随形了。这种确实很奇特的组合，仿佛随时随地在特别提醒身临其境者：在巴黎这样一个地方，任何新鲜的事情突然发生，都不要大惊小怪。

尽管如此，在巴黎圣母院正前方的卢浮宫庭院正中看见明晃晃的玻璃金字塔的时候，我还是吃惊不小。

比起圣母院来，卢浮宫的历史曲折多变。这也合乎常理：作为宗教信仰圣地的稳定性，总是会超越作为政治统治场所的帝王宫殿。

据说卢浮宫因曾经是捕猎狼群的所在地而得名，那自然是很早很早以前的传说了；不过成为帝王的宫殿，也已有了800多年的历史。12世纪末，奥古斯特在这里建起了第一座城堡。两个世纪以后，查理五世把城堡改建成皇室居住的艳丽夺目的珐琅宫殿。

在卢浮宫既成为法国最早的也是时间最长的宫殿，又成为法国最早的也是最大的博物馆的历史进程中，弗朗索瓦一世、路易十四、拿破仑一世，这三位帝王发挥的作用可能是最大的。

当爆发于14世纪到15世纪的英法百年大战及卢瓦尔河谷城堡的大量出现，使后来国王远离卢浮宫的时候，当卢浮宫因此而沦落为军火库与监狱的时候，弗朗索瓦一世，这位被称为文艺复兴"王子"的国王，组织了大规模的修建工程，把卢浮宫改造成一座文艺复兴式的艺术宫殿。宽敞的大厅富丽堂皇，精心创作的壁画、浮雕营造出浓郁的艺术氛围，国王的宫殿从此成为法国建筑的典范之作。

弗朗索瓦是卢浮宫第一位自觉的艺术品收藏家。他特别看重意大利艺术，收集了不少意大利名作。他赞助了包括达·芬奇在内的一大批艺术家。他收藏的拉斐尔、提香、达·芬奇的传世之作，都是后来卢浮宫博物馆的镇馆之宝。

路易十四继续加大皇室赞助艺术的力度，极大地丰富了宫廷的收藏，同时他也在继续增加宫殿的建筑。但是，正当路易十四把卢浮宫修建得更加完善的时候，这位太阳王的兴趣忽然全都转移到20公里外的凡尔赛去了。当王室、宫廷整体迁至凡尔赛宫后，卢浮宫一下子由皇宫变成各种机构部门，甚至成为连商人都纷纷前来瓜分的廉价宝地。

隔断纵横、栅栏遍布、混乱不堪的卢浮宫，幸亏被绘画艺术学院占据了一部分。多年来，这个学院一直在大长廊中有规律地展示学院师生的作品，促使有识之士越来越多地讨论如何将国王和教皇的收藏，展示在大庭广众之前。

路易十四的艺术收藏和对卢浮宫的放弃，使昔日的宫殿成为博物馆的可能性大增。开始于1789年的法国大革命，将法国大多数艺术品收归国有，国家博物馆的建立水到渠成。1791年，卢浮宫艺术中心博物馆正式创办。1793年8月10日，在法国国王被送上断头台半年之后，博物馆举行了隆重的揭幕典礼。

卢浮宫12世纪的地下遗址和现在的玻璃金字塔下端参观者服务中心

比起弗朗索瓦一世和路易十四来，拿破仑一世不仅增加了建筑，对丰富博物馆藏品发挥的作用更大。各种艺术品是拿破仑最看重的战利品。他把各次战役中获得的艺术品源源不断地运回法国，使庞大的卢浮宫博物馆塞满了世界各地的艺术品。拿破仑战败后虽被索回不少，但留下的还是一个不小的数目。

为卢浮宫增光添彩的另外两位著名人物是密特朗总统和华裔建筑设计家贝聿铭。

1981年9月，密特朗当选为法兰西共和国总统后，许诺"让卢浮宫恢复原来的用途"。8年后，占据卢浮宫侧翼100多年时间的国家财政部搬出，一下子使卢浮宫增加了2.15万平方米的展出面积。3个庭院，165个新展厅，沉睡库房中的1.2万件展品得以面世。

密特朗总统邀请美籍华裔建筑设计家贝聿铭为卢浮宫增加了崭新的地标。没有密特朗的坚定筹划和坚决支持，贝聿铭设计的充满争议也充满现代精神的流光溢彩的玻璃金字塔，绝对不可能出现在古老卢浮宫的庭院中。

贝聿铭以对光线和空间的出色运用，创造了现代与古代在同一空间直接对话的建筑奇迹。他让自然之光指引着现代人进入古老的卢浮宫内部和深处。与此同时，也解决了长期以来存在的参观路线不合理、服务空间不足的问题。

参观卢浮宫的时候，有三个画面给我留下了深刻印象：一是在修建金字塔和地下停车场时发掘出来的12世纪奥古斯特时期的卢浮宫城堡的地下部分，已成为展览的一部分；二是几个小朋友在金字塔地下部分的塔尖处触摸玻璃投影的光彩；三是一对携手的新人走过玻璃金字塔闪闪发光的卢浮宫广场——历史证明密特朗、贝聿铭是对的，他们使一座古老的殿堂就这样充满了记忆，充满了想象，充满了生命的活力、青春的活力。

从卢浮宫广场继续往前，展现在眼前的是开阔的杜勒丽花园。

16世纪，在距卢浮宫600米处的这个地方建起了杜勒丽宫。时隔不久，亨利四世在塞纳河一侧兴建临水长廊，从南翼把两座宫殿连为一体。又过了

卢浮宫广场

　　几百年，到了 19 世纪，拿破仑三世兴建了北翼楼，完成了将两座宫殿连接为一个整体的大工程。可是没过多久，杜勒丽宫就消失在巴黎公社的炮火硝烟里了，卢浮宫伸出的双臂，从此只好无奈地、毫无遮拦地伸向空旷的杜勒丽花园，伸向远一些、再远一些、更远一些的协和广场、凯旋门、拉德芳斯。

　　挺立在协和广场的方尖碑虽然只有 17 米高，但由于孤独而醒目，在西斜的阳光照耀下，碑体上闪烁着的埃及象形文字，更加醒目地提醒人们千万不要忘记：日日夜夜站立在这里的，不只是巴黎，也是整个欧洲所有广场中年纪最大的长者。

　　1836 年，埃及人把它作为礼物送到这个地方，至今还不足 200 年；但在此之前，它已经在尼罗河边卢克索神庙大门口忠实地值守 3000 多年了。

　　"既然协和广场上可以竖立一块方尖石碑，为什么卢浮宫国家博物馆前的广场上不可以建造一座金字塔？"——贝聿铭以此作为设计"金字塔"

的理由，可能很有说服力，抑或并不恰当；但出现在巴黎中轴线上，且可互相对视着的玻璃金字塔与真正的方尖碑，却可以共同显示人类古老文明与现代社会的密切关系；并且，还能多少遮盖一点发生在协和广场上的血腥事件——要是没有这位历史老人站在此处，人们的眼前就只会反复出现国王路易十六和皇后玛丽·安托瓦妮被推上断头台头颅落地的情形。

与方尖碑隔街相望，往北不远处，被称为"巴黎广场皇后"的八角形旺多姆广场上，也矗立着一座纪念碑。这座纪念碑比方尖碑雄伟得多，它高44米，通体浮雕。这座被称为和平柱的青铜圆柱，是用1805年奥斯特里茨战役中拿破仑大败奥地利缴获的1200门加农炮熔化后浇铸而成的。

化大炮为雕塑，以这样的方式炫耀胜利，倒也显示着一点用战争消灭战争的和平追求。

拿破仑炫耀战绩的极致是凯旋门。

从方尖碑继续向西，沿着缓缓向上的著名的香榭丽舍大道向西，在这条高端精品店集中的时尚大道和最适合聚众集会的游行大道的制高点，矗立着雄伟壮观的凯旋门。

这座由拿破仑皇帝为了炫耀他的赫赫战功下令修建的罗马式拱门，张扬着典型的拿破仑时代、典型的"帝国风格"。从1806年到1836年，足足用了30年的时间，恰好与方尖碑落地协和广场同时落成。

通过284级台阶攀上50米高的拱顶，拱门上方数百位两米高的人物雕像组成10组极具震撼力的雕塑作品居高临下，香榭丽舍大道等十多条街道向四面八方辐射而去的动感尽收眼底——真是一座威震四方、傲视八极的凯旋门啊！

凯旋门铭刻着从法国大革命到法兰西第一帝国期间法国军队的历次胜利。

1920年，一名无名的战士埋葬在拱门下的地面正中。从此，爱国主义之火燃烧不息。

协和广场埃及方尖碑

一边纪念光荣，一边延续时尚。

站在巴黎中轴的最高处，东望，然后西望。密特朗正在让他和贝聿铭的玻璃金字塔越过埃及的方尖碑，越过拿破仑的凯旋门，越过环城大道，与密特朗在1989年主持建造的欧洲最大的现代商业中心对接。

商业中心的标志是仿照凯旋门设计的拉德芳斯大拱门。不过大拱门的体量远远超过了凯旋门。密特朗意在拉动巴黎的边缘，或延伸巴黎的中心，或以此为继承与发展的象征。

拉德芳斯大拱门正沉静沐浴在落日的辉煌中，靓丽清晰的剪影仿佛被玻璃金字塔、花岗岩凯旋门的光彩照亮。此时此刻，忽然觉得最后出现在巴黎中轴西端的拉德芳斯，反倒成了后来居上的领跑历史的巨人：凯旋门，方尖碑，卢浮宫，巴黎圣母院，依次紧跟。

但还是拿破仑。

从协和广场往南，过塞纳河，是路易十四下令修建的荣军院。原本是想用来收容伤残的老兵，后来却逐渐成为法国历代军事大人物的陵墓和规模宏大的军事博物馆。

荣军院极高的知名度，在法国人心目中的显要位置，并不完全取决于高达102米的气势恢宏的大穹顶，而主要来自拿破仑——拿破仑安息在蓝天下闪耀着金色光芒的镀金大穹顶下。

1840年，国王路易·菲利普同意让漂泊在遥远大西洋中的拿破仑遗骨回到巴黎。受大革命席卷，为拿破仑付出热情的法国人民以更大的热情迎接拿破仑的归来。这一年的12月5日，在巴黎市民的翘首等待中，重达上万公斤，象征拿破仑皇帝的灵车经过凯旋门，经过协和广场。

维克多·雨果看见的情景是：马车酷似一座金山，雕饰着金色的蜜蜂和14尊胜利女神。现在我们看到的是：最外层为珍贵的红色大理石的7层石棺，安放在大穹顶的正下方。

102米高的金色穹顶，塞纳河对岸44米高的青铜圆柱，香榭丽舍大道

旺多姆广场1200门加农炮熔铸而成的纪念碑

尽头的凯旋门,这三座纪念碑式的建筑正好成三角之势——拿破仑无处不在。

在拿破仑金色穹顶东边仅一街之隔的是当年罗丹的工作室——现在的罗丹博物馆,在陈列着《地狱之门》等伟大作品的罗丹大院子里,我突然看见一种奇异的组合:从一进院门处矗立着的一座高大作品的东侧向西看过去,锈迹斑斑的金属模拟教堂的现代雕塑前面,是罗丹知名度最高的《思想者》,接着是拿破仑皇陵,远处看得见埃菲尔铁塔的塔尖。

埃菲尔铁塔现在很风光,可它的诞生和留存极不容易。为纪念法国大革命100周年,当时的法国总理提出了"要做一件不寻常的事"的设想。

年轻建筑师埃菲尔的铁塔设计在700多个方案中脱颖而出。300多名法国最负盛名的文学家、艺术家集体请愿,强烈反对在以古典建筑为自豪的巴黎修建这么一座用钢板和螺栓安装起来的高达328米的铁塔。

但铁塔还是高高地矗立起来了。

1889年3月31日,埃菲尔在一群累得气喘吁吁的官员的陪同下,攀登了1792级台阶到达塔顶。《马赛曲》中,法国三色国旗在当时世界最高的建筑物上迎风飘扬。

此后,在一片强烈要求拆除的声浪中,围绕着铁塔美学上的激烈争论持续多年。幸亏无线电波的出现使这个"摩天怪物"成为无线电波的最佳中转站,这位身姿俊俏的"铁娘子",终于成为法国人珍爱并引为骄傲的历史丰碑。

在罗丹敲击石头的院子里突然看见"艺术""政治""科技"的鲜明标志同时出现在同一视域中,着实奇异得很。

除了那件现代雕塑的作者不熟悉外,其余三位则是闻名全世界的法兰西"大疯子"——"石匠疯子""铁匠疯子"和"打仗的疯子"。即使是当时不为人理解的"疯子",后来证明也都是伟大的天才。现在想想,更可贵的是社会对"疯子"们的宽容,和从宽容到爱戴的宽松的人文环境。争论归争论,反对归反对,镇压归镇压,但宽容归宽容。

从巴黎圣母院到凯旋门,从玻璃金字塔到拉德芳斯,从弗朗索瓦到路易

夕阳下的凯旋门和埃菲尔铁塔。埃菲尔铁塔基部由四个具有"女性魅力"的钢铁大拱门组成

从埃菲尔铁塔上看安葬拿破仑的荣军院大穹顶

十四到拿破仑到蓬皮杜到密特朗，历史与现代，古老的遗迹与崭新的标志，古代的帝王与当今的总统，以及那些永远容易情绪激动、意气奋发的人民，交错重叠在巴黎的中轴线上。

　　法国的历史就是这么走过来的。领导者的人文情怀，知识分子、文学家、艺术家的人文奋斗和历经启蒙洗礼的广大民众，共同创造了法兰西文化，创造了以巴黎中轴为代表为象征的法兰西人文精神——这大概正是以浪漫、想象与创新著称的法兰西的光荣传统吧。

塞纳河、塞纳桥、塞纳河中的西岱岛

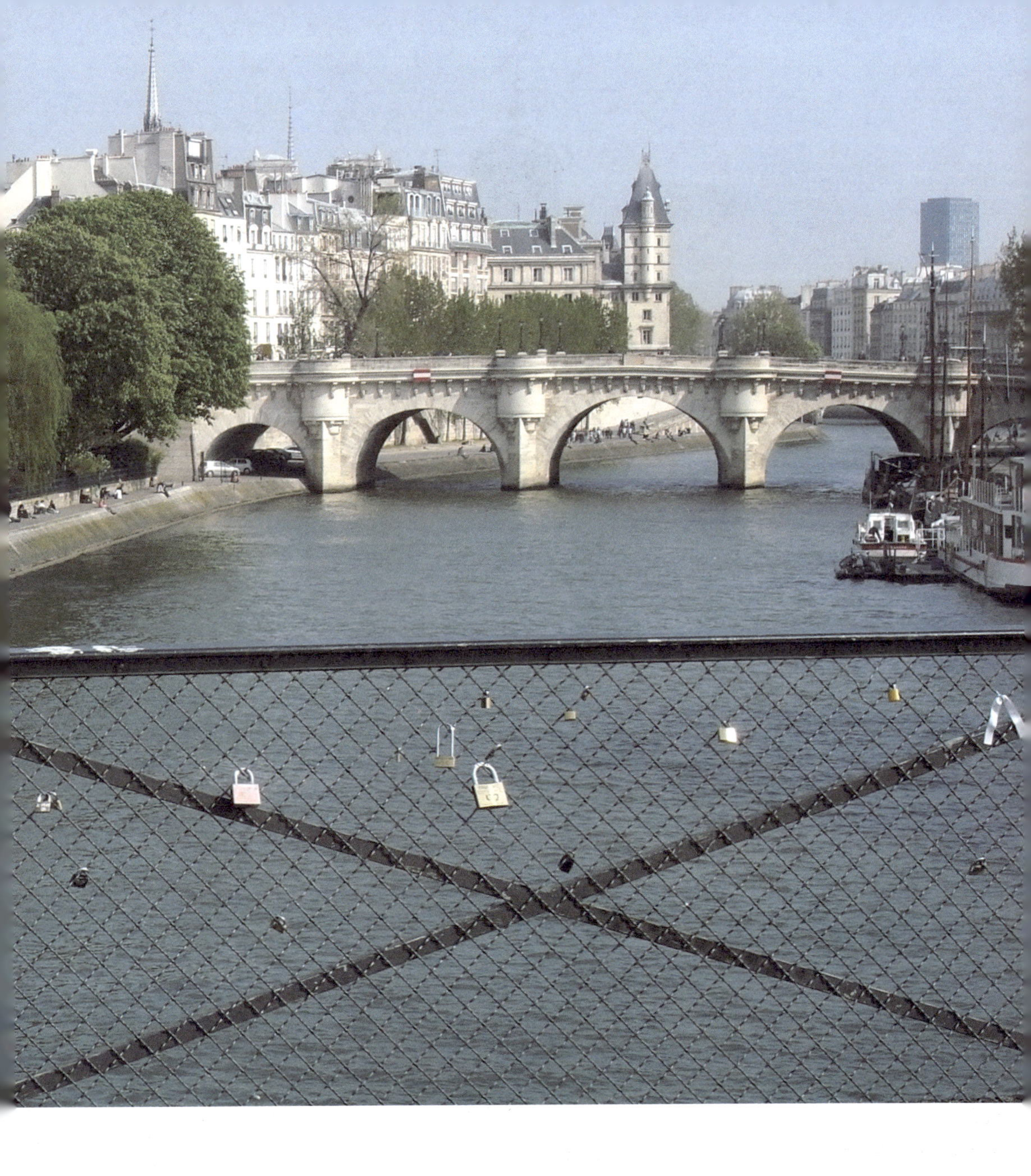

卢瓦尔河谷的皇家城堡

贰

流动的宫殿

法国的皇帝们浪漫得连自己的城堡都不肯固定在一个地方。

到法国的人们大都知道凡尔赛，知道枫丹白露，因为它们离巴黎近。

虽然近，也得越过原野，穿过树林才能到达。

更早更远更有意思的一座又一座皇家的城堡，或和皇家关系密切的城堡群，集中在卢瓦尔河谷。

枫丹白露，凡尔赛，也可以说是从那边移动过来的。

有过百年战争，有过惊天动地的历史，卢瓦尔河谷和河谷中那些曾经帝王们的宫殿和贵族们的城堡，却安静得出奇。

说是河谷，其实非谷：还没意识到进入谷底已到河边了。卢瓦尔河两岸，包括一条条支流，看来大约大多是平缓的，略有些起伏的那种平缓。

时值仲春，较为平坦的地方，大片大片的麦地返青不久，或者就没有萎黄过。麦苗高约数寸，正如翠绿的绒毛地毯，把地面覆盖得严严实实。最耀眼的是大片的麦地间开得正旺的大片油菜花，黄与绿一样的嫩。

平缓的坡地上，大多爬满低矮的黑褐色葡萄藤架，近前看看，确像列队整齐的恐龙仔。看见黑褐色的藤条上刚刚爆出的一点点嫩芽，陈旧的根藤就

卢瓦尔河谷的尚博尔城堡。背面和正面

突然新鲜无比了。

卢瓦尔河全长 1020 公里，是法国第一大河。但在这样的天地间，多大的河不到跟前也难望见踪影；只有过桥的时候，才看得清河流的样子。

从一座桥上通过时，看见整座桥都有烟熏火燎的痕迹。虽是水泥构造，想来也一定很有些历史了，肯定不止一次地被战争的炮火烧烤过。我想，凡经过这座桥的人，一定会想到第一次和第二次世界大战，还会联想到遥远的百年战争。

在卢瓦尔河一带，从很早很早的时候开始，法国与英国的关系就纠结不清了。始于 1337 年的百年战争，就是在卢瓦尔河边不停地打来打去的。那是一场法国人企图把英国人赶出法国领土的战争。打到 1415 年，数量与实力均占优势的法军却遭到惨败。

正当国运极度低迷的时候，一个来自农村的姑娘不可思议地出现在历史舞台上。仿佛来自上天的感召，还不到 17 岁的少女贞德竟然带领法军冲破奥尔良重围，拥戴皇太子登基加冕。

两年后，贞德被英军俘虏了，还不到 19 岁的姑娘被极其残酷地烧死在卢瓦尔河边的火刑柱上。贞德 1429 年在奥尔良住过的地方现在成了圣女贞德纪念馆。空旷的马特洛埃广场上，矗立着女英雄的骑马雕像。每年的 5 月 7 日和 8 日，奥尔良都要举行纪念这位女英雄的盛大游行。

圣女贞德的故事虽为史实，却真实得让人难以相信，特别是穿行在如诗如画静谧得出奇的卢瓦尔河谷的时候。但是，当看见树林掩映着的村舍的时候，看见一片片森林，钻进去，一座座古堡就出来了的时候，又觉得什么离奇的事情都可能在这里发生。

据介绍，卢瓦尔河谷总计有古城堡 3000 多座，听起来这简直是一个让人不敢相信的数字，可事实的确如此。

卢瓦尔河和它的众多支流，如闪闪发光的银色链条，把奥尔良、都兰、安茹这三个法兰西的古老省份串联在一起，也把散落在卢瓦尔河流域不同时

尚博尔城堡上部一角，近处有河流，远处的树林望不到边

代的 3000 多座古老的城堡实实在在地串联在一起，更把真正代表法国的浪漫景象，帝王之间的征伐防御，皇室贵族的奢华享受，以及由此形成的法国文化，保存在这条历来富饶美丽的广阔河谷中。

由于历史与地理的原因，卢瓦尔河谷自古就是王朝的发祥地，也是多方势力和种种权术阴谋的争夺较量之地。在不大熟悉这里那段历史的外来者看来，仅仅帝王们走马灯般的更迭，就足以让人眼花缭乱。尤其从中世纪到 17 世纪，由于有那么多纠缠不清的事件引发那么多纠缠不清的战争，源远流长的卢瓦尔河谷更成为国王们和追随国王们的法国上层社会的流浪地和避难所。于是，这个地方城堡式的宫殿和宫殿式的城堡便越来越多。

那些制造动乱和营造安乐的故人往事，跟随着卢瓦尔河水流逝得渺无踪影了。而这些大小不等、各具特色的城堡，却大多留存下来，把本已足够美丽的卢瓦尔河，装扮得更加妙不可言，奇妙无穷。

已经发展成生机勃勃的大学城的图尔，是古城堡群的中心城市。早在四五世纪之交，从图尔的大主教圣马丹传教开始，卢瓦尔河谷就成为基督教发展传播的中心。

不只是基督教文化，还有法国的葡萄文化。

历史学家曾经有过这样的记录：圣马丹在他的修道院附近种植了葡萄。一天，僧侣们沮丧地发现，干活儿的毛驴闯进葡萄园咬掉了大部分葡萄嫩枝。然而，来年的收成却是自种植葡萄以来最好的一次。从此，剪枝才成为葡萄栽培最重要的一个环节。

从 13 世纪的圣路易，到 17 世纪的路易十四，几乎每一位法兰西国王都曾在这里居住过。建筑家、艺术家、思想家、作家也是这里的常客。

伟大的天才艺术家达·芬奇接受弗朗索瓦的邀请，在图尔西边的皇家城堡中度过了生命中的最后 4 年。1519 年 5 月 2 日达·芬奇去世时，给这座城堡留下三件后来誉满世界的作品：《蒙娜丽莎》《圣安娜和圣母玛利亚》《圣洗礼者约翰》。达·芬奇住过的房间现在成为博物馆，陈列着根据他的绘图

横跨在卢瓦尔河支流谢尔河上的舍农索城堡应该是所有城堡中最浪漫典雅的一座,亨利二世的情妇和王后在明争暗斗中先后将其修建成别致舒适的水上宫殿

制成的许多重要发明的模型和他设计的城堡模型。

巴尔扎克在图尔西南附近的萨雪城堡居住的时期，是创作最旺盛、最多产的时期。他在《河谷中的百合花》中这样描写他在这里看到的优美风景："在这片梦幻般的土地上每移动一步，都会发现一幅崭新的图画展现在眼前，而画框就是一条河流或一个平静的池塘，倒映着城堡、塔楼、公园和喷泉。"

因圣女贞德而愈加闻名的奥尔良，早在13世纪就成为法国文化的中心了。奥尔良正处于卢瓦尔河由向西北流淌转为向西南流淌的大拐弯处。卢瓦尔河谷城堡群中最大的尚博尔城堡就在奥尔良与图尔中间的布卢瓦附近。

从奥尔良进入卢瓦尔谷地，当远远地望见散漫的树林遮掩不住的尚博尔城堡的时候，油然生出童话般的感觉。

这座城堡最初是为战争和狩猎而建的，12世纪之前就很有名。那时候的人们都知道森林的深处有一座坚固的大城堡，骑着高头大马的幽灵般的打猎者会突然出现在暴风雨之夜。

经常沉浸于狩猎中的弗朗索瓦还没有成为国王的时候，就特别迷恋这里的森林、河流和出没在灌木、野草中的走兽飞禽。当他成为国王之后，他就迫不及待地把古老的城堡重建为充满传奇色彩和诗情画意的豪华行宫。

凭着弗朗索瓦与达·芬奇的关系，尚博尔城堡肯定与达·芬奇有关，虽然恰在重建开工之前达·芬奇去世了，但至少那些建在由圆顶采光的轴线上的不少双螺旋阶梯，最初是出现在达·芬奇绘制的图纸上的。

弗朗索瓦建造的尚博尔城堡，是一座拥有450个房间、70处楼梯、365个壁炉和365个窗户的巨大建筑。但由于矗立在森林中的绿草地上，矗立在卢瓦尔河的一条支流旁边，加以鸽子羽毛般深灰、浅灰的色调，精致的塔楼，从防御到消遣娱乐转型的格局，从古老的哥特式到流畅光亮的文艺复兴式的协调，使得这座雄伟的城堡具有了超凡脱俗的高雅气度。连同周围的河流、森林、原野，总长33公里的围墙（法国最长的围墙），把以城堡为核心的总计超过50平方公里的绿色生态园林团团围定。

集中了不同时期建筑风格的枫丹白露

同其他的皇室城堡一样，这么一处宏大无比的豪华宫殿，利用率并不高。国王们像一阵又一阵风似的来来去去。国王来了，要住下了，宫殿就得搬来；国王要走了，宫殿就得搬走。拉人供货的车队从八方而来，又四散而去。流动的马队、车队，成为卢瓦尔河谷无休无止的风景线。为着让皇家的车队通过，避让或观看的人们需要耐心等待好几个小时。

对于尚博尔来说，紧张繁忙、灯火通明、人喧马嘶总是短暂的，人去楼空、悄无声息、鸟兽悠闲则是长久的，直至被彻底抛弃。

作为文艺复兴时期至高无上的国王，弗朗索瓦一世的尚博尔城堡虽然寄托了他太多的追求与渴望，但他在1545年初春告别了这个地方后，就再也没有来过。他把尚博尔留给他的儿子亨利二世，留给他的孙子国王们。亨利二世的儿子中有三位先后成为国王，他们分别是弗朗西斯二世、查理九世和亨利三世。查理九世在尚博尔森林里没靠猎犬就捕获了马鹿的故事流传至今。100多年以后，1668—1685年期间，路易十四曾带领宫廷人马定期在这里驻扎，并整修过部分建筑。路易十四还在城堡的大厅里欣赏了莫里哀《伪君子》的首场演出。

弗朗索瓦一世、路易十四最终放弃了卢瓦尔河谷，不是因为这里的城堡突然失去魅力，而是因为他们找到了更好的去处。

弗朗索瓦找到了枫丹白露。枫丹白露在奥尔良的东北方，巴黎的南面，比卢瓦尔河谷的城堡距巴黎要近得多。那时候，弗朗索瓦正在大修巴黎的卢浮宫。更重要的原因，可能是枫丹白露森林比尚博尔森林更大、更茂密、更丰富多彩、更有吸引力。茂密的橡树、毛榉树、桦树、松树，起伏的灌木草地，嶙峋的乱石，形成170平方公里的枫丹白露森林。城堡式的宫殿藏在森林的深处。

这里很早就是国王的行宫了。如卢瓦尔河谷的古老城堡一样，这里当初也是为打猎而建的。12世纪的奥古斯特，13世纪的圣路易和菲利普四世，城堡的主塔——现存最早的建筑——保留着这些国王们住过的房间。

凡尔赛宫殿前方的花园、人工运河

枫丹白露中的弗朗索瓦一世长廊

凡尔赛宫中的国王宝座

弗朗索瓦早已盯上了这个地方。就在他已经把尚博尔城堡打理得差不多的时候，从 1528 年开始，着手枫丹白露的恢复与扩建。

连接两个庭院的长 60 米、宽 6 米的弗朗索瓦一世长廊，长 30 米、宽 10 米、有 10 个大玻璃窗的大舞会厅和大会客厅等著名建筑，均由弗朗索瓦建成。

弗朗索瓦请来意大利、波兰和法国的艺术家创作充满人文主义的艺术作品装饰这些建筑，当然也少不了用艺术作品歌功颂德。达·芬奇留在卢瓦尔河谷城堡里的《蒙娜丽莎》及其他艺术家的作品也被他带到这里，可见他对枫丹白露情有独钟。

弗朗索瓦宣称自己是人文主义、科学与艺术的保护人，在大规模修建枫丹白露的时候，他还创建了法兰西学院，举行了不少盛大的节庆活动，枫丹白露因而成为文艺复兴时期聚集欧洲艺术家的辉煌殿堂。

枫丹白露则受到路易十四的喜爱。几乎每年秋天的狩猎季节，路易十四都会把这里变成他的临时宫廷。

枫丹白露也是大革命后拿破仑最喜欢的行宫。拿破仑在这里办过特种军事学校。他和他夫人们的专用房间现在看来最为华丽。

然而，枫丹白露最终成为法国皇帝与君主政治告别的伤心之地。1814 年拿破仑战败垮台，从巴黎逃到这里。在城堡的入口处白马庭院，这位马背上的皇帝，同御林军在著名的马蹄铁形状的楼梯下举行了伤感的告别仪式。从此白马庭院有了一个新名称——告别庭院。

当告别庭院终于沉静在温和的阳光里以后，拿破仑套房中高贵华丽的座椅才算获得了永远的安稳与宁静。

路易十四不会在弗朗索瓦那里止步不前。

他找到了凡尔赛。

确切地说，是他创造了凡尔赛。

路易十四的凡尔赛不能不受到他喜爱并频频光顾的尚博尔、枫丹白露的鼓动。但他明白，他与弗朗索瓦的处境不同，他与弗朗索瓦也不一样。他去

凡尔赛宫殿大厅

　　隐藏在森林里的城堡，大半是为了消遣休闲，放松身心；当皇帝，管理国家，做事情，还得在巴黎。

　　也许是因为从记事起就当上了国王，像天天吃同样的饭菜一样，路易十四早已厌倦了混乱的巴黎和到处是阴沟臭气，到处是肮脏阴谋的卢浮宫。

　　他得找到一个地方，既不隐藏在森林深处，也不淹没在喧嚣的都市之中；既不能离巴黎远了，又得独立特处，且突出显眼；既足以显示他的威望，又便于他掌握控制。

还有一个说法是一半出于愤怒，一半出于妒忌：他的财政总监察官富凯，在一处风景优美的古城堡旁边，修建了一座优雅无比如宫殿般的乡间城堡，特邀请路易十四出席盛大豪华的落成典礼。然而，这位国家的财政大管家非但没有讨好国王，反让盛气凌人的国王暴跳如雷。当天晚上这位财政官就被关进监狱里了。路易十四立即命令为这位财政官设计城堡的那两位一流设计师，为自己建造一座真正的更加宏大优雅的宫殿。

于是，凡尔赛宫诞生了。

凡尔赛原本是巴黎近郊普通村镇里一处并不惹眼的小城堡，但它的"风水"显然深得路易十四之心：一是离巴黎很近，二是正好坐落在不是很高但四面却是很开阔的缓坡的地方。如果把他的宫殿建在坡顶，建在也可以称作小山顶的正中，不正是一座向四下里辐射着光芒，像太阳一样的宫殿吗？

于是，路易十四想法拿到了大约 7 平方公里的土地。从 1661 年开始，凡尔赛这个不起眼的地方便成了欧洲最大的皇家工地。最多的时候有 3.6 万人在工地上忙碌。历经 20 多年的大兴土木，闪闪发光的宫殿出现在人们的眼前。路易十四终于可以毫不可惜地抛弃曾苦心经营过的卢浮宫了——1682 年，法国朝廷从古老的巴黎中心，正式迁移到新建的凡尔赛宫。

王宫迁来之后，宫殿仍在继续扩建。路易十四在位很长，有的是时间。凡尔赛宫一直建到 1710 年，建成我们现在看到的这个样子。

从远处望过去，凡尔赛宫的确如路易十四所希望的那样：一座宏伟壮丽、闪闪发光的太阳王的宫殿。壮丽的宫殿南北延伸达 400 多米。

走进去，数不清的房间，一个接一个的大厅，铺排成目不暇接、华美壮观的辉煌殿堂。各个大厅的装饰，由皇家绘画与雕塑学院的顶级艺术家完成，绘画、雕塑、瓷器、金银器等来自世界各地的艺术品琳琅满目，因空间功能不同而造型、色彩各异的精美家具各具特色。最有名的镜厅，长 75 米、宽 10 米、高 13 米，17 个大窗户对着 357 面大镜子，置身其间，如梦如幻。

从宫殿内高高大大的窗户望出去，或在一眼望不到边的花园中漫步，只会感叹当时所能达到最高的造园艺术与工艺一定全都集中到这里了。3000米长的东西轴线两侧，精心设计的花坛、草坪、林木道路、水池、喷泉、雕塑到处可见。人工开凿的运河，甚至可以驶入巨大的舰船。

从卢瓦尔河谷到凡尔赛，从弗朗索瓦到路易十四，看来法国的国王大多喜欢打猎，喜欢自然，喜欢自然里的自由浪漫，以至于喜欢把宫殿放在自然里的那种感觉。

但对待自然与自由的态度还是不一样的。凡尔赛虽然受到尚博尔、枫丹白露的影响，虽然同样是把自己放进大自然里，但它绝对不会像卢瓦尔河谷的皇家城堡那样，不露声色地将自己隐藏在森林中，或融入河流、草地、山坡间。

凡尔赛不是那样的。

雄踞高处的凡尔赛永远俯视着周围的花园、水泊、草地和森林，永远放眼于无边无际的天地间。

并且，凡尔赛决不让与宫殿连在一起的大花园里的水草树木自然生长。

"强迫自然服从均称的法则"。

把自然的生长物全部修饰为意想的形状，布置成简单清晰的几何形状，然后再与更遥远的天地自然连接在一起。

不只是路易十四，任何一个人，身处宫殿中任何一处富丽堂皇的大厅，都可近则欣赏人们如何按照自我的意志对自然的巧妙改造和安排，远则将广袤的大地河山尽收眼底。

路易十四创造了欧洲最大、最雄伟、最豪华的宫殿。

凡尔赛宫是路易十四这位最奢华的专制君主最集中的一次盛大奢华，更是"朕即国家"绝对权威的形象表达。

不仅宫廷的要员，连法国的贵族，都必须簇拥在凡尔赛宫周围，簇拥在他的周围，甚至连吃饭都得让他们陪着、看着。路易十四立下一条这样的规矩：每晚的盛宴，王室成员陪餐，批准前来的廷臣与贵族站在前厅如侍从般观看国王用膳。

受到邀请者无不深感荣幸。据说这些要员显贵还会争着从侍者手里接过大菜，传递到路易十四眼前。边传递边喊着"国王的肉！"只是不知嘴里喊着"国王的肉"的时候，心里是怎么想的。

不管怎么想，自从这座金光闪闪的宫殿出现在凡尔赛的高地上，便成为欧洲君主们纷纷仿效的样板。

凡尔赛宫正面

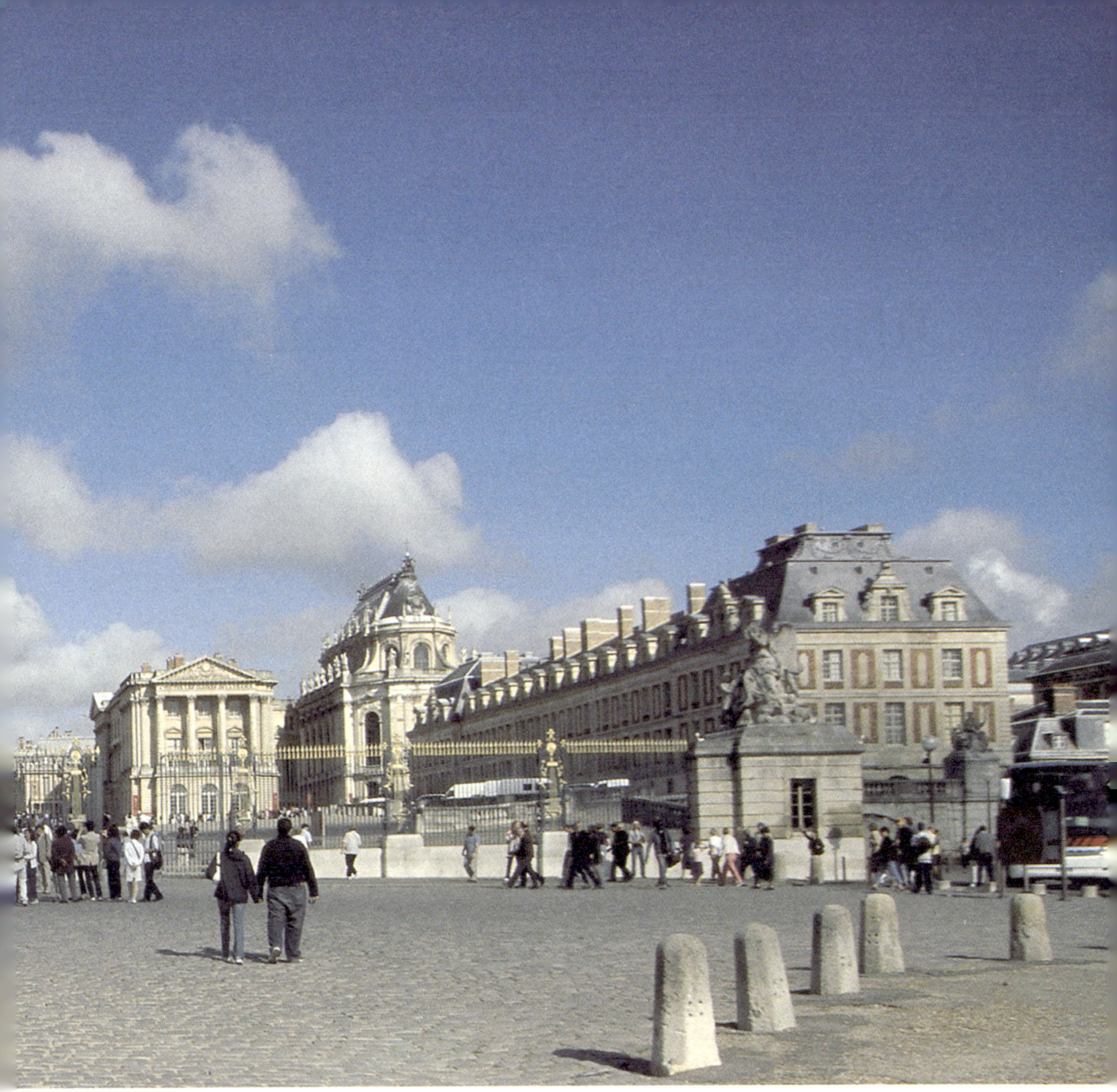

韩国

勤政殿前熙熙攘攘的人群

壹

王宫·皇宫

在首尔南山高高的电视塔上,韩国首都远远近近的风景一览无余。

近处四山团团,一江通贯。远处高低错落、朦朦胧胧的山脉,连绵到更远的地方。

掩映在绿树里的朝鲜时代(14世纪末—20世纪初)五座著名的宫殿,清晰地坐落在眼前的四山怀抱中。遥想还没有被现代的高楼大厦迷乱了视野的百年前、数百年前,大概更能真切地感受出中国风水观念里"坐北朝南""靠山面水""山川形胜"等描绘帝王之气的种种意象来吧!

事实上,现在能够看到的朝鲜时代的宫殿,处处有中国宫殿的影子。

景福宫、昌德宫、昌庆宫、德寿宫、庆熙宫——这五座宫殿的名称,就都有些似曾耳熟。就连宫殿所在的这座都城,早在公元前18年作为百济国的首都时,就叫作汉城,多少年来一直是这么称呼的(中间有一段时期称汉阳),前些年才改名首尔。

宫与城的关系,大体上也很有些像中国的紫禁城与北京城的关系。宫殿区在城区的中心地带,城开四门,东大门外有一座规模不小的关帝庙,叫东庙,现在依然是一处知名的旅游景点。最重要的是南大门,叫崇礼门,2008

景福宫的中心勤政殿，两层木构建筑矗立在两层石台基上，是国王登基、朝见文武百官等举行国家大事的地方，其地位、作用相当于紫禁城中的太和殿

勤政殿前广场用大小不等的粗糙石板铺就，据说可以防止太阳的反光。中间略高些便是御道，这同太和殿广场砖墁地面及用巨大石块铺出的御道不一样。勤政殿使用频率颇高，每月四次朝会是固定的，凡在都城的大小官员一律着官服出席，广场上竖有规定位置的1-9品的品阶石，品阶石旁官员的坐垫按官职分别使用豹皮、虎皮、羊皮、狗皮等。紫禁城太和殿广场也有类似的官员定位指示。明代用木牌，清代改为铜范，形如山，叫品级山，用时摆放，用毕撤回

年被大火烧毁，正在重建之中。南大门正对着坐落在北岳山（也叫龙头山）前、位居五座宫殿正中的景福宫。从崇礼门往北，穿过景福宫，直达龙头山，是一条显明的都城中轴线——这也很像从永定门至前门穿过紫禁城一直往北的北京城中轴线。

处于这样的核心位置，景福宫自然是五处宫殿里最主要、最重要、最有代表性的——建筑的年代最早，建筑的规模最大，设施设备及功能也最完备。

作为朝鲜王朝的第一座宫殿，景福宫是在李承桂建立朝鲜王朝的1392年开始建造的，三年后完工。取名"景福宫"，自有为新王朝祈福的意思。历经600年的风风雨雨——早期的扩建，中期的损毁，后期的复建——虽然变动不小，但大体格局仍在。近些年来，韩国政府格外重视文化遗产的保护，不少被破坏地消失了的建筑还在陆续恢复之中。

据有关资料，景福宫围墙总长1993米，平均高5米、厚2米。与北京围墙总长3440米、高11米、厚8米，再算上护城河的紫禁城相比，景福宫占地面积只是紫禁城的1/4；所有建筑的体量、密度也远比不上紫禁城，这从城墙的高度厚度比就略见一斑。但从景福宫内区域的划分布局看，从殿堂的名称功用看，几乎是紫禁城的缩小版。

景福宫的围墙上也开四门。1426年正式命名为建春门(东)、光化门(南)、迎秋门(西)、神武门(北)。东南西北，春夏秋冬，木火金水，取名的依据，名字的含义，与紫禁城大同小异。像紫禁城的午门一样，城堡式的南门光化门是景福宫的正门。高大的台基上有两层门楼，台基下并列三个门洞。都城的中轴，也是宫中的御道，从当中的门洞穿过。景福宫的主要建筑，端居御道正中。前面部分是举行国王登基等重大活动和处理朝政的外殿——勤政殿、思政殿。思政殿左右分别为万春殿、千秋殿。后面部分是国王和王妃日常生活的内殿——康宁殿、交泰殿、乾清宫等。

外殿的核心，也是景福宫的核心，是坐落在两层石台基上的勤政殿。从光化门进入景福宫，还要再进入兴礼门，穿过永济桥，通过勤政门，走过勤

王妃的寝宫交泰殿

政殿广场，方可到达勤政殿。到韩国的第二天，忽闻前任总统卢武铉在他的家乡跳崖身亡。几天后，大韩民国第16任总统卢武铉的隆重葬礼，就是在景福宫的光化门里、兴礼门前举行的。

或许因为景福宫的围墙太矮，宫殿也不够高，在景福宫的任何一个地方，都能看到正北高高的北岳山和西边高高的仁王山。

也可能是地形的原因或者选择的原因，韩国的宫殿与自然的山水更为接近。

在并不算特别大的空间里，景福宫后面部分的生活区域，营造了并不算小的水木园林。

在景福宫的西区，人造的湖面上浮起一座体量够大的庆会楼。48根高大的石柱擎起面宽7间、进深5间，面积达931平方米的木构阁楼。国王举行盛大宴会或会见外国使节的时候，推开窗户，北面的山、西面的山就在眼前。

景福宫东面的另外两座宫殿昌德宫、昌庆宫，以及朝鲜时代的国家宗庙，更是隐藏在丛林绿树里。

此种将宫殿、园林、山水融为一体的鲜明特色的形成，除地理及选择的原因外，也与朝鲜时代多难的历史分不开。

由于地缘与历史的关系，朝鲜半岛早在公元前就明显受到中国的影响。大约到了7世纪的时候，朝鲜半岛流通中国货币，使用中国陶瓷，全面接受中国文化。新罗时代的国家体制，就建立在接受中国律令、宗教的基础上。朝鲜时代将中国儒教作为新的国家统治理念，以儒家思想整顿国家体制。1395年印制明朝法典释义书《大明律直解》，1436年印制《资治通鉴》。

与相邻的大国强国具有如此直接的文化渊源关系，甚至建立更为密切的关系，本可以在大树的庇护下从容地生长，但是，1592年却遭受到了大难。日本的丰臣秀吉率18万大军大举入侵，王室出离，景福宫被烧毁，史称"壬辰倭乱"。

关于这次毁灭性的大火，有两种记载：《宣宗修正实录》记，1592年4月30日，王室和朝廷撤离汉阳后，愤怒的百姓放火烧了景福宫；《宣宗实录》记述5月3日倭寇动态时，描述"宫殿着火"。在日本大关将军写的《朝鲜征伐记》中记，5月3日"走进宫殿，人去楼空，大门敞开，宫殿宏伟壮丽"。据此，现在介绍景福宫，是说倭寇烧毁了宫殿。

为保护朝鲜，当时的中国明朝皇帝派军队驰援，打败了日本侵略军。现在仍能看到的首尔东大门外的关帝庙，就是那个时候修建的。安排一位中国古代忠勇忠义的威武将军守卫朝鲜都城朝向日本方向的东大门，是一件很有趣的事情。

自此之后的270多年里，景福宫废墟一片，直到1868年高宗时才被陆续重建。在失去国王主要宫殿的近300年内，历代国王只好在就近，虽然也被毁坏，但相对易于修复的行宫离宫居住执政，这大约就是朝鲜时代的宫殿具有明显的散点式、园林式特点的原因。

景福宫后部园林式布局的乾清宫区域，就是高宗重建时增补出来的。他

殿后侧王妃的后花园是用挖莲池挖出的泥土堆起来的阶梯式花坛，叫峨眉山，红砖砌成，装饰华美的寝殿烟囱矗立其间

在乾清宫里修建了王后居住的坤宁阁和他居住的长安堂及书斋观文阁等。高宗对新事物特别关心。观文阁原本为木建筑，1891年请俄罗斯建筑师设计建筑了西洋风格的三层楼房。又在叫作香远池的莲池边修建了发电站，电灯照亮了乾清宫。因为用池水发电，所以最初叫"水火"。发电设备从爱迪生的发电公司引进，在东亚大概是最早的。爱迪生在日记中写道：天啊，在东洋神秘的王宫里亮起我发明的电灯，真像是在做梦！

作为大国的附属国，在大国强大而温和的时期，自有得天独厚优良的生存空间；而在大国衰落，又处在大国强国的夹缝里，往往难免成为重大事件中的牺牲品。

1894年，日本蓄意挑起侵略中国的甲午战争，首先从入侵朝鲜开始，迅速蔓延到中国境内。1895年4月17日，战争以中国惨败并签订了丧权辱国的中日《马关条约》而结束。条约中有赔偿军费，割让台湾、辽东半岛，出让对朝鲜的保护权等条款。

中日战争结束之后，得胜的日本开始肆无忌惮地干预朝鲜内政。1895年8月20日，日本公使馆职员、日本军人、日本刺客闯入乾清宫，刺死了当时谋求亲俄政策、正面抵抗日本的明成皇后，史称"乙未事变"。事变后，高宗的生命时刻受到威胁，他为了逃出在日本控制下的景福宫，曾试图搬迁到美国公使馆，未能成功。1896年2月11日凌晨，高宗换上便装，只带着太子，从神武门逃到了俄罗斯公使馆。史称"俄馆播迁"。这一年距景福宫创建501年，距"壬辰倭乱"日寇烧毁景福宫304年。

朝鲜最终没能逃脱沦为日本殖民地的厄运。景福宫再一次遭受到了日本侵略者的毁坏。

1897年，高宗称帝，为朝鲜第一代皇帝，称为高宗太皇帝。此前朝鲜为王国，国王不称帝，但却是实实在在的一国之主；称为皇帝之后，很快就被日本控制。

1907年，日本逼高宗退位。1910年，继位的皇帝被废。1911年，只叫了十几年皇宫的景福宫，连土地的所有权都归属了日本天皇直辖的朝鲜总督府。

1915年，总督府以举办"朝鲜物产共进会"的名义，损毁了90%以上的殿阁，为修建朝鲜总督府及附属建筑拆毁了勤政门外侧部分，又为修建总督府官邸拆除了景福宫后院部分。

总督府官邸后来成为美军军政长官官邸，再后来又成为韩国总统官邸，1960年改称青瓦台。

把景福宫的变迁这样排列起来，不免觉出历史进程中的不少戏剧性来。

还有一件让人产生联想的事情，与袁世凯有关。

日本挑起甲午战争之时，袁世凯正任清朝驻朝鲜总理交涉通商事宜全权代表，而他非但未因战败受处罚，回国后反倒谋取了在天津小站训练"新建陆军"的职位与机会。后来又凭借手中掌握的雄厚武力及政治权术，窃取了辛亥革命的胜利果实，并在1915年5月居然同日本签订了卖国的"二十一条"。紧接着，在这年的年底，下令次年改民国五年为洪宪元年，改总统府为新华

（上）建在水中央的庆会楼由 48 根高大石柱撑起，二楼大厅分为三个层面，中间最高，举行盛大宴会时不同品级的官员分层入座

（下）香远池中央的香远亭，北面就是景福宫深处的乾清宫。除观文阁外，至 2007 年，这一带的其他建筑已陆续复原

宫，公然复辟帝制。

只做了83天皇帝梦的袁世凯亲手导、演的这出"称帝"历史闹剧，不知是不是他对他经历了看见了的那段朝鲜历史、那段景福宫历史的特殊"感悟"！

位于王宫左侧（东）的王室宗庙正殿，供奉着朝鲜时代历代国王、王后的牌位。宗庙四周林木苍翠，庙内空旷简洁，有直通苍天之感

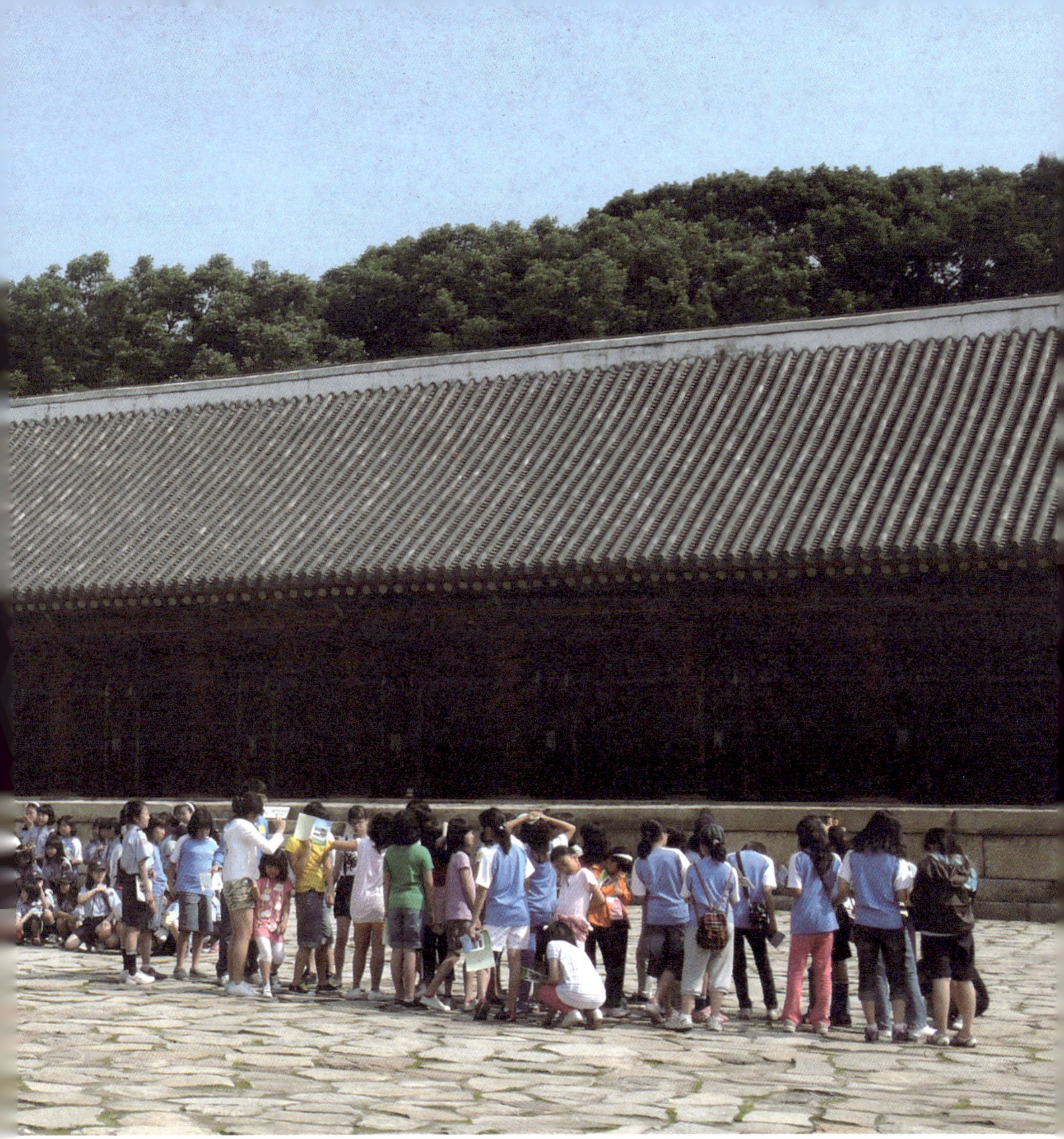

庆州博物馆入口处的钟王

贰

王的丘陵

一想到韩国的庆州，眼前便浮动一派辉煌。

连我自己也觉得奇怪。

仔细回想，到庆州时确是十月秋高、稻谷飘香，可是，成熟的稻谷不完全是这样的景象。

地处朝鲜半岛东南部的庆州，从公元前后成为新罗时期的国都开始，约有长达千年的历史。

差不多就是在那个历史时期，庆州在韩国的地位，很像西安在中国的地位；庆州作为韩国文化遗产最集中、最著名的地方，也有些像西安在中国文化遗产界的地位。

在列国纷争中发展壮大起来的新罗国，拿来中国的律令，引入中国的佛教，奠定了坚实的政治和思想基础，建立起较为完备的国家体制，又以大规模的铁器生产迅速增强了国家的生产力，最终完成了统一三国的大业。

为了把都城（也叫王京、王城）打造成符合国家地位和需求的政治、经济、文化中心，庆州在五六世纪的时候，出现了大规模规划、建设的高潮。王京随着领土的扩张而扩展。国王的宫室从宫殿、宫城到离宫、别宫，从中心向

庆州博物馆院内摆放着新罗时期的石构件

周边蔓延。寺庙和陵墓的建造，从原来的平地，移到周围的山区和丘陵地带。

看现在的庆州，当时那种蓬蓬勃勃的情景，几乎消失得无影无踪了。但当看到考古调查资料和现存遗址遗物时，便可想得出来。

国立庆州博物馆门口最显眼的地方，摆放着一个被称作韩国钟王的大钟。据说铸造这个重达27吨的钟王，就是对新罗一次重大庆祝活动的纪念。还说此钟铸成撞而不响，有和尚进言，须纯洁之童子熔入，方可出声。于是遍求国中，将一刚出生的男婴化入再铸，钟乃响，但其音异常，细听为"妈妈"，从此不再撞击。此种似曾耳熟的翻版式的不人道传说多不可信，但如此大钟竟无一沙孔是如何做到的？悬挂大钟的金属杆并不粗硕，千余年承27吨之重却不断不弯是什么成分构成的？足见铸造技艺、铁器制造及生产力水平之高。

新罗国力强盛最引人注目的标志是灿烂的黄金文化。

庆州博物馆4组建筑中最大的展厅，以出土文物展示新罗的历史，全部展品中最突出的是金器。

金器数量之多之精，实在是我没有想到的。只看人体的金饰，从头饰、颈饰、胸饰到腰饰、足饰，就应有尽有。配以玉石、璎珞的树枝形、鹿角形金冠，显示着与天地相同至高至尊的王权，实用性的金帽具有王的尊贵与威严，而更多的是体现社会地位的耳饰、项串、腰带等。所有金器的造型与纹饰，及其与水晶、玉石、玛瑙、玻璃的完美镶嵌，华丽组合，显示着新罗时代崇尚富丽的审美观念和精致的工艺水平。仅凭这些陈列在展厅里的部分出土文物，就觉得把新罗称为"耀眼的金银之国"并不为过。

庆州博物馆开阔的室外场地间，极有想法、极为艺术地，又很自然地排列着数不清的石塔、石础、石条、石块、石造像等。从说明中知道，其中不少石塔、僧塔、塔碑、石造像、石灯，是统一新罗时代留存至今最早、最完整的。这些与佛教有关的石雕，同时具有真正石雕艺术的特质，从另一面见证着统一新罗的鼎盛。

毫无疑问，这是考古工作者、文化遗产保护工作者辛劳的成果。曾经是千年王京的庆州的宏丽虽然看不到了，但是，曾经宏丽的庆州复活在遗址的调查和这么多证物的搜集排列中。西斜的太阳光芒拉长了它们的影子，我看见它们更加鲜活生动起来，并且与远远近近摇曳着的金色稻谷迷蒙成一体——我觉得我看见了千年前庆州的辉煌。

也许是精神信仰或现实利害的原因，从遗址的角度考察，王的宫殿城池、人的房舍居所往往消失了，而神的庙宇殿堂反倒易于留存。

由于受中国佛教的直接影响，早在韩国的三国时期，佛教就从中国传入，4—6世纪的国王已经笃信佛教。在新罗统一三国的战争中，佛教起到了宗教护国的作用。佛教凝聚了新罗人的力量，成为统一的思想基础，通过佛法守护国家统一，从国家角度确立了护国佛教的意识。统一新罗的7—10世纪，进一步发展了统一的精神基础，佛教甚至成为整个社会的哲学思想，为社会

佛国寺紫霞门

和文化带来巨大的变化。

在这样的文化背景下，王京庆州的寺庙自然很多很多，比宫殿多得多。可是，靠近宫殿的寺庙，位于王京中心的寺庙，与宫殿、都城一起消失了，而稍远一点的，建在山水间的则容易留存下来。

始建于公元571年的佛国寺就是这样一座著名的寺院。

佛国寺虽然没有随着宫殿消失，却在后来的朝鲜时代，在千年后的1592年"壬辰倭乱"中被日本侵略者烧毁，一直到1969年，才在遗址发掘的基础上，按原样复原了主要的部分。

佛国寺当然是建在山势极佳的地方。浓郁的林木刚刚染成淡淡的黄绿，这座寺院就静静悄悄地藏在黄绿的林木里面了。

不过，当我看见它的时候，疑问也跟着产生了：叫作紫霞门的大门底层为什么全部用石块建构？基础是很大的石块垒砌，进出的门也是石柱门，门

佛国寺大雄宝殿前石塔

洞上面的第二层门楼才是木构建筑。这样的材料结构，绝对与一般的寺庙大门不一样。原因何在？

经询问得知，紫霞门前原本是一汪湖水，湖水荡漾着当年佛国寺的大门。进入佛国寺，必须先坐在船上——这还真有点"普度"的意思。看来经过十几个世纪的变迁，水系实在是没办法恢复了，否则，执着的韩国人一定会让众生体会到"普度"的感觉。

看多了中国的大寺庙，紫霞门虽特殊却算不上高大，大雄宝殿也不雄威。可是，大雄宝殿前的两座石塔却是大名鼎鼎。

介绍的资料里说，世界上最早的雕版印刷品，就是从这两个石塔里掏出来的。石塔中有石函，石函里藏着8世纪中叶印刷的佛经，一说是印于7世纪的。从石塔里掏出来的佛经现藏于韩国国立中央博物院。据说这佛经比现藏于大英博物馆的中国佛经雕版印刷品早了很多年。

新罗时期墓葬遗址公园

　　此一重要发现，引发了谁是、哪里是雕版印刷术发明处的学术争鸣。30多年来一直有论争。韩国已有做此专题的硕士、博士30余名。经卷中有中国武则天时期专用字十几处，可确定为该时期印品。字为汉字，文为汉文。是中国唐朝使者或者韩国朝贡使从中国带入，还是韩国人在庆州刻板印制？但无论如何，新罗向唐朝派遣朝贡使，积极引进中国文化，与唐朝建立密切关系，是促进新罗快速发展，并成为统一新罗文化独创性、国际化的重要因素。

　　从遗产遗址中寻找和认识历史，墓葬往往比寺庙更能说明问题，因而也更重要、更有意思。只是当我赶到新罗时期墓葬遗址公园，已是太阳快要落山的时候。不过过后回想起来，那个时候的感觉正好。

　　我老远就看见一个挨着一个，一个挨着又一个的很高很大的丘陵般的绿色圆丘。我疑心看见的是自然天成的"雕塑"公园。

　　那么多、那么大的绿色丘陵不都是一样大。那么多、那么大的绿色丘陵

之间有疏有窄。虽然所有的丘陵上、丘陵间一律被一样的如茵的绿草覆盖，但一切都像是自然形成的，一点也看不出人为的痕迹。宽宽窄窄的丘陵间，或有三五株松树或果树，与周边的草木，与远处的山水，有意无意地连缀起来。落日的余晖悄悄地移动着丘陵、树木、草地和游人相互掩映的影子，居然移动出许许多多相互间亲切交谈的画面来。

安安静静地在丘陵间走过，天人合一的感觉油然而生。

如果无人告知，根本想不到这个地方就是新罗王国56位国王的墓地。如果不是亲眼所见，根本想不到一个个丘陵里面，包藏着1000多年以前数都数不清的金、银、铜、铁、陶等各种各样的物件。

20世纪70年代，韩国考古工作者选择了其中一个王的丘陵作为样本，进行了探测性的发掘。

从外表看，这个丘陵的规模属中等。然而，就在这个形貌平平的丘陵里，

庆州博物馆馆藏金冠，新罗时期墓葬出土

竟发掘出 11500 余件金、银、铜、铁、陶等各式各样的器物。

虽然没有发现可以辨认墓主为何人、墓葬为何年的确切文字，或其他可以证明的什么，但陪葬品中有王冠、金冠等，说明墓主为新罗王国的一位国王是无疑的。因出土物中有天马图案，故称天马冢。

不过，我总觉得"冢"不足以状其貌，叫王的丘陵才算合适。

从开掘的图示中可以看清楚，王的丘陵是这样造成的：首先在地面或地下放置木棺与陪葬品，然后在棺木和陪葬品上面垒放石块。显然，无法数清楚的石块，不是从山岩中开采下来的，而是从山野河床间收集起来的。几公斤、十几公斤、几十公斤大小不等的、全无棱角的一块块石头，个个随形就势地那么垒上去、垒上去，看样子，是能垒多高就垒多高的。石头垒好后，再在表层覆盖足可以生长草木的沙土黄土，一座丘陵就这样从平地上隆起来了。

从建造的情形可知，王的丘陵最终的高低大小，取决于最底层棺木周围的面积铺排。底层如何铺排，取决于王的追求和他可动用的人力财力。看来，这56位新罗国王，大多数喜欢炫耀自己的权力与财富，他们在努力使自己的坟墓像山一般耸立起来。陪葬品当然也是越多越好——中等的就有上万件，更大的会有多少呢？

忽然想到这么多王的丘陵隆起在一起，这么多金银财宝埋在里面，难道无人盗过？答曰：无法盗。

想想也是，若从上挖，光天化日下无数石头如何取出？若从下挖，取一石其他纷纷落下，盗者何以脱逃？

庆州新罗时期墓葬遗址公园

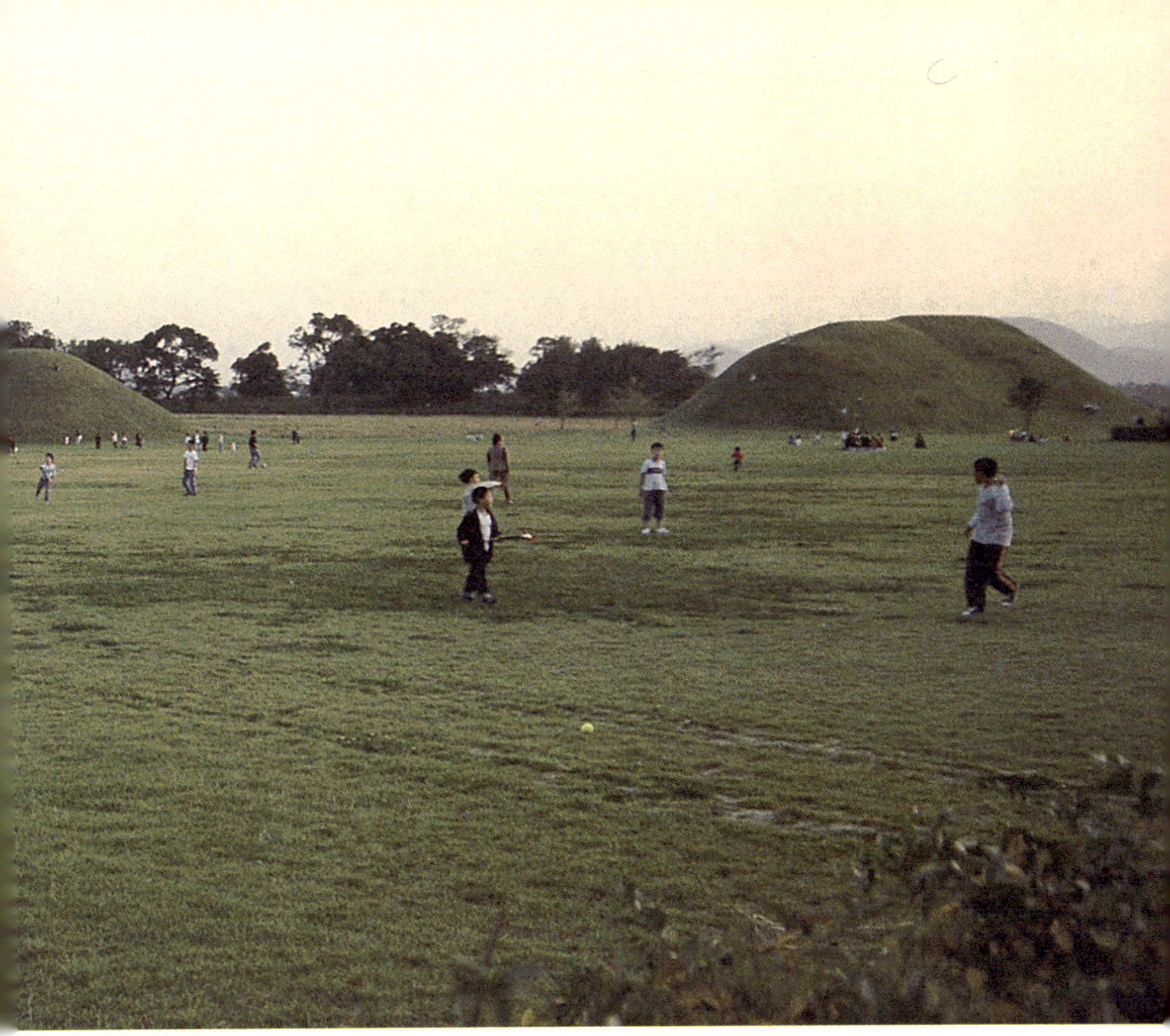

墨西哥

墨西哥的石雕

从神皇到人皇

到墨西哥首都墨西哥城，有两个广场是必看的。一是宪法广场，一是三文化广场。

处于墨西哥城中心位置的宪法广场其实也是三种文化并存的广场。

由三个历史阶段、三种政治社会形态形成的三种文化的并存。

16世纪以前，宪法广场所在的地方，是阿兹特克人创建的墨西哥帝国的中心；16世纪墨西哥被西班牙征服之后，这里是西班牙殖民统治的中心；19世纪20年代墨西哥独立、墨西哥合众国成立之后，这里是墨西哥总统府所在地。现在，每天的早晨和傍晚，三军仪仗队在广场中央举行隆重的墨西哥国旗升降仪式。

宪法广场及其周围早已是现代大都市中繁华热闹的核心区域了，但引人看重的，还是最具历史价值的国民宫、大教堂和大神庙遗址。

国民宫并不高，只有四层，但很长很宽，远远望去，像屏障般齐齐整整地排列在广场东面。

国民宫这个名称，应该是墨西哥独立革命之后的新名称。

这里最早的建筑，曾经是阿兹特克皇帝蒙泰马祖二世的宫殿。成为西班

宪法广场东面的国民宫和北面的大教堂

牙的总督府后，进行过大规模的改建，但仍留有阿兹特克皇宫的建筑痕迹。从外立面看是一个整体，里面则是一个个四面围合的庭院式空间的并联。现在北面部分作为博物馆对外开放，供公众参观，其余用作总统府和部分政府机构办公地。

开放部分最具视觉冲击的是与格局宏大的宫殿一样气势恢宏的巨型壁画《墨西哥的历史》。这是著名画家迭戈·里维拉以6年时间创作的巅峰之作。画面从宫殿正面入口宽宽的台阶两侧开始，一直延伸覆盖整条高大宽敞走廊的内壁。

超大型壁画的内容，正是以这座宫殿的历史为核心叙事的，这样的创意与呈现，实在是适得其所，与周围环境相得益彰。

宪法广场的正北面，赫然一座被称为拉丁美洲最大的大教堂横空出世。这座占地6000多平方米的大教堂始建于1573年。西班牙占领者的目的是在墨西哥城建造一座天主教布教的主教堂，以西方的天主教取代墨西哥人的传统信仰。

由西班牙人设计的这座大教堂，主体自然是欧洲和西班牙的风格，但也尽量体现墨西哥特色，特别是在装饰部分。

这座庞大建筑的建造时间持续了近250年，几乎贯穿了西班牙对墨西哥的整个占领期。

墨西哥大教堂与所有大教堂的不同是，建筑整体向西倾斜。原因是这座教堂是在西班牙占领者摧毁了阿兹特克人的大神庙后，在神庙遗址的旁边建造的。大教堂地基的一半坐落在阿兹特克人早已填充过的小岛上，牢固可靠；而另一半新填充的地基则不断下陷，导致了大教堂的不断向西倾斜。虽经多次整治，仍未得到彻底解决。目前仍在采取的措施，是以水泥局部充填的方式，缓解大教堂继续向西倾斜。

由此看来，至少在地下部分，西班牙殖民者建造的大教堂，与之前200多年阿兹特克人建造的大神庙是连为一体的。

考古工作者复原出的阿兹特克帝国时代的墨西哥城模型，
位于宪法广场东北角大神庙博物馆入口处

　　大神庙遗址的发现，是进入20世纪后考古界的重大事件。20世纪前期，在大教堂的后面，发现一处深入地下的台阶，被确认为阿兹特克遗址的一部分。20世纪后期，遗址区重要文物的出土，进一步的全面发掘，使阿兹特克帝国的中央神庙遗址出现在公众眼前。

　　大神庙遗址的位置，在大教堂东，国民宫北，也就是宪法广场的东北角，现在是大神庙遗址博物馆所在地。随着不断地发掘发现，这里已经成为反复寻找和回忆阿兹特克人创造墨西哥城的触景生情之地。

　　大神庙遗址博物馆的入口处，有一很大的考古复原模型，将当年大神庙与周围的其他神庙，以及与阿兹特克人在湖岛上创建的特诺奇蒂特兰城，即墨西哥城清晰直观地展现在观众面前。

　　伫立于模型前，看看模型，看看右边的大教堂，看看左前方的国民宫，望望人来车往的宪法广场；看着眼前的，想着地下的；看着现在的，想着从前的——时空完全被穿越了。

1519年，当征服墨西哥的西班牙人看见这座城市的时候，也被眼前的景象惊呆了：这不是梦幻中的世界吧？神庙，高塔，所有的建筑都矗立在水中，他们不得不怀疑眼前的一切是不是梦境。

位于墨西哥中南部高原山谷中的墨西哥城的古老历史，可以追溯到阿兹特克人于14世纪初建立的特诺奇蒂特兰城。在阿兹特克人到来之前，这里是叫作特斯科科湖的湖泽之地。阿兹特克人填湖、造地、整修水道，在湖中的小岛上建立起宏伟的庙宇、宫殿、住宅。一座漂浮在水面上的城市出现了。在阿兹特克人的语言中，"墨西哥"是由"墨西特里"演变而来的，意为"太阳和月亮之子"。

太阳和月亮是阿兹特克人的神，也是所有生活在这块土地上的族群共同的神，包括在阿兹特克人之前的特奥蒂瓦坎人、托尔特克人，还有玛雅人。

墨西哥城北50公里处，至今仍然巍然耸立着已有2000多年历史的太阳金字塔和月亮金字塔。

庞大的太阳金字塔每边长220米，共5层，总体积超过100万立方米。踏着245级陡峭的台阶可以上升到65米高的塔顶。塔顶曾有一座10米高的神庙，现已不存，想来庙宇的体量不算小，因站在上面，觉得塔顶还够宽敞。据考证，这座金字塔的内部还包裹着另一座神庙，或者说，这座金字塔是把前一座金字塔作为基础，向四周、向上扩建而成的。

从距太阳金字塔约千米的月亮金字塔的建构中可以得到验证。比太阳金字塔小许多的月亮金字塔，自内到外可以看到6层建筑痕迹，显示着金字塔的6个建筑时期。最内层边长23.5米，高25米。最外层南北长120米，东西长130米。高44米，共4层，180级台阶，总体积38万立方米。两塔均由不规则大小不等的石块垒砌。据估算，只一座太阳金字塔，就耗费了1万人10年的辛劳。除了埃及的大金字塔，我不知道还有什么地方有如此规模的石质建筑！

特奥蒂瓦坎遗址中的太阳金字塔和在太阳金字
塔顶上看到的月亮金字塔

太阳金字塔、月亮金字塔遗迹是始建于公元纪年前后特奥蒂瓦坎古城遗址的主要部分。两塔分别位于长 2 公里、宽 45 米，南北纵贯全城主街道的东侧和北端。大街南段西侧，为城市的其他建筑群，是当时宗教、贸易和行政管理中心；东侧是近 8 万平方米的城堡，城堡中的主要建筑是一座羽蛇神庙。庙宇已毁，但庙基斜坡上总计 260 尊，每尊重达 1 吨的羽蛇头像历历在目。

特奥蒂瓦坎在公元 5 到 7 世纪到达全盛期。据考古测算，古城面积有 20 平方公里之大，人口超 10 万之众，已发掘出的遗址，尚不到大遗址的 1/7。从已发掘的部分足以看出城市建设的成熟程度，明确的规划理念使得不同的建筑按照一定的几何图形及其象征意义布局。整座城市功能多样，设施完备，道路整齐，交通便利，排水流畅。可见当时的农业、手工业、贸易往来已具一定规模，而这座城市肯定是宗教活动、贸易往来的中心。尤其是难以想象的巨大金字塔式的神庙群，足以让人想到神、祭祀及掌握祭祀权力者在城市和社会中的地位与作用。后来的阿兹特克人看到这一切的时候，认为这是"众神创造的都市"，并直接与他们的宇宙观对接，与他们崇拜的太阳神对接，把庞大的金字塔建筑命名为"太阳""月亮"神庙。

这么一座较为成熟的城市为什么突然消失，至今仍然是一个谜。特奥蒂瓦坎人从哪里来？为什么在公元 8 世纪前后突然消亡？为什么连同这么一座辉煌的城市也被彻底破坏变为一片废墟？据考古学家说，特奥蒂瓦坎古城有人为破坏的痕迹，疑为被压迫小部落的反抗所致，或者就是托尔特克人入侵时烧毁。城市被毁后居民的去向，一说南下与玛雅人会合了，一说向北迁移并创造了图拉文化。

图拉离特奥蒂瓦坎其实很近，往北不到 20 公里。据墨西哥城也不远，往北 65 公里，在墨西哥城四面皆山的北山坡间。

著名的托尔特克文化遗址就在这里，著名的图拉金字塔就在这里，展示托尔特克文化的博物馆也在这里。不过，遗址规模比特奥蒂瓦坎古城遗址小得多，图拉金字塔也比特奥蒂瓦坎的太阳金字塔、月亮金字塔小得多。

托尔特克帝国在图拉建造的金字塔式的羽蛇神庙，塔顶上矗立着威风凛凛的四战士石柱，原本是神庙的四根支柱。塔顶上的神庙已不存在，登上塔顶陡峭的台阶两侧，有火烧的残迹在

虽然没有确切的证据能够证明特奥蒂瓦坎被托尔特克人摧毁，但托尔特克文化确实是继特奥蒂瓦坎消失之后崛起，并控制着整个中央高原北部地区新的文化形态，时在公元 9 世纪至 12 世纪间；托尔特克帝国的首都图拉就在被毁的特奥蒂瓦坎的附近；且种种迹象显示，托尔特克人具有嗜血、杀戮、好战、崇拜战神的特征。

与墨西哥南部热带雨林中的玛雅遗址形成鲜明对比，图拉遗址位于土地贫瘠的高原上，明显的标志是遗址内外到处可见巨大的仙人掌和其他形体也很可观的仙人掌科植物。

图拉遗址中给人印象最深的是屹立在被称为图拉金字塔顶上的四根充满杀气的战士石柱。石柱每根高 4.8 米，用玄武岩雕刻拼接而成，威风凛凛。金字塔式的建筑应该是金字塔形状的晨星庙。晨星即金星，是托尔特克人崇拜的羽蛇神化身。四根战士石柱本来是建在金字塔顶羽蛇神神庙的支柱。

图拉遗址中最著名的发现是陈列在博物馆中的雨神石雕。雨神的名字叫作查克·莫尔，屈膝半躺，头左侧，双手放在腹部，手捧平面容器。雕像略大于今人。雨神石造像在其他遗址也有发现。墨西哥中部是玉米的发源地，种植玉米已有几千年的历史，不只对美洲农业文明，对全世界农业文明都做出了巨大贡献。玉米最怕干旱，雨神便成为很重要的祭祀神，与羽蛇神并存于同样的祭祀方式和同样的祭祀空间之中。不过，托尔特克人祭祀的方式与他们的嗜血一样，最隆重的祭祀是从活人的胸膛里取出还在跳动的心脏，放在雨神腹部的托盘上；而被选中作为牺牲品的人则会感到或被认为是最幸运的。

到了12世纪后期，托尔特克帝国走向衰败。衰败的原因可能是无论如何祭祀也无法解决的灾害，也可能是阿兹特克人的入侵与掠夺，如托尔特克人入侵掠夺特奥蒂瓦坎帝国一样。

托尔特克人四处流散，南部的托尔特克人向南并入玛雅人部落。

特奥蒂瓦坎人、托尔特克人与玛雅人会合，这大概就是同样的宗教形态、宗教内涵、祭祀方式出现在南部密林深处玛雅文化遗址中的原因吧。

崛起的阿兹特克人逐水而去。

阿兹特克人向南迁移的距离并不遥远，但迁徙的时间漫长，因为将要到达和定居的地方，是浩瀚的湖泊。

据说，14世纪初的某一天，阿兹特克人看见一只苍鹰飞落在仙人掌上，嘴里叼着一条蛇。阿兹特克人认为这正是他们期待已久的征兆：特诺奇蒂特兰是他们永久的居留之地。

于是，他们停留在墨西哥谷地的沼泽地带。不久，他们在特斯科科湖的小岛上，建起了一座水上城市，这就是阿兹特克人创建墨西哥城的开始。

阿兹特克人继承了托尔特克人嗜血、杀戮与好战的特性，他们崇拜太阳神、战神、羽蛇神。尚武的帝王用武力征服了林立的小国，创建了强大的帝国，到16世纪初的蒙泰祖马二世，阿兹特克帝国盛极一时。他们在湖泊上

尤卡坦半岛上密林深处的奇琴伊察遗址，是玛雅文化的代表。春分日和秋分日，太阳照在9层金字塔式的羽蛇神神殿上，将阴影投在雕刻有蛇头的中间台阶的侧面，形成蛇的羽翼效果，随着太阳的移动，影子不断变化，恍若羽蛇蜿蜒爬行

建起的城市，让见多识广目空一切的西班牙人都叹为观止。征服者科尔特斯说，这座城市那么雄伟，那么美丽，我所说出的话无法表达它一半的美；而我仅能说出的话，也令人难以置信。

从公元前开始的特奥蒂瓦坎文化，到托尔特克文化，再到阿兹特克文化，包括玛雅文化，无一没有惊人的创造；而阿兹特克人创建的湖中之城，是印第安人创造的所有奇迹中最浪漫、最具传奇色彩的奇迹。

这些相互关联延续久远的文化的共同之处，是对自然神，对太阳神、月亮神、雨神、羽蛇神的崇拜敬畏，及由此生出的宗教信仰和可以轻易做到的精神控制。如那些主持祭祀神的人，本身就是部落的主宰者，本身就会成为神的化身，成为国王，成为皇帝。如对由他们独特历法推算出的52年一轮的周期性循环轮回的信仰，对必然死亡与毁灭的信仰，信仰中的焦虑、恐惧，既是创造奇迹的力量之源，也是很容易被控制的原因。

就在阿兹特克帝国盛极一时的16世纪初，西班牙人来了。

西班牙人征服墨西哥的故事更具传奇色彩。

1519年2月，科尔特斯率领11艘舰船，508名士兵，16匹战马，100余名水手，在墨西哥湾的尤卡坦海岸登陆。上岸后即将所有船只凿沉，真有破釜沉舟有进无退的决心与气势。

阿兹特克人的帝国以强大称霸，真要打起来，就凭这数百人的队伍，西班牙人绝对不是对手。可是，就这几百人，不到10个月，就像一阵风般掠过尤卡坦半岛，顺利进入阿兹特克帝国的首都，进入那座奇妙无比的水上之城。其后虽然经历了种种反复、曲折，甚至惨败，最终科尔斯特还是于1521年攻陷墨西哥城，并征服了从加勒比海到太平洋沿岸的广大区域。1522年，科尔特斯当上了新西班牙总督和大统帅。

阿兹特克帝国轻而易举地被征服，宗教信仰、宗教心理无疑是重要原因。他们防线彻底崩溃在相信并恐惧这个世界注定的或被神支配着的毁灭中。

（上）顶部造型与现代天文台有相似之处的蜗形塔，被称为玛雅人的天文台，也是奇琴伊察遗址的代表性建筑
（下）图卢姆，尤卡坦半岛加勒比海边陡崖上的一处玛雅文化遗址，西班牙人最早入侵之地

不论是尤卡坦半岛的玛雅人，还是墨西哥高原谷地湖泽间的阿兹特克人，都执迷于他们的传奇历书算法。1519年这一年，正好是他们敬畏的羽蛇神52年一次的回归年。他们看见的那些长着大胡子、白皮肤、铁甲裹着身体的，并且和从未见过的马连为一体的怪物，正是来自羽蛇神前去的东方神秘之地，他们一伸手就能抛出立刻置人死地的可怕闪光，他们会不会就是来重新主宰世界的神？

蒙泰马祖二世，强大的阿兹特克帝国的皇帝，相信他们是神。他看见这样的西班牙人指挥者科尔特斯，相信他就是那位主宰世界的白色羽蛇神。

阿兹特克帝国的皇帝，在白色羽蛇神面前低头屈服了。

在两种完全不同的文化突然碰撞中产生的天大误会里，世界的历史，墨西哥的历史，翻开新的一页。

西班牙殖民者就此开始了对墨西哥，对墨西哥城的长达300年的改造与重建。

然而，使墨西哥成为殖民地的是西班牙人，使墨西哥独立的也是西班牙人。

1810年9月16日，西班牙裔天主教神父米格尔·伊达尔戈发动墨西哥独立战争。起义日后被定为墨西哥独立日。1821年8月24日，西班牙军官奥古斯丁·伊图尔维德迫使新任墨西哥殖民地行政长官签署条约，宣布墨西哥脱离西班牙而独立。

现在，还是在阿兹特克帝国神庙环立的核心之地，在西班牙殖民者的总督府，在伊达戈尔神父发布独立宣言的地方，每年的9月15日，墨西哥独立纪念日前一天23时整，墨西哥总统都要走出办公室，站在面朝广场的三层中心阳台上，高呼"墨西哥万岁！独立万岁！"广场上的50万民众及同一时间在全国各地集会的无数墨西哥人同声呐喊。

我去的那天是一个普通的日子，在我看来广场四周却似乎热闹非凡。国民宫入口处的自由市场商铺连片，熙熙攘攘，沿街叫卖的小摊贩和来自世界

2012年4月，我在宪法广场看到的不知来自何处的墨西哥人的游行马队

各地的游客讨买讨卖，头戴羽蛇神式羽冠的印第安男女击鼓跳舞，广场上正聚集着一大队个个头戴宽檐帽、胯下骑着高头大马的游行队伍，旁边有警察维护秩序，据说是某地的农牧民为维护和争取自身权益的请愿游行——我想，唯其如此，墨西哥的总统和政府的官员们隔窗而望，方才能够时时提醒自己如何履行各自的职责。

正是这样的历史造就了这座世界上最大的都城。

阿兹特克人创造了它，创造了属于自己的文化；西班牙入侵后，又带来

欧洲的文化，建造起许许多多欧洲式的宫殿、教堂、修道院、住宅等，并正式定名为墨西哥城。

在墨西哥城，最耀眼的自然是两种文化背景下的帝王和总督的宫殿，以及神庙、教堂等与宫殿一样的宗教建筑。两种文化、两种建筑的叠加，连欧洲人也将墨西哥城誉为"宫殿之城"了。

阿兹特克的历史遗迹，西班牙殖民时期的欧洲风格，与独立之后进入现代绚丽多姿的高楼大厦交相辉映，共同构成墨西哥城的独特风景，这正是墨

特佩亚克圣山下古老的、现代的各具特色的瓜达卢佩"黑圣母"大教堂

西哥城被联合国教科文组织列入世界文化遗产名录的主要原因。

当然，这也正是我眼前的宪法广场独具魅力之处。

距宪法广场不太远的地方，还有一个名为三文化广场的广场。如其名，更是墨西哥历史及其多元文化融合的浓缩与见证。

所谓三文化广场，是因有三处不同时代的建筑。一是阿兹特克时代的金字塔大神庙遗址；二是16世纪西班牙殖民者修建的圣地亚哥教堂；三是20世纪50年代建造的高层墨西哥外交部大楼。三处不同时代各具风采的建筑，分别代表了印第安文化、殖民文化、现代欧美文化。墨西哥人将其尽可能完整地保留起来，并命名为三文化广场，表达了墨西哥人铭记自己的历史，并供来自世界各地参观者见识欣赏的愿望。

的确，在三文化广场这样的地方，更能感知当代墨西哥人对待历史的态度：阿兹特克人是我们的祖先，阿兹特克文化是我们文化传统的根源；西班牙人虽然给阿兹特克文化以很大的破坏，但是，他们给我们带来了欧洲文化；

西班牙后裔以武装斗争推翻了西班牙的殖民统治，但是，20世纪的墨西哥人并没有否定西班牙人带来的欧洲文化。16到18世纪的西班牙殖民者和移民，尤其是主管文化事务的教会组织，在千方百计传播欧洲文化的同时，注重保护、搜集、整理印第安文化瑰宝，许多传教士对土著历史、语言、习俗、信仰、神话做了大量深入的研究，为承传美洲文化做出了特殊贡献，结果就是今天的墨西哥文化是外来文化与本土文化的融合，并继续进行着这样的融合，使其成为墨西哥文化一个富于生命力的传统。外交部大厦高高矗立在三文化广场上就是一个鲜明的象征：面向世界，包容文化。

位于墨西哥城边，被列为世界天主教奇观的瓜达卢佩教堂群，就是一个文化融合的典型范例。

阿兹特克人的"天主"是自己的太阳神、雨神、羽蛇神，西班牙入侵者要求印第安人捣毁他们的神庙，改信天主教。但靠武力不能从根本上解决问题。于是，在西班牙神父的努力下，一个新的圣母在墨西哥"显灵"了。

还是圣母的形象，但不叫玛利亚圣母，叫当地人习惯的名字——瓜达卢佩圣母；皮肤也被改变了，变为黑褐色的"黑圣母"。黑圣母显灵的特佩亚克小山，成为远近闻名的圣山。依山建起的第一座教堂虽然非常简陋，但对朝圣者有磁铁般的吸引力。从此，全墨西哥的印第安人都找到了新的精神归宿，像伊斯兰教徒对麦加的崇拜一样，他们一生至少要来此地朝拜一次。此后，墨西哥各地天主教堂纷纷出现。圣山下的瓜达卢佩教堂反复重建、扩建。最新的，也是最"现代"的瓜达卢佩大教堂建于1976年。教堂内部开阔如广场，足足可容2万人朝圣。现在的墨西哥，88%的民众信奉天主教。所有的教堂不论大小，一律供奉着黑头发、褐色皮肤、浑身散发着光芒的瓜达卢佩"黑圣母"。

还有一个光彩照人的文化融合的典型范例——举世闻名的墨西哥大壁画。

前面提到过国民宫里迭戈·里维拉的巨型壁画。

(上)国民宫中里维拉创作的名为《墨西哥的历史》的大壁画

(下)覆盖墨西哥大学城中央图书馆的全世界最大的壁画

还有许多，最著名的是大学城的壁画。墨西哥城南被称为大学城的墨西哥国立自治大学，因其建筑的颜色、巨大的壁画、雕塑的独特风格与大胆创新，被联合国教科文组织列入世界文化遗产名录。

全部覆盖校园中央图书馆外立面的壁画，是全世界最大的壁画。

看到这些壁画、雕塑的造型、图案、色彩，立刻就想到特奥蒂瓦坎遗址、图拉遗址、阿兹特克遗址，还有掩藏在雨林深处的奇琴伊察玛雅遗址，这些遗址间早已损毁损伤的金字塔、神庙、宫殿的造型，雕塑的体态，雕刻的图案。谁都会发现，墨西哥的现代壁画与它们之间有着天然的联系，甚至可以说一脉相承，尽管这些新的创作有着最现代、最前卫的表达。

尤其是色彩。

从那些上千年数百年的遗址中能够看出，当年那些巨大的建筑物外表都涂有红色的火山岩粉末。

那是太阳升起时与落下时辉煌灿烂的颜色，无比热烈迷人的颜色。

墨西哥的巨型壁画，墨西哥城，墨西哥人，到处洋溢着的就是这么一种明快的、靓丽的、热烈的光彩。

历经了、认识了被神皇主宰，被人皇主宰的历史，走向独立、自主、自由之路的墨西哥人，应该就是这样的色彩，应该拥有这样的色彩。

来自墨西哥各地的人们在圣山下朝拜他们的瓜达卢佩"黑圣母"

DIOS TE SALVE MARIA
LLENA ERES DE GRACIA

葡萄牙

在里斯本的老王宫区，标志性建筑是矗立在特茹河汇入大西洋处的已有 500 多年历史的城堡式贝伦塔，而不是不远处并不惹眼的老王宫

海上帝国

里斯本的贝伦区与想象中的，或说是与期望中的景象大不一样。

曾经的葡萄牙王室驻地，现在的总统府所在地，在冬日明亮的阳光下宁静得出乎意料。

也许因王宫王室，因总统府，这一带才如此宁静。

但葡萄牙的历史并不宁静，曾如眼前的大西洋般喧嚣过。不过，看那并不张扬的甚至低调得并不容易从普通建筑中凸现出来的旧王宫，很难与曾经喧嚣数百年的海上帝国联系起来。

然而，当看过周边几处著名的历史建筑之后，则深深感受到宁静中的喧嚣——因宁静而愈见喧嚣。

翻查历史，方知到了12世纪，葡萄牙才出现了国王的名号，开始称王；到15世纪，便大规模向外扩张，开始称霸了。

已经矗立了500年，现在依然矗立在从西班牙流淌过来的特茹河入海处的白色贝伦塔，是葡萄牙称王称霸的最鲜亮的标志、见证与象征。

名为贝伦塔，但不论其形状、建造法还是功能，均为欧洲常见的典型的古城堡式。白色的贝伦塔由高高的塔楼和比较低的平台两大部分连为一体。

（上）1960年为纪念"航海家"亨利建造的航海者纪念碑
（下）纪念碑前的大航海世界地图

较为特殊的是，退潮时可见其基础坐落在乱石丛生的水滩上，涨潮时则见其半浮在水面中。我见着贝伦塔的时候，潮虽退去，但涨潮时的水痕仍湿湿地留着；那水痕，已很接近里小外大的城堡式窗口了。

贝伦塔向前向外是特茹河开阔碧蓝的入海口、无涯的大西洋，向后向里是绿色的草地、低矮的树木。由于通体由白色的石块砌成，周围又没有什么关联的建筑，远远望去，丝毫没有那种扼守要冲、守护防卫里斯本的架势，反倒让人觉得若白鹤独立、临水欲飞；还会让人想象到入夜之后漂浮于波光灯影间的宛若仙境中的童话故事。

事实也的确如此。

贝伦塔这个地方，过去是葡萄牙远洋航海船队的训练场、出发地，现在又成了最合适的追寻大航海传奇、大航海时代的博物馆。500年来，贝伦塔坚定不移持续不断地向所有看到它的人们宣告，特茹河流经西班牙、葡萄牙进入大西洋的这个地方，向来不是闭关自守的门户，而是扬帆远航的广场，同时也是创造、聚集和传播神奇故事的舞台。

在那样的时代，创造任何国家奇迹绝对离不开王朝王权的力量，而且同样离不开那些特立独行的特殊人物。

为葡萄牙创造海上传奇、海上霸权的最早最重要的核心人物是国王约翰一世的第三个儿子。可是，奇怪的是，这个人却从未率船队远航过。虽然如此，他依然被后人誉为"航海家"亨利。

生活在15世纪的葡萄牙王子亨利（1394—1460），天生就是葡萄牙王室的异类。对权力无任何野心，甚至没有一点点兴趣的亨利，极少出入近在咫尺的里斯本宫廷，他的世界、他的舞台在贝伦塔这个地方。和临水欲飞的白色贝伦塔一样，他把自己的全部身心浸泡在河海交汇的港湾。

面向大西洋的天然良港为"航海家"亨利提供了优越的条件。他把这个地方建设成热火朝天的造船厂，这里是他不断改进测绘技术、提高造船水平、组建船队的研究基地，更是他招纳、培养、训练航海家及航海专业人员的航

（上）1499年为纪念航海家达·伽马打通印度航线建造的隐修院——以宗教建筑方式赋予海上探险地理发现以宗教情怀、宗教精神

（下）一队幼儿园的小朋友正在老师的带领下进去参观——不知老师们如何向这些幼小的孩子们讲述这座已有500多年历史的纪念建筑和里面的大航海展览

海学校、演习场所。

对于"航海家"亨利来说，倡导海上探险，调动船队远航，发现新的大陆，建立新的航线，可能是他的终生理想与终极目标。而对于他的国王父亲以及后来的国王们，海上探险的目的，建立海上霸权的目的，则是扩大王国领地，攫取金钱财宝，掌控海路贸易，获得最大利益。

目标尽管不同，却可各取所需，行动并不矛盾。"航海家"亨利的全部努力自然得到了国王们的全力支持。

于是，贝伦塔所在的这个地方很快成为举世瞩目的航海探险圣地，成为航海家向往的天堂和诞生航海家的摇篮。葡萄牙一时成为世界上航海知识、航海技术最先进的国家。

亨利被航海界奉为精神领袖、航海导师，他和亨利开创的事业，培养和训练出一批又一批、一代又一代的航海家。

葡萄牙的船队一次又一次从这里扬帆远航，调查非洲沿岸，开辟印度航线，直至到达中国东南沿海。1543年，葡萄牙商人定居宁波；1557年，建立澳门殖民地。

"航海家"亨利的影响是巨大而久远的。他开创了伟大的地理发现时代，他为葡萄牙奠定了海上帝国之基，他给葡萄牙带来300多年的海上帝国的发达繁荣。

意大利的哥伦布（1451—1506）慕名而来了。哥伦布曾经做过海盗，1476年，他的船被焚烧后泅水逃到葡萄牙。因为知道里斯本是航海家的聚集地，是探寻新大陆的大本营，他想，也许寻找印度的梦想可能会在这里实现。所以，虽然崇拜和认为可以依赖的亨利已经去世，他还是选择了里斯本。1484年，他郑重地向葡萄牙国王提出让他率船队寻找印度的请求。由于没能得到允许，他才转道西班牙，到那里大显身手去了。

葡萄牙国王拒绝哥伦布，因为葡萄牙有亨利培养出来的自己的航海家。最有名的两位，一位是瓦斯科·达·伽马（1460—1524），另一位是佩德罗·卡

距贝伦塔数公里处的卡斯卡伊斯滨海小镇，葡萄牙最后一位国王的塑像。即便是没有什么建树的末代国王，葡萄牙人也要让他站在大西洋边上日日看海

布拉尔（1468—1520），均出身于世代为国王效力的贵族之家，也无疑均出自亨利门下。他们虽然没能直接师从亨利，但都是亨利的再传弟子。

这两位大体同时期的航海家，可谓不辱师门。

达·伽马是由欧洲绕过非洲南端的好望角，穿越印度洋到达印度的海路开拓者。葡萄牙国王先是派遣达·伽马的父亲率船队开辟通往亚洲的海路，因其父半途而亡，未竟之业便由达·伽马继承下来。

1497年7月8日，做好充分准备的达·伽马，率领船队从贝伦码头出发，一路向南，绕过好望角后折向东北，穿越印度洋，历经10余月的艰辛，终于于第二年5月到达印度南部大港卡利卡特。由于信仰问题，他们与当地阿拉伯商人发生利益冲突，遭受到来自多方面的打击挤压，难以立足，只好于8月底撤离。历经千辛万苦，好不容易打通通往亚洲的海路，却无功而返。

唯一的收获是离开时偷偷带走的五六名印度人。1499年9月，达·伽马回到了离开两年多的里斯本。

葡萄牙国王不会轻易放弃已经打通的印度航线。仅仅过了不到半年的时间，继达·伽马之后，卡布拉尔被国王任命为第二次印度远征队司令。1500年3月，卡布拉尔率领13艘舰船组成的葡萄牙船队，又一次从贝伦塔出发，前往印度。

一个月后，也许是偏离了达·伽马走过的航线，卡布拉尔的舰队发现了陆地，他们看见的是大西洋另一侧的巴西海岸。抵达巴西海岸后，无比兴奋的卡布拉尔立即派一只船回国报告国王。巴西就这样轻而易举地归属葡萄牙了。

卡布拉尔在新发现的巴西停留10天后继续航行，但此后的航程极不顺利。5月底纠正航线绕过好望角时，4艘船失事；9月抵印度，回航中又有两船沉没；一年后回到里斯本时，只剩下4条船了。尽管损失惨重，但因对巴西的重大发现，并使巴西成为葡萄牙新的属地，卡布拉尔还是受到国王的嘉奖。但毕竟损失太大，之后，国王再未对卡布拉尔委以任何要职。

达·伽马要比卡布拉尔幸运一些。

达·伽马离开印度时带回了数名印度人，而卡布拉尔离开印度的卡利卡特时，则留下了不少葡萄牙人。可是，留下来的葡萄牙人却统统被当地人杀死了。葡萄牙舰船由两位航海家率队两次远征印度，虽然均到达了目的地，但事倍功半，不仅并未真正实现称霸印度洋的目标，还蒙受了国民被杀的耻辱。

葡萄牙国王绝不肯就此罢手。

达·伽马被二次启用。

达·伽马奉国王命令再次率舰队，还是从贝伦塔出发，前往印度报复。报复的结果是，靠强大的海上实力，建立起在印度洋上的葡萄牙霸权。回国后，达·伽马因此于1519年被国王封为伯爵，1524年被国王任命为印度总督。

（上）伸向大西洋的欧洲大陆最西端的罗卡角附近的古堡，距贝伦塔古堡十多公里，两堡遥相守望。贝伦塔现为航海博物馆，此古堡则在保留原状的前提下，内部改造为只有10余个房间的豪华酒店，因此更加引人注目

（下）日落罗卡角

不幸又接踵而至。达·伽马在赴任途中染病，1524年12月，死于印度科钦。

距白色的贝伦塔不远处，还是河海汇流的岸边，新添了一座如贝伦塔那样高高耸立的也是白色的航海者纪念碑。纪念碑的造型，为巨大的乳白色大理石石船。石船昂首向洋，船头的迎风挺立者应该就是亨利吧？因为这座纪念碑，是1960年为纪念"航海家""航海王子"亨利逝世500年而建造的。纪念碑前开阔的广场上，有不同颜色的石块拼成的巨幅世界地图，上面有远航世界各地的葡萄牙船队。葡萄牙船队发现新大陆的年代、地点及船队的航线、船形，清晰明了，历历在目。

航海者纪念碑对面，有一座更为醒目的、在欧洲常见的教堂式建筑，那是和贝伦塔同时期建造的热罗尼莫斯隐修院，于1499年为纪念达·伽马发现并打通印度海上航线而建。体量巨大、装饰雕刻豪华典雅的隐修院前面的广场上，竖立着介绍隐修院内展览内容的广告牌。广告牌上有鲜明的葡萄牙海上帝国的标志，广告牌与沉重的黑色铁锚连为一体。

贝伦塔和隐修院都是大航海时代的纪念建筑。1755年，里斯本遭遇了特大地震，大部分建筑被震毁，唯独最醒目的贝伦塔、隐修院巍然屹立。

了解了这些历史故事，再望望高耸张扬的贝伦塔、隐修院和航海者纪念碑，回头看看隐在绿树中很不起眼的旧王宫，就会悟出个中原委了。

沿海岸前行十多公里处，是欧洲大陆伸向大西洋最西端的著名的罗卡角。在那个地方，才能真正看见什么叫惊涛骇浪，什么是惊涛拍岸，什么才算卷起千堆雪。但最让我惊诧的是，葡萄牙人谈恋爱也要选择在这样的地方才更觉浪漫。不过，看看惊涛骇浪前的绵绵私语，不能不觉得真是浪漫极了。此时此刻，更能品出贝伦塔、隐修院、航海者纪念碑的张扬与旧王宫内敛宁静的韵味了。

海上帝国的宫殿不在陆地上。海上帝国的宫殿在远航的舰船上，在汹涌的大海上。

里斯本贝伦区的老王宫和现在的总统府

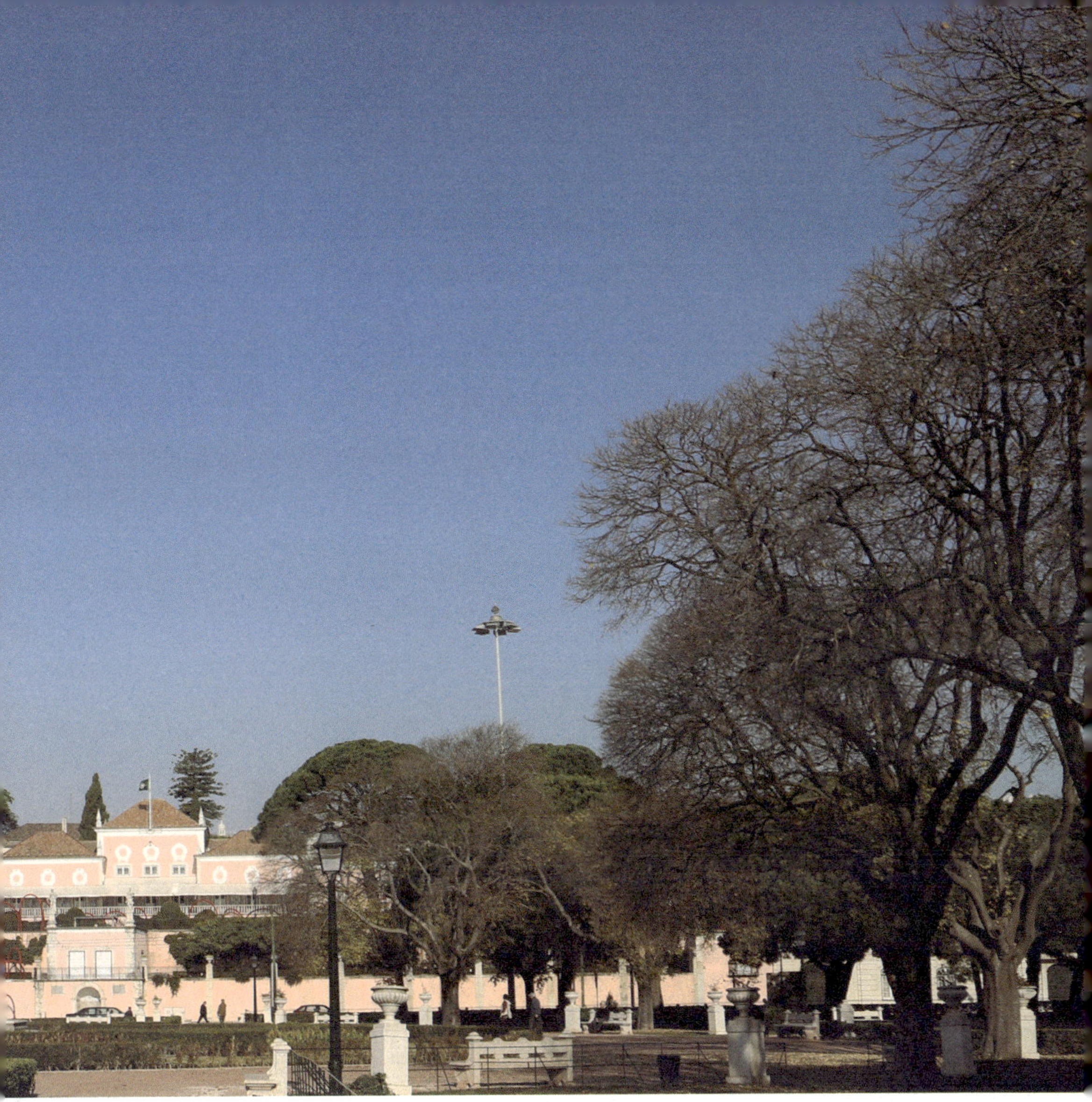

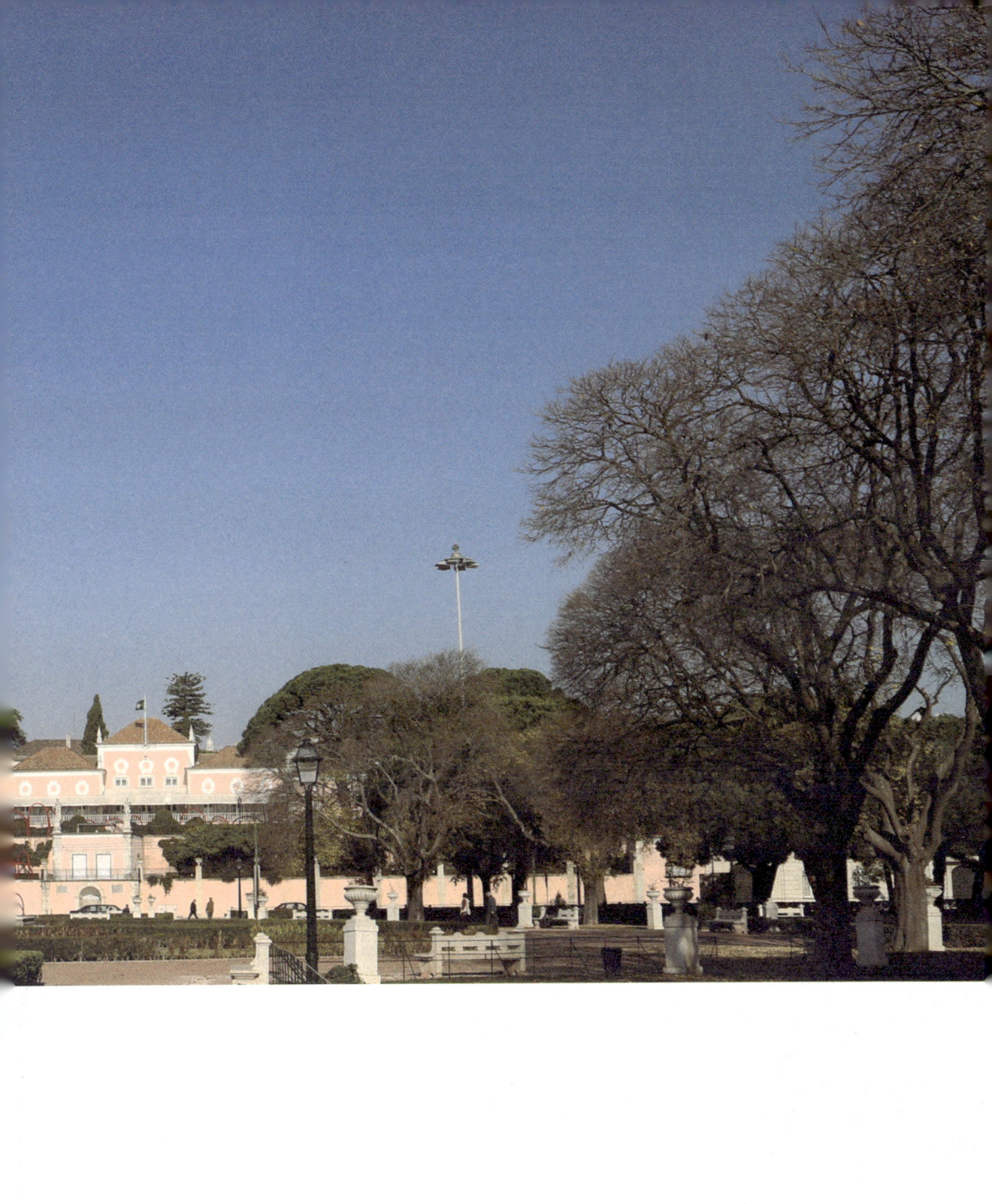

日本

矗立在荒野里的日本皇城遗址

壹

遗址里的平城宫

到日本奈良，正赶上举办声势浩大的平城迁都 1300 周年纪念活动。

主会场平城宫遗址一带，车流人流熙攘喧嚣，热闹异常。在向来安静的日本，大约只有樱花时节的公园内外能看见这种景象。

从随处散发的不同语种的官方导览地图等宣传材料看，整个活动从 2010 年 4 月持续到 11 月。除探访平城宫遗址外，平城迁都纪念活动执行委员会组织了一系列活动：有与平城京有渊源关系的地区性展示，有企业团体的展出，有多种艺术团体的演出，有中国周、中国民族乐器演奏、汉诗描绘下的古都奈良吟咏会，有献给迁都 1300 周年的专场音乐会，也有纪念迁都的选美大赛——所有活动全部免费，无须预约。另有奈良特产馆、美食广场、平城宫热卖市场、官方纪念品商店等。显然，这是一次准备充分、组织有序、既是纪念迁都 1300 年，更是借此扩大、提升奈良知名度，拉动奈良旅游观光的政府行动。

平城宫遗址的确热闹得很。

哪里像大遗址？简直是一片大工地，一处大停车场，一个四面八方的人们来赶大集的大农贸市场。

新复建在荒草地上的皇宫大门朱雀门

好在主题与主体还是很突出的。

官方导览地图上的文字写得清楚：平城宫遗址探访之旅，与前人共处同一空间，追思前人的生活与思想，身在此处，也就是与遥远的1300年前建设平城京，或生活在平城京的人们处于同一空间之中，如能意识到这一点，并留意到在千百个春秋中将此地保存至今的人们的热情，则定能从更深层次上享受这一探访之旅。

导览地图上平城宫遗址点指示得很醒目：平城京历史馆、平城宫遗址资料馆、遗构展示馆、复建的东庭园广场、朱雀门、太极殿等。

站在遗址边极目四望，最醒目的正是一看就知道是刚刚建好的朱雀门、太极殿，仿佛——也的确是——从荒草里长起来的两座崭新的古建筑，一南一北，遥遥相望。

新建的朱雀门是1300年前都城里的皇宫正门，门前的朱雀门广场也是新开辟的。广场往南是宽阔的朱雀大道，也是新修的，而且只有短短的一段，仅延伸数百米就被现在使用的道路切断了。朱雀大门两侧各有一段高约 5 米的围墙，显示着向外延伸的方向，引导着人们想象这样的城墙怎样将 130 多万平方米的宫城团团围定。站在朱雀门内向北望去，太极殿矗立在荒草地的另一端。导游图标示着两处相距 800 米。

走进荒草地，向着太极殿方向走去。

草高齐腰，杂花乱开，草间有新修的路。突然，铃声大作，管理人员挥旗、落杆，一列火车从荒草间轰隆隆开过。成队的中小学生、导游招呼着的老年团队、拉着旅行箱的欧洲人，拥堵在路侧排队待过。约过 10 分钟，又一列火车通过，游人又待过。不知何时修建的轻轨快铁，就这样斜刺里穿过千年前的平城京遗址，就这样每隔十来分钟就穿越一次千年前天皇的宫城。

荒草地里间或有不知何时清理出来的宫殿建筑台基，横在中间的呈东西向，顺在两侧的呈南北向。两侧的台基铺排得很长很长，看得出区域间的隔断，想得到当年宫殿的规模。掠过萋萋绿草地望去，远处融进铅云中的太极殿显不出有多高大，但走到近前看，还是很巍峨的。不过，周围缺少了陪衬，便觉巍峨而孤单。

太极殿前是石子铺垫的开阔的广场。大殿坐落在土黄色的石条砌成的台基上。石条的颜色那么苍老，有可能是当年留下的——至少有一部分是。石头柱础也如此。44 个土黄色的石头柱础上矗立着的 44 根粗壮的朱红色立柱，支撑起宏伟的宫殿。

据介绍，太极殿高 27 米，正面宽 44 米，侧面宽 20 米，是当年平城京中体量最大的宫殿，当然也是举行天皇即位典礼等国家最重要仪式的殿堂。据说这座大殿仅使用几十年，就被移筑在当时出现的一座临时国都里，于是这座宫殿便有了第一太极殿的称呼；在它的东侧，便有了第二太极殿的遗址。

第二太极殿遗址处虽然只剩了地基和柱础，虽然大部分人不肯跨过那条简易的遗址内的公路，到这边的荒草中寻找这些地基、石条、柱础，但我相

（上）平城宫遗址及清理出来的宫殿基址。远处是新复建的太极殿
（下）新复建的太极殿

信他们如果是无意中发现了这个地方，也会徘徊在这里，久久不愿离去。

这个地方要比新建的朱雀门、太极殿那些看起来很显眼的地方真实得多、丰富得多、有感觉得多。只有在这里，你才会真实地感觉到自己真的站在了1200多年前的宫殿的长长的屋檐下，走进了1200年前宽敞高大明亮的大殿里。

我踩着那些土黄色的石条，一个台阶一个台阶地走上布满柱础的高高的台基。我不知道自己是在日本的奈良，还是在中国的西安；不知道是在唐朝的大明宫，还是在奈良时代的平城宫；不知道是站在大明宫里的含元殿或麟德殿的遗址上，还是站在平城宫里的太极殿的遗址上——这两处遗址实在太相像了。

占地面积达370万平方米的西安大明宫是唐贞观八年到神龙三年（634—707）陆续建成的。占地面积130万平方米的平城宫的出现也接近这个时期。

公元6世纪末7世纪初，日本皇朝摄政的圣德太子实行了一系列改革，建立起较为稳固的以天皇为核心的中央集权制国家。改革的动因与参照、建制立法的主要依据全部来自中国。

从那个时候开始，天皇朝廷不断地派遣考察团，派遣留学生、学问僧到中国考察留学。

到了7世纪中期，在以熟悉中国、深入了解研究过中国的回国留学生、留学僧主导下，仿照唐朝的礼仪律令深化变革，唐朝式的律令国家很快形成。日本天皇第一个中国式的"大化"年号出现了。接着的许多年号，大多可以从唐朝的年号里以及后来的中国年号里找到似曾相识的影子。这个时期发生的重大历史变革，史称"大化革新"。公元710年，元明天皇迁都平城京。从710—794年，对日本历史产生重要影响的这段将近百年的时间，被称作日本历史上的"奈良时代"。

如果说奈良时代的日本弥漫着"中国化""中国热"的空气，一点也不过分。

清理出来的第二太极殿基址及宫殿间道路

整座平城京完全是仿照中国唐朝都城长安建造起来的。

太极殿、朱雀门、朱雀街等宫殿、宫门、街道的名称也袭用长安的名称。

平城京东西4.2公里，南北4.8公里，总面积虽然只是当时长安城的1/4，但格局一样，按条坊制分割成九条八坊，宫殿、寺院、官衙、私宅各就其位。南北向的中轴线朱雀大道，将京城分为左京、右京。朱雀大道的北端直通皇宫南大门朱雀门。

我再次回到似乎还没有完全复建好的第一太极殿。

站在崭新的大殿前极目四望，的确觉得新鲜——新鲜得有些怪异。

看不到头的荒草荣荣枯枯了1000多年，古老的遗址什么时候有这么多来来往往的人们光顾过？不过，1000多年前肯定比现在热闹得多。但绝不是眼前这么个热闹法。不像现在这样，熙熙攘攘的人群反而让太极殿与朱雀门更加孤零零地两相守望。

当年的平城京虽说只有当年长安城的1/4，但已经大得不得了了。眼前一眼望不到头的荒草地，只是京城里皇宫的所在，而皇宫只占京城1/20的地盘。

长安式的繁华无比的宫殿、街坊、官府、民宅、商铺、酒肆、寺院，那时候肯定塞满整个奈良盆地。如果登临远处的小山看过来，皇宫里的太极殿、朱雀门大概就像漂浮在苍海里的大船上的前后望楼吧？

奈良时代奈良的宫殿宫城京城，以及四面八方，真正是唐风浩荡啊。

国家体制、城市建设、耕田种地、礼仪教育、历法医药、穿着打扮、茶饮糕饼、语言文字、诗文书画，一律效仿大海那边的庞大帝国。

唐锄、唐锹、唐竿、唐臼、唐织、唐纸、唐饼、唐绘等唐字打头的流行词层出不穷。

但到底是一种什么样的状况？尽管有清理出的宫殿遗址，也看得见远处有考古工作者在继续清理，寻找宫城外围条、坊的遗迹，但当时的情形也只能靠大胆的想象复原了。

唐招提寺主建筑金堂

不过，奈良盆地四周的小山还在，它们都见过、都记得。

那个时候留下来的唐招提寺、东大寺等寺庙还在，它们都见过、都记得。

在所有的记忆里，影响最大、印象最深的莫过于送迎遣唐使吧。

不下数十次的隆重的迎送。

在太极殿前，或在朱雀门前，天皇往往亲自出面，亲眼看着浩荡的队伍扬起的灰尘消失或出现在臣民的视线里。

最重要的一次，是几乎失明了的鉴真和尚终于在遣唐使的陪同下出现在佛教徒、臣民、天皇的眼前。

日本在中国的隋唐时代数十次派遣的留学人员中，约有半数为学问僧。学问僧带回大量经卷。日本天平六年（中国唐开元二十二年，公元734年）的一次，就带回5000余卷。也许是心灵与精神的原因吧，文化交流中佛教的影响与留存远远超过其他方面。

影响力最大的就是鉴真和尚。

鉴真赴日之前，已是声名远播、众望所归的中国大德高僧。日本的高僧代表天皇向鉴真和尚发出盛情的邀请，鉴真自是志向甚远：玄奘能西天取经，我何不弘法东瀛？

大愿既发，虽远渡重洋、风险浪恶、樯摧船毁、触礁落水、惊险连连而矢志不渝。12 年间 5 次东渡失败，第六次终于于日本天平胜宝五年（唐天宝十二年，公元 753 年）登陆日本，并于次年抵达当时的日本首都平城京。

圣武太上皇和天皇孝谦女皇派专人迎接，宣读诏书："大德远涉沧波而来，喜慰无喻。朕造此东大寺，经十余年，欲立戒坛，传授戒律，自有此心，日夜不忘。今大德远来传戒，冥契朕心。自今以后，授戒传律，一任大德。"2 月，东大寺戒坛筑成；4 月，鉴真为圣武太上皇授菩萨戒，为天皇、皇子等 400 余人授戒。

第二年，建成东大寺戒坛院，接着又在东大寺内兴建了唐禅院。两院均由鉴真管理。鉴真在自己亲自管理的两院说戒传法讲经。学识渊博广大的鉴真引经据典，梵音洪亮，满堂耸听。

随着授戒、训练和教育场所的快速建成，鉴真的影响力和威信迅速形成，在短短一年多时间里，鉴真就神奇地使日本佛教走上严格正规的戒律之途，这正是急需也极想整顿佛教的天皇朝廷的企望，也是佛教界的意愿。鉴真因此更加受到朝廷的敬重推崇，受到僧众的拥戴。天皇封他为"传灯大法师""大和尚""大僧都"，发布诏书褒奖他"学业优富，戒律洁净，堪为玄徒领袖"。还决定把过去用以供奉圣武天皇的米盐之类专供鉴真。

在天皇的直接扶助下，鉴真虽无传教弘法及物质生活之忧，但他的理想，是要建立一座不限身份、不论时间、不设官籍的，供十方僧往来修道、众人皆可受戒得度的律宗寺院。

还是在天皇的支持下，几年之后，一段流传千年的佳话、一件流传千年的盛事发生了，一处留存到现在的文化圣迹出现了——天皇把位于右京五条二坊内皇子新田部亲王的旧宅赐予鉴真，并赐予足可供养的田地。天平宝字三年（唐乾元三年，公元 759 年），鉴真在天皇赏赐地建成唐招提寺。"招提"

唐招提寺金堂后面的讲堂

是在佛身边修行的道场的意思，唐招提寺就是表明这座寺院是为从唐朝来的鉴真和尚在此修行而建立的道场。淳仁天皇题寺名并宣旨，凡出家人须先到唐招提寺研习戒律后，方可选择自己的宗派。唐招提寺又是日本最初的律宗寺院，至今依然被尊为日本律宗总本山。

鉴真及随他东渡日本的弟子，同时亦堪称建筑雕塑大师。他们终于有机会在建造唐招提寺的时候，一展唐朝建筑与雕塑艺术的风采。

虽然经历了1200多年的荣枯盛衰，唐招提寺也许已难有当年的辉煌，但作为主要建筑的金堂与讲堂，原状保存完好，雄姿依旧。

日本内务省公布的《特别保护建造物及国宝帐解说》中，评价唐招提寺主建筑金堂"为今日遗存天平时代建筑中最大而最美者"，"以丰肥之柱，雄大之斗拱，承远大之出檐。屋盖为四注，大栋两端高举鸱尾，呈庄重之外观"。

特别是金堂后面的讲堂，原本矗立在平城宫里，是宫中的东朝集殿，天皇把这座建筑赐予鉴真大师，于是，鉴真把宫中的殿堂拆迁到唐招提寺，作为他传经布道的讲堂。

平城宫遗址早已片瓦无存了，幸而有此建筑迁移至此才得以保存至今；幸而由此建筑可见平城宫之一斑。

还有雕塑。金堂中的卢舍那佛坐像，被《特别保护建造物及国宝帐解说》评价为"天平时代最伟大最巧妙之雕像"。鉴真圆寂之前由弟子们"模大和尚之影"塑造的鉴真像，不仅由于形似，更由于准确地表达了鉴真的意志、性格、情感而成为日本美术史上具有代表意义的作品。这座鉴真像现安放在唐招提寺东北部御影堂内，每年在鉴真忌辰前后一周内对外开放，供人们瞻仰。

这尊塑像曾赴法国展出，法国以维纳斯断臂像回访。

由于鉴真，由于唐招提寺，今天和今后的日本人、中国人，以及来自世界其他国家的人们，可以亲眼欣赏日本奈良时代的艺术，欣赏中国唐代的艺术。

鉴真东渡对日本佛教，对日本艺术，对中日文化交流都产生了无可估量的影响。

平城宫遗址入口广场处设有临时性的平城京历史馆，馆前有遣唐使船复原展示。船全长约30米，桅杆高约15米。现代航海尚有海难发生，想想1200年前驾驶这样的船越洋过海，需要多大的勇气和牺牲精神！

与鉴真同乘遣唐使船回到日本的留学生阿倍仲麻吕，曾在唐朝任职，取汉名晁衡，与大诗人李白有交游。后传闻其归日途中遇难，李白写下沉痛的悼诗："日本晁卿辞帝都，征帆一片绕蓬壶。明月不归沉碧海，白云愁色满苍梧。"

历史馆里的影视厅正在播放鉴真渡海的虚拟动漫节目，惊涛骇浪让小学生看得目瞪口呆，惊叫不已。

小学生们也许不会想到，当年的天皇就站在旁边那座朱雀门的台阶上，等待着这位从峰谷浪尖上漂过来的和尚，并在东面不远处的东大寺接受这位

唐招提寺粗壮的廊柱、雄大的斗拱

和尚的授戒。

奈良作为日本1300年前的京城，作为日本天皇皇宫的所在地，也就不到百年的短短时光。

但一段历史对整个历史进程的影响不以长短论。

鉴真有条件有资格成为对日本历史产生了重大影响的这段历史的一个代表、一个象征。

20世纪，日本著名作家井上靖创作《天平之甍》，写鉴真六次东渡。著名剧作家依田义贤将《天平之甍》改编为话剧公演于东京、北京。著名导演熊井启将《天平之甍》拍成电影，成当时十大卖座片之一。

17世纪，被尊为日本"俳圣"的松尾芭蕉拜谒忧伤地闭着双目的鉴真像时，写下动人的诗句："愿将一片新叶，拭去您的泪痕。"

不只是300年前的松尾芭蕉，也不只是日本人、中国人——所有的人站在这位为信仰而失明的1200年前的伟人面前时，都会献上这忧郁而真诚的歌：

"愿将一片新叶，拭去您的泪痕"。

唐招提寺大门外道路边简朴的提示

史蹟唐招提寺旧境内

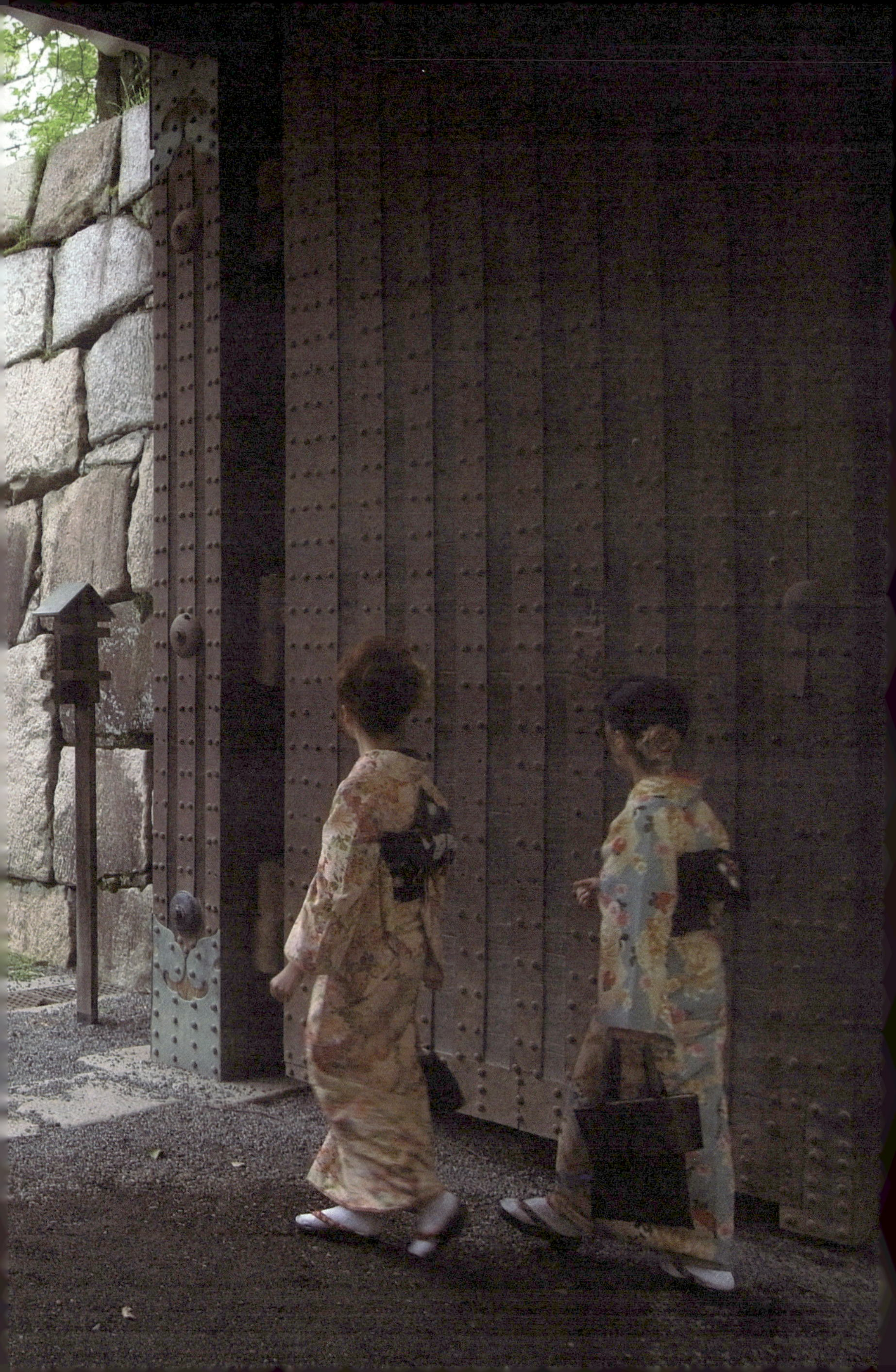

皇居·御所

史书上讲，日本在"大化革新"后，全盘仿效唐朝，包括都城、宫殿的建设。

先是奈良的平城京，但时间短，做都城不到百年；接着是京都的平安京，一直到明治维新，长达1000多年，都是日本的首都。

奈良的平城京、平城宫遗址早已长满荒草，新近复建在荒草地里的朱雀门、太极殿怎么看也没感觉，只能当作想象的引导。

听说京都的皇宫还在，便抱了极大的期望，去看与鉴真时期的奈良一样的仿唐朝长安建造的京都。至少，可以看见仿唐的京都的皇宫吧？

结果大失所望。

也在预料之中。

在东京的时候就多次看见位于市中心的现在依旧是天皇居住的皇宫。看惯了北京的紫禁城，就觉得日本的皇宫是着意不肯张扬。远远看去，绿绿的一大团，和任何城市里的一处园林似乎没什么特殊的区别。只是到了近处，才看见有绿水环护着的黑色石头围墙。即便如此，也不是那种端起架势特意造出的方方正正的护卫，而是依地形地势的自然环抱。

从外面可以看到的日本天皇位于东京的皇宫，
原为江户时代德川幕府历代将军居住的城堡

宫城的门也不规则，大小远近方位没有定规地开有八九处。进去看看，道路宽窄弯曲高低起伏，房少树多草多花多水多，不多的房舍又都掩映在绿林里，怎么看怎么想都觉得不像是皇宫。

　　后来知道，这地方原本就不是皇宫，是江户时代幕府将军的住宅。最早是作为战略要地的城堡使用的，看那被水环护着的大块黑色火山岩垒砌的厚厚的石墙就想得到。

　　到了京都，走到居然做了1000多年皇宫的地方，连城与堡的感觉也没有了。说是已经到了，但看见的还是绿色的松林。走进去，松林的后面，宽宽的灰色的石子路对面，是长长的有墙脊的灰白色的墙，看起来比普通住宅的围墙也高不了多少。开在墙中间的黑色的门楼反倒显得高高大大。

　　看见皇宫了，完全不是想象中的样子。

　　里里外外地看看，哪里还有半点仿效中国唐代长安城池宫殿的影子？

　　1200年前，这个地方根本不会是眼前这个样子。

　　公元784年，桓武天皇将都城从奈良的平城京迁移到长冈京，10年后，迁到平安京。

　　长冈京在现在京都的西南，平安京就在现在京都市的中心。

　　平安京完全是平城京的翻版，只是比平城京稍大了一号而已。南北约5.3公里，东西约4.5公里，正中一条贯通南北的朱雀大道把京城分成左京（东）、右京（西）相对称的两大部分。横条纵道的条坊规划，使整座京城严整到如围棋的棋盘。南北1.4公里，东西1.2公里的天皇宫城，位居都城北部正中统领全城的位置上。同平城京一样，朱雀大道北端直通宫城的南大门。

　　占地面积达168万平方米的平安宫宫城也被称作大内里。大内里设有朝堂院、丰乐院、太政官等行政和举行仪式的宫院。最重要的朝堂院位于大内里南部正中。院内主建筑太极殿正对京城中轴朱雀大道。

　　天皇的住所在朝堂院东北，即宫城中央偏东，是大内里中的小内里。小内里占地6.6万平方米，正殿为紫宸殿，另有清凉殿、弘徽殿、丽景殿、飞

东京皇宫内 1968 年建成的钢筋混凝土构造的宫殿，在新年及天皇诞辰日，以天皇与皇后为首的皇族会在长和殿面对观众的中央露台上，由天皇致辞并接受公众的祝贺

香舍等建筑。

透过这些确凿的资料数据，可以想见公元794年时的平安京、平安宫多么的宏伟壮丽。

然而，它们永远地消失了。

路过京都市中心的平安神宫，只见大院里面的大殿大得让我吃惊，且皆为典型的中国唐代风貌。日本朋友说，这是仿照当时平安宫里朝堂院中的太极殿，按比例缩小建造的，只能算是太极殿的缩小版。

宫城消失的主要原因是火灾和战乱。

迁都166年之际，公元960年，大内里遭遇第一次大火，当时的村上天皇把宫城东南边的冷泉院作为别宫，重建了大内里。可是，自此后，大内里又连续数度发生火灾，烧毁与重建反复了好几次。

天皇只好较长时间地住在大内里的外面，把贵族的府第当作皇居。久而久之，贵族的府第就变成了皇居，变成内里外边的"内里"了。

到平安时代末期，公元1200年前后，大内里的建筑一再被烧毁，再加历经多次战乱，当初的平安宫终于变成一片废墟。而大内里外边的"内里"，反倒成为天皇长期居住的地方，一直到明治二年（1869）迁都东京为止。

这处大内里外边的"内里"，正是我们现在看到的京都御所的所在处。

知道了这段千年的演变史，在京都御所里找不到中国唐朝宫殿的影子，也就不足为怪了。

因为这个地方最初只是天皇占用贵族的府第作临时居所，没有理由也没有必要大兴土木。

天皇最初入住的时候，一定比现在看到的还要小，还要简朴简单。

只是到了眼看着不远处原先的宫殿慢慢化作废墟，天皇们没能力也不打算重新恢复、不大可能再住回去的时候，也就是说，天皇们打算就在这个地方长住的时候，这才通过"考古学家"的努力，在不断的修建中逐渐复建了原在平安宫里的天皇住所和皇后住所的一些主要殿堂。

京都御所外、御所内

就这样一直到18世纪末。

18世纪末京都平安京天皇御所的规模与格局，大体上就是现在看到的这个样子。

被南北450米、东西250米的低矮的围墙护卫着的京都御所，从外面看起来，整体上是很适当的、合比例的，而且方正齐整，但大门开得看不出任何规矩。西门三，南门、北门、东门各一，且南北东西各门均不对称对应。里面的建筑布局更是既疏落又随意，在10多万平方米的空间里，建筑占地最多不到1/10。

南大门叫建礼门，偏西，既不在正中，也不与北大门在一条轴线上。建礼门对着承明门，两门相距不到百米。

承明门内是以坐北向南的紫宸殿为核心的开阔庭院，也是京都御所唯一一座四面均有建筑的方方正正的院落。

紫宸殿面宽37米，纵深26.3米，高20.5米，纯木结构，正面正中有18级木板台阶，四周有围廊护栏，是御所中最大的单体建筑。作为历代天皇举行登基大典等重要仪式的最高规格的正殿，虽然是后来复建的，却依然是具有象征意义的代表性建筑。

开阔的庭院中除正中的南门，还有东西对称的日华门与月华门，这让我立刻想到北京紫禁城中的乾清宫，乾清宫大院东西对称的门叫日精门与月华门。

除以紫宸殿为中心的区域较为规整，能感觉出中国古代宫廷建筑的格局及唐代建筑的影子外，其余的建筑群落不论是天皇接见将军诸侯、处理政务、会议议事、日常生活起居、读书娱乐的清凉殿、御常御殿、小御所、御学问所，还是最北面的皇后和女官们居住的后宫常御殿、飞香舍等，主体建筑大都坐西向东，庭院散落，回廊曲折，临水倒影，花木随处，虽有些中国园林的味道，但主要还是日本园林的风格。

事实上，在"唐朝化""唐朝热"的奈良时代、平安时代，至迟在平安

从承明门看左樱右橘的紫宸殿

时代，日本在仿效中国、学习中国、吸收中国文化的同时，逐渐创造并形成本民族文化的鲜明特色。

眼前的紫宸殿及其庭院就是一个典型的例子。

从大的格局规模看，尤其是紫宸殿，远处望过去，造型上的确很像唐朝宫殿的建筑风格，像奈良唐招提寺的金堂那样。

但殿前那么大的院子，铺满白沙，如刚刚翻耕犁耙过的土地，纯粹得连一根杂草也没有，安静地期待种子的播撒。

大殿虽有唐朝的形态，却没有一点唐朝的骨肉。从地基地面到墙体墙面，全部由木材构成。唐朝式的大屋顶，却没有一块唐朝式的瓦片，而是由日本特有的层层叠叠的桧树皮特制而成。

大殿前木台阶两侧非常醒目但也是孤零零的两颗植物，设计规划时本是左梅右橘，当初落成时也是这样，只过了半个世纪，仁明天皇就下诏把梅树更换为樱花树了。从此，这左近樱、右近橘的规制就沿袭下来。

又过了几十年，清和天皇亲率百多名朝廷官吏，连续到右京左京中左右大臣的宅第，参加欣赏樱花的诗宴——所有这一切的变化形成，虽有前有后，有各自的成因过程，但一如以樱换梅，绝不是天皇个人的喜好，而是渐渐不露声色地甚至是很自然地以日本文化的象征取代汉文化的象征，以本土文化形态取代外来文化形态。

离开京都御所，到西南方向不远处著名的二条城转来转去的时候，一些奇怪的感觉同时在脑子里转来转去。

二条城的历史比御所短得多。天皇迁都京都在10世纪末，二条城修建在17世纪初。当时的德川家第一将军德川家康修建此城的充足理由，一是为了保卫京都的御所，二是为了自己到京都拜访天皇时居住。

看现在留下来的京都御所，没有宽深的护城河，没有厚实雄伟的城墙，的确需要强有力的人保护。

看二条城，却见保护者的居所比被保护的皇宫气势大得多。虽然看着奇怪，想来也有道理：保护不了自己，岂能保护得了天皇？

二条城真是一座建构方正、结构严密、建造坚实的城。

取名二条，因其位于唐长安式条坊布局中二条的位置；但也如它的名称，二条城正是一座城中套城的双城组合。又宽又深的护城河和大石块垒砌的高高的城墙护卫起来的外城内，套着一座更深更宽的护城河和更大石块垒砌的城墙护卫着的、同样方方正正的城中城。

1601年，德川家康命令日本西部地区的诸侯动工修建二条城。这时候，在日本的政治格局中，经过数百年的较量、平衡，幕府政权取得了对日本社会的控制权。17世纪，德川家康确立了对全国的统治地位，日本由此进入最后一个幕府时代，也是最强势的幕府统治时代——江户幕府时代。就在天皇任命德川家康为征夷大将军的1603年，德川家康进住初具规模的二条城。到1626年，二条城大体上建成现在能够看到的规模。

屋顶剖面样本和宫殿局部装饰

紫宸殿等主要宫殿屋顶由层层叠叠的桧树皮特制而成

总面积 27.5 万平方米的二条城,虽然城防牢固严密,内部建筑规划布局却简明扼要干净利落。

殿堂建筑只有两处。一处在外城与内城之间,一处在内城里。另有位于内城西南角的天守阁。不过,这座 5 层高的城堡主塔矗立了百多年就被烧毁了,以后再没有重建,现在只剩了遗迹。二条城所有建筑面积只有 7300 平方米,只占全城很小的部分,其余大部分面积为水系园林。

内城外城的建筑都叫御殿。

内城的御殿是真正的御殿。最初的建筑在 1788 年京都大火中烧毁了,百年后,原来位于京都御所,即皇宫里的旧桂宫御殿被移建于此。此举足见德川幕府、德川家的权力与地位。正因如此,天皇的宫殿只有这一座才完整

紫宸殿后围廊

地留存至今。

　　内城与外城间的御殿最有德川家的特色。

　　整座建筑由远侍厅、式台厅、大厅、苏铁厅、黑书院、白书院6栋建筑连接组合而成。连接方式很特别，从东南向西北呈斜线台阶式排列。内部分隔成33个房间，每个房间都铺有草席，共800余席。每个房间的壁画都是按照各个房间的功能要求创作的，极具价值的是，其中绝大部分是"狩野"画派的作品，总数超过3000件，其中约1/3被指定为国家重要文化遗产。房间内部的装饰，由于较多使用了黄金而金碧辉煌。

　　这样的一座连体组合式建筑，除了粗大厚实很有视觉冲击力的实木结构外，又因其呈斜向台阶式排列，既雄伟又曲折变化的木构建筑与建筑四围的造园艺术，结合出完美的视点效果，不论从园林远近还是建筑内外的任何视

二条城内豪华的御殿大门

点，都能呈现出绝佳的相互之间的互为景观的状态。

难能可贵的是，这样的艺术与这座 17 世纪初的城郭一起，居然奇迹般地保留下来了。

我个人的感觉，就二条城主体的组合式建筑而言，其豪华程度与艺术追求已经超过不远处的天皇御所；从护卫角度看，其城池的严密与牢固，更是超过了不远处的天皇御所。

不必说强大如德川幕府，任何一个时代的幕府，若想取代天皇简直易如反掌。如果在其他国度，特别是在中国，这简直不可思议。然而在日本，似乎顺理成章。

更不可思议的是，如此严重的"僭越"行为与事实，却丝毫不影响天皇的稳固地位。

从著名的圣德太子建立以天皇为中心的中央集权国家的 7 世纪初算起，

一直到今天，1400年过去了，天皇的世袭未曾打断，天皇的位置未曾改变。

如此久远的天皇"神话"到底是怎么制造出来的？

而且，既能开启当时的"全盘唐化"，又能跨越千年地接续出明治维新的"全盘西化"？

查阅日本政治体制的沿革，关于"天皇"的定位，圣德太子的十七条宪法（604）与日本战败后的宪法（1946）有着奇异的一致之处。

圣德太子多以中国儒、道、佛的思想，以道德训诫的形式，确立以天皇为君主的君臣关系、国家秩序，奠定了天皇至高无上的统治地位。

1300年后，日本宪法虽然铲除了君主专制的残余，但仍以"象征天皇制"的形式，确定"天皇是日本的象征，是日本国民整体的象征"，天皇仍居至高无上的地位。

1400多年以来，日本的"神道"与中国传过去的"儒道"相当巧妙地结合起来，以"神道"的敬神拜神和"儒道"的忠诚忠义共同维护着"天皇"的神圣不可侵犯。

将军、武士、平民，所有的日本人对天皇的尽忠义务观念根深蒂固。

在12世纪到19世纪天皇的政府与幕府将军的政府并存的时期，在武士政权掌握国家最高权力，将军成为集军政权、审判权、征税权于一身的国家最高统治者时期，天皇的地位亦受到格外的保护。

当然还有另一个原因，天皇明智地使自己游离于权力斗争之外。

正是这些原因，幕府不仅从不产生"取而代之"的想法，到了需要和合适的时候，还堂而皇之地"归政"了。

我们现在看到的二条城与京都御所形成的巨大反差的原因尽在其中。

是的，日本这样的政治文化，可以做到天皇不需要靠外在的深壕高墙来保护自己的最高地位，不管这地位是实的还是虚的。

1867年，德川幕府第15代将军德川庆喜在二条城的御殿大厅宣布，将政权奉还天皇。

二条城外城与内城之间的御殿

1868年，天皇的内阁设立在二条城。

1869年，明治天皇迁都东京，皇宫就设在德川幕府的城池里。

日本历史上著名的"明治维新"开始了。

1884年，二条城更名为二条离宫。

1889年，天皇发布宪法，日本成为亚洲第一个立宪国家。紧接着，国会建立，众议院、参议院组成，内阁成立，以"三权分立"为原则的议会内阁制迅速形成。

天皇还是沿袭的天皇，国家的体制却是彻底革新了的体制。

人们总在讨论日本的"体"与"用"的问题。

还从"大化革新"时候说起吧，一直到"明治维新"，到现在，到底是"日学"为"体"，"中学""西学"为"用"？还是"中学""西学"为"体"，"日学"为"用"？

我又想到京都御所的紫宸殿，想到紫宸殿前的樱花代梅花。

在我看来自然是"日学为用"的。事实上可能是需"体"则"体"，需"用"则"用"的。

无论如何，已有1400多年历史的日本天皇，今天依然很平静很安稳地住在东京的皇宫里。

近些年来，日本的这个党那个党走马灯似的上台下台，首相也走马灯似的你下我上，有时候勤快到还没等你记住面孔就又换一个。可是，社会却没什么动荡不定，百姓们的生活也没什么波澜起伏，天皇继续很平静很安稳地居住在绿树掩映的皇宫里——位于东京市中心的那一片稍稍凸起的绿色的天皇居住地，真是进退有据的"御所"啊！

从天守阁遗址处看内城庭院、御殿（右为从京都御所移建过来的桂宫御殿）

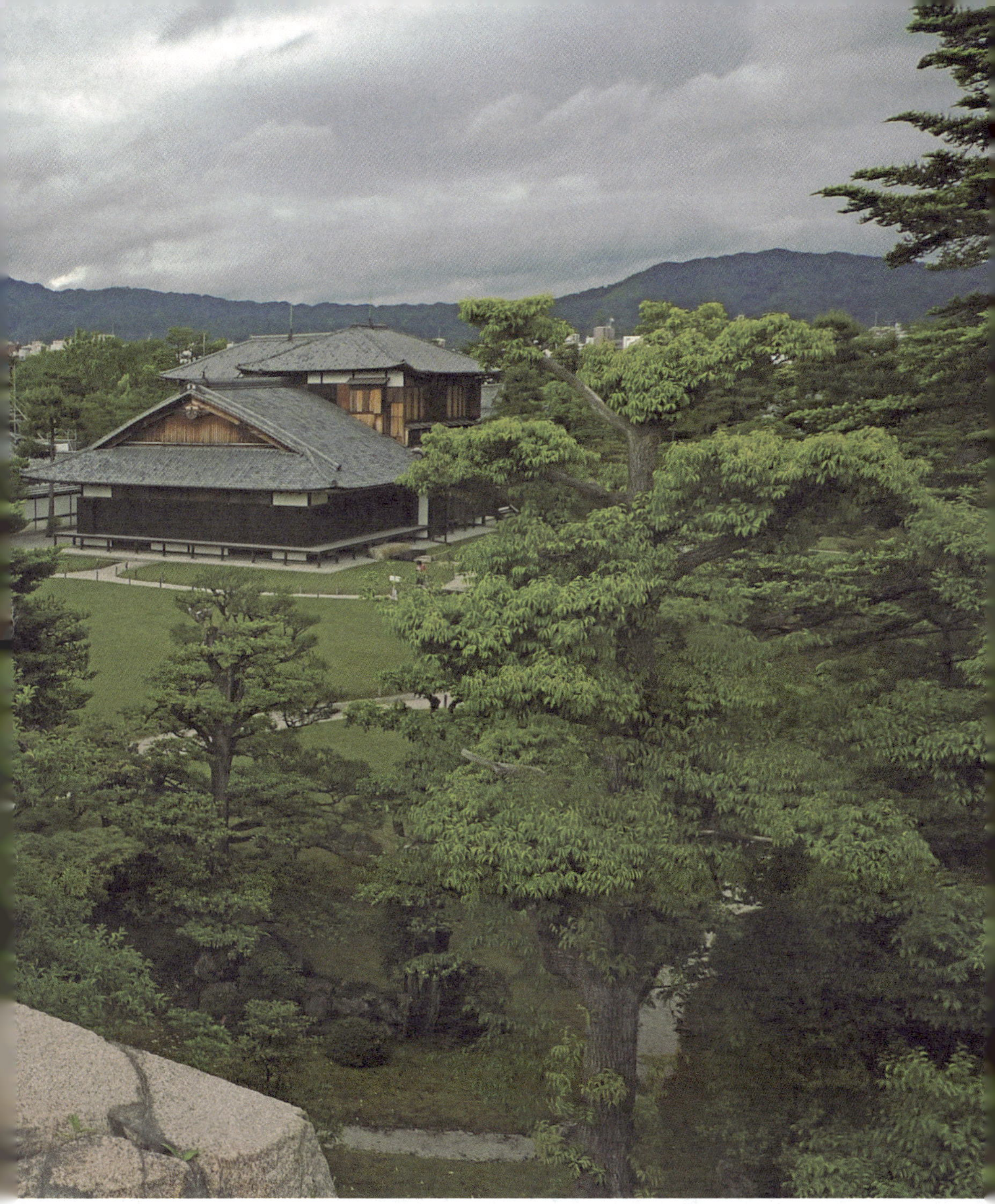

瑞士

卢塞恩城墙上的望楼墙面上仍留有清晰的古代壁画

山高皇帝远

到瑞士，别想找到皇宫、宫殿一类的建筑，连遗址、遗迹也看不见。

瑞士人大概是世界上最无皇权意识、最不知道也不想知道皇帝是什么的人们。

瑞士联邦主席在休息日与任何普通公民一样，排队上公交车，排队进博物馆、歌剧院。主席觉得理应如此，国民也觉得理应如此——苏黎世里特伯格博物馆的同行同我说到此事的时候，平静得像拉家常一样，但也听得出多少有点自豪。

虽然人们可以把这个小小的国家，把这个国家虽小，民族、语言、宗教信仰却多样化，能结为一体，又长久稳定归功于这个国家有着世界上最古老最长久——长达700多年的民主传统，但仅此理由，对于发生在瑞士的许多事情，仍然让人们难以置信。

端坐在欧洲屋脊——阿尔卑斯山上的瑞士，是一个典型的内陆国家。看起来位于欧洲中心地带，事实上，多少世纪以来，瑞士一直处在无关痛痒亦无须关注的边缘。

在周边国家争权夺利攻城掠地的征战中安然无恙，肯定和它特殊的自然

作为一个国家，瑞士就诞生在四森林州湖边这样自然而美妙的绿色草地上

地理环境有关。

全国 4 万多平方公里的面积，60% 为阿尔卑斯山脉，且大多在海拔 3000 米至 4000 米间，超过 4000 米的山峰就有 20 余座。大概真应了"山高皇帝远"的古语，四周的任何一个帝王都没把它放在眼里。

与具有悠久历史的国家比起来，与曾经以不同的方式龙盘虎踞这个世界的国家比起来，至少与西边的法国、东边的奥地利、南边的意大利、北边的德国比起来，瑞士成为一个国家，一是晚，二是"散"。

从公元前 1 世纪恺撒大帝时起，到 4 世纪，现在瑞士的领土几乎都在罗马帝国的控制之下。不过，因山高谷深，那个时候罗马帝国对这个地区的统治事实上只存在于形式上。

想在历史时空的夹缝里，在两个政治经济圈——地中海与北海、波罗的海——的夹缝中相当艰难地生长起来，要有一个适合的机会才有可能。一直到了 12 世纪，当南北两个政治经济圈需要贸易、需要交流交通、需要打通横亘在中间的阿尔卑斯山的时候，需要从瑞士这个地方经过的时候，这个地处咽喉要道的地方才有可能有所作为，才有希望登上世界的舞台。

不过，机会不一定都是好的。

生活在无人问津的地方，似乎也不无好处。虽然艰难，倒也悠然自得，就像阿尔卑斯山脉崇山峻岭间数千个明丽的湖泊与无数散漫起伏的绿色草坡那样。而一旦被看中，就会失去许多自由，甚至招来无边灾难。

苏黎世最早的遗留，是公元前罗马时代设立的要塞。当时设立要塞，为的是向来往于利马特河上的船只收取税金。

接下来是查理大帝的宗教眷顾与统治。现在仍屹立在利马特河畔的馥劳教堂的前身，是查理大帝的孙子路德维希国王的女儿希尔德加特于9世纪修建的女修道院。在这座教堂的对面，是瑞士最大的罗马式教堂。这座有两座高高塔楼的教堂修建于11世纪到12世纪，据说就是在查理大帝修建的教堂遗址上建起来的。在它的地下和临河的一侧，有查理大帝的雕像。

进入13世纪后，连接南北、穿越阿尔卑斯山的最短路线，从瑞士中央地区的圣哥达山口打通。从此时开始，以卢塞恩、四森林州湖为中心的地区得以快速发展。后来，卢塞恩还做过瑞士的首都。

到了神圣罗马帝国管辖这一地区的时期，腓特烈二世皇帝把监督的权力让给了哈布斯堡家族，即后来的奥地利王朝。

然而，习惯于神圣罗马帝国温和管理的这个地区的居民，拒绝接受哈布斯堡家族的强权统治。1291年8月1日，在四森林州湖边的绿色草地上，周围三个地区的代表歃血为盟，缔结了决定瑞士命运的著名的《永久同盟》。永久同盟的核心，是以从神圣罗马帝国手里争取获得哪怕是最低自治权的互相援助。瑞士的"最初三州"，就这样诞生在雪山脚下的绿草地上。缔结誓约的这一天，便成了瑞士的诞生日，后来被定为瑞士的建国纪念日。

在具有传奇色彩的诞生国家的历史事件中，产生了瑞士的传奇英雄威廉·退尔。流行的说法，说威廉·退尔是13世纪末至14世纪初生活在当地的农民，因带头蔑视奥地利当局，被迫用箭射穿放在自己儿子头上的苹果。

皮拉图斯山口。另一侧可以看到卢塞恩古城和四森林州湖。传说宣布对耶稣处刑的罗马总督蒂乌斯·皮拉特的亡灵到处飘游，后流落此山，若有人登山，定有暴风雨雪出现。在漫长的岁月里，因山高谷深交通阻隔而不为人知或被视为畏途，再加此类可怕传说，风光无限的阿尔卑斯山就这样被妖化而无人问津。瑞士成为旅游与休养胜地并不是遥远年代的事，这与卢梭、伏尔泰、拜伦等来这里寻找心灵的安详有关，与19世纪后期开始的当时的超级大国英国贵族到此休假的时髦有关

威廉·退尔在一次伏击中杀死了州长，成为为政治和个人自由而斗争的瑞士建国功勋。退尔的传奇故事，后来由于德国剧作家席勒的剧作《威廉·退尔》而名扬世界。

实际上退尔的故事只是一个传说。英雄史诗一类的传奇突出的是冒险与绝招，正如瑞士的据险而立、而守、而发展。瑞士正是这样凭借独特的自然环境和无畏与智慧，获得独立并逐步发展的。

50年后，瑞士由3个州发展到8个州。到16世纪，形成"13州同盟"，同时也形成了国家体制松散、高度自治、高度民主的特色。早期与罗马帝国的关系如是，中期与神圣罗马帝国的关系亦如是。

18世纪，拿破仑军队占领了意大利北部，却庇护了瑞士——又是如同在大国的夹缝中，如在大山的夹缝中一样。

最终确立为一直到现在的"联邦体制"，已经到了19世纪。

在瑞士，到处可以看到古老的城市、城堡，到处可以看到屹立在高地上的古堡而看不到帝王的宫殿。这时候，便更会想到环境与历史形成的瑞士坚强的地区自治与松散的联邦体制的国家特色。

在山高皇帝远的夹缝中生存，自会生出夹缝中生存的技巧与智慧。

最出色的、最让人们羡慕的，是"中立"。

从"中立"到"永久中立"，是瑞士生存发展之大道。

但为此"中立"，也付出了瑞士人作为雇佣兵而为别人作牺牲的沉痛代价。

因为生存环境的恶劣，瑞士人打起仗来吃苦耐劳坚忍顽强，所以常被经常打仗的国家花钱雇去；因为被不同的雇主雇用，结果是经常看见作为雇佣兵的瑞士人自己同自己打。

能不能不打？能不能永久不参与打仗？有此悲剧，才收获到"中立""永久中立"的果实：17世纪中期，瑞士同盟首次在外交政策上宣布了"武装中立"。

其实也难得安稳、安全。

1333年建成在罗伊斯河上的卡佩尔桥，被称为欧洲最古老的带廊檐木桥，有点像中国贵州的风雨桥，是老城卢塞恩的历史地标。最初是为了抵御沿水路从四森林州湖来的敌人而建造的，也可以看作是城墙的延伸，石头砌成的高大的瞭望塔矗立于桥前水中央

18世纪末法国大革命时期，为了保护路易十六和玛丽·安托瓦内皇后，瑞士雇佣军一直战斗到最后，786名官兵丧失了性命，其中不少是卢塞恩人。这是一件非常惨烈而著名的事件，卢塞恩老城区著名的《濒死的狮子雕像》，纪念和表现的就是此事的悲哀与苦恼。马克·吐温说这座雕塑是"世界上最哀伤、最感人的石雕"。

想"中立"真是不容易。

周边那些拼命争夺的大国不让你"中立"，你也"中立"不了。对于瑞士来说，在更大的程度上还得靠自然的庇护。

第二次世界大战中，德国占领了法国，瑞士便成了夹在中间的肉馅，陷入随时都有可能被吃掉的险境。

时隔649年，转机再一次出现在那块绿色的草地上，出现在那块诞生了瑞士的绿色草地上。

1940年7月25日，被推选出来的安利·基桑将军，选择在四森林州湖

瑞士最大的罗马式教堂苏黎世大教堂　　　　修建于中世纪的馥劳教堂内夏加尔创作的现代彩色玻璃画吸引着众多参观者

边瑞士建国之地的那块绿色草地上召集全体武装队队长，庄严宣布：一旦德国入侵，将放弃平地城市，所有部队坚守阿尔卑斯山中，全面彻底抵抗。同时宣布：为切断德国和意大利两轴心国首都柏林与罗马最需要的穿越阿尔卑斯山的通路，他将亲手爆破、摧毁瑞士人千辛万苦架设在山间的桥梁和开凿的隧道。

要知道，穿越雪山的铁路，海拔 3000 米到 4000 米间的欧洲屋脊上的桥梁、隧道，是瑞士人用毅力和血汗换来的呀！

德国在瑞士人顽强的信念面前犹豫了，进攻推迟了，瑞士最终幸免了二战的灾难——还是得益于地利！

（上）阿尔卑斯清冽的雪水汇聚而成的阿勒河遇到高地之后形成巨大的回环，三面环水的陡峭高地便成为天然的堡垒。这里12世纪筑成要塞，接着便成为城市，后来成为瑞士的首都。隔河而望，现在的瑞士联邦议会大厦俨然城堡式的气派。伯尔尼整座城市已被列为世界文化遗产

（下）有344级台阶、高100米的阶梯大教堂已经是瑞士最高的塔楼了，又坐落在伯尔尼老城区的高地上，显得愈发高耸挺拔。它的脚下是厚实的石块砌起的城墙，1421年开工，1893年竣工，建造过程本身就是一部长长的历史画卷

这是瑞士人倍加热爱、珍惜、呵护、装点他们的阿尔卑斯山的最充分最充满感情的理由，也是瑞士人希望全世界的人都来欣赏他们的阿尔卑斯山的最自豪的理由。

　　所有这一切，使阿尔卑斯山连绵不绝的皑皑雪峰，雪峰间起伏铺排的绿色草地，到处可见的像蓝天一样纯净的湖泊河流，还有古朴又生机盎然的古老城市，统统充满了绮丽的色彩与无穷的魅力。

　　时至今日，经济一体的全球化环境正在考验着瑞士高度自治、高度民主的联邦体制和坚持中立的国家姿势。瑞士人已经多次用投票的方式拒绝参加任何国际组织。如1957年拒绝了欧洲经济共同体，1986年拒绝了联合国（2002年以微弱多数通过加入），1992年拒绝了欧洲经济区协议，数次拒绝了"欧盟"……今后怎么走？瑞士是不是一如既往地如阿尔卑斯山一样特立独行？

　　无论如何，瑞士人还会用投票的方式，以多数人的意愿，哪怕只是微弱的多数，来决定自己的走向。

　　想想瑞士历史上没有皇帝，没有皇帝意志、帝王意识，流传到今天连长官意志、长官意识也没有的种种好处，谁也无须为瑞士担心。

四森林州湖旁的皮拉图斯山——远处阿尔卑斯山脉多座海拔 4000 米左右的雪峰横在眼前

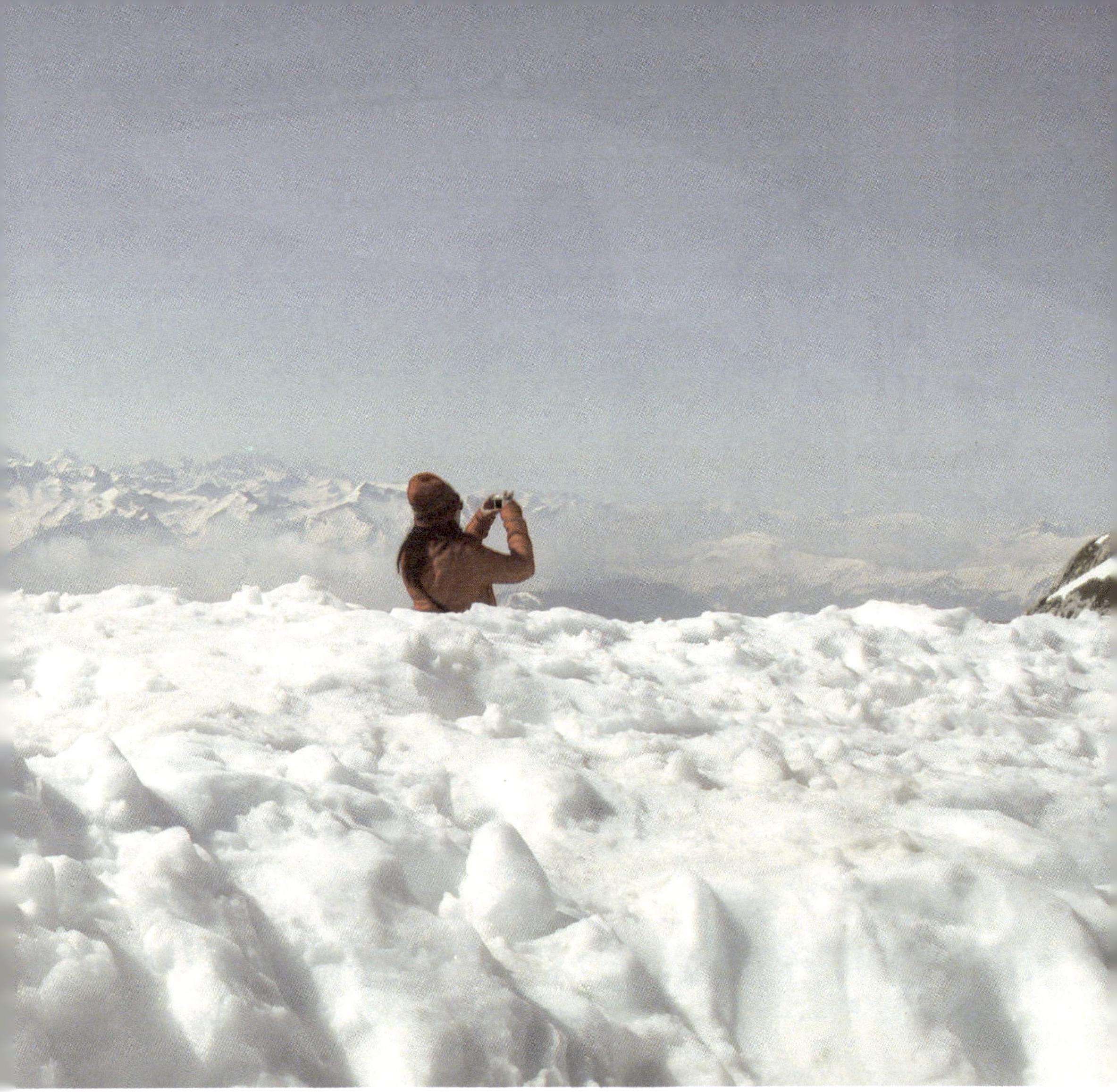

斯里兰卡

"帕拉克拉马海"边的帕拉克拉马巴胡大帝石像

岩石上的宫殿

小时候听到锡兰（据说意思是光明、富饶的土地，后来改译为斯里兰卡）这个名字，觉得这个国家一定很美丽。海明威说此地是"绿色的伊甸园"，形容不免俗套。还有人说斯里兰卡像漂浮在印度洋上的一片绿叶，比喻倒还可爱。不过从地图上看来看去，怎么看都觉得是挂在印度半岛尖尖上的一颗水珠，或者是正从半岛向印度洋滴落着的一颗优雅的水珠。

斯里兰卡的历史确实是从印度次大陆开始的。

公元前5世纪，早已在印度北方立足的雅利安人继续往南，越过海峡登上锡兰岛，于公元前377年建立了僧伽罗王国。

100年后，印度孔雀王朝的阿育王派他的儿子到这里传播佛教，受到僧伽罗国王的认同，僧伽罗人从此放弃婆罗门教，改信佛教。

公元前29年，500名从各大寺院选出的饱学高僧，将佛教经文与注释一笔一画地刻在贝叶上，历时三年，吟唱审校百余次。校订准确无误的贝叶经书，堆放起来足有七头大象那么高。

传说中的佛教传统，是说佛陀的脚印留在了这个精致的小岛上，还说从佛陀火葬的灰烬中捡取的佛牙，藏在一位公主的头发里被带到斯里兰卡。一

丹布勒岩庙

直到现在，这佛牙依然收藏在位于斯里兰卡正中、曾做过僧伽罗王朝首都的康提古城中金光闪闪的佛牙寺里，依然每天接受无数信众的顶礼膜拜。

不管怎么说，佛教成为这个国家的社会灵魂，已经是2000多年来不变的事实。所以，在斯里兰卡，到处都能看见寺庙、佛塔、佛像雕刻和人们慈善的笑容。而那些举世闻名的寺庙，大多与皇室、宫殿紧密相连，且集中在康提正北方的丹布勒、锡吉里耶、波隆纳鲁沃一带。

丹布勒的皇室岩庙历史最为悠久，也颇为奇特。在远处只能看见灰褐色的巨大岩体；拾级而上，走到近前，也不见庙宇耸立——辉煌的佛像世界藏在宽广开阔的岩洞内。

据考古证实，这样的洞穴是史前时代理想的聚居地。到了有文字记载，就和国王、佛教连在一起了。公元前1世纪，僧伽罗国王抵挡不住泰米尔人的入侵，逃离首都阿努拉德普勒，藏身于这处地势险峻的隐秘之地，并以此为据点，忍辱图强，14 年后终于收回失地。

为了纪念这处特殊的避难所、根据地，也为还愿，重登王位的国王将洞穴整修为佛庙。虽然将一个大洞穴分割成若干个空间，但最大的那个仍达 1250 平方米。由于这段奇特的历史，后来的国王们不断地整修了又整修——雕塑佛像、装置佛塔、彩绘洞壁洞顶。排在最前边的 1 号洞穴不算大，但最为重要。在坚硬的岩石上，雕刻出长达 14 米的卧佛，呈现的是佛陀辞世时的姿态，被称为"众神之首之庙"。最大的洞穴中则有近百座雕像，上千幅壁画。12 世纪的一位国王为佛像、彩绘镀金，他自己的塑像也站在了巨大的卧佛旁边。原本黑暗的洞穴因此而灯火通明、金光闪闪。于是，皇室岩庙又有了黄金岩庙、国王岩庙的称号。

在一个接一个的洞穴里欣赏一座又一座卧佛、坐佛、立佛，欣赏一幅又一幅绚烂的壁画，那感觉已经够奇妙的了，然而更不可思议的是锡吉里耶的岩庙和宫殿。

丹布勒的皇室岩庙隐含在岩石的里面，锡吉里耶的则高高矗立在岩石的上面。

不仅奇特，还留下诸多谜团。

站在丹布勒皇室岩庙的岩体上，已看得见 20 公里外的锡吉里耶。

据书中介绍，锡吉里耶是一座陡峭的巨大岩体，仿佛从天而降，坐落在干燥的土地上。国王的宫殿就建在那块巨石上。可我的眼前却满是绿色，远处的锡吉里耶好像是浮动在绿色海洋中的巨轮，怎么也想象不出宫殿或寺庙为何会建造在那样的岩石之上。

也许所有的人都会心存疑问。于是，一种说法就在所有看见锡吉里耶的人们中传来传去：公元 5 世纪的时候，统治阿努拉德普勒的国王有两个儿子，一个是皇后所生的嫡子，一个是出身低下者所生的庶子。庶子与掌握兵权的国王的侄子合谋发动政变，逼迫国王让出王位，交出全部财富。老国王把造

锡吉里耶巨岩及岩前庭院遗址

反的儿子引到贮水池边，告诉他这就是王国的财富所在。夺得王位的庶子一怒之下囚禁了父王，但又提心吊胆，生怕逃到印度的嫡子回来报仇，便命令手下寻找一处易守难攻的地方重建皇宫。

锡吉里耶这处历来的和尚隐居之地，由此被改造成国王的宫殿。

当蓝天白云映衬下横空出世的庞然大岩横在眼前的时候，当走进和攀上岩下岩上建筑遗址的时候，不管听到什么样的传说都会坚信不疑了，而且坚信曾经有过的建筑肯定超过今天的想象。

超出地面 200 米、四围陡峭的独立巨岩锡吉里耶，被 1500 年前极具想象力的建筑家们，也可能就是被那位夺得王位的庶子，因地制宜、因石制宜地当作天然的浑然一体的宫殿基石——如果那上面的建筑真是宫殿的话；并且，他们巧妙地使天设地造的锡吉里耶成为他们新的城池的核心和直冲云霄的制高点——如果那上面真是宫殿的话，就真是名副其实的天子的宫殿了。

新的城池铺排在锡吉里耶巨岩的正前面。

最外围是宽宽的护城河。从遗址基址看，城墙城门均不算高大宽敞，但石块铺出的中轴路笔直清晰地直向巍然耸立于云天的巨岩伸去，两边的庭院建筑在对称中层层递进。

第一进叫作水庭院。四座水池组成一个方庭，水池贮满水的时候，中央的平台便成为孤岛。从基址可见，平台和水池之间、水池与水池之间，应该有亭台楼阁相间相连。

第二进是喷泉庭院。池塘的水贮到一定程度，即流进蜿蜒的浅溪和地下暗道。大雨过后，便会看见溪水里喷出突突的水柱。

第三进称作砾石庭院。在巨岩的脚下，那些散落的砾石其实是很大很大的石块，但在这里并不特别显眼，仿佛是通天巨人般的巨岩突然拔地而起时被抖落下来的沙石一样。穿行在看似没什么规章的大石块之间，从切凿的痕迹中发现，这些砾石曾经是支撑为数甚多的参差建筑的结构性基础。在与此相连的巨岩底部，大小不等的一个个洞穴中，还能看到公元前装饰的灰泥、壁画、文字。

第四进已是锡吉里耶巨岩的下半部分了。向上攀登的阶梯、倾斜的坡道，经过长约200多米的洞穴"艺廊"与"镜墙"，一直通往距顶端约百米的狮爪平台。

悬在巨岩中腰、延续140米的洞穴壁画，是斯里兰卡文化的骄傲。现在能够直接面对的21位姿态优雅，或撒花瓣，或捧鲜花，或托果盘，色彩仍很艳丽的女性半身画像，只是5世纪绘制之初500位美女画像中极少的一部分。有人说画的是那位发动政变夺得王位的国王的众多妻妾。如此夸张不大可能，学者的考证是女众神像。想想吧，长140米，宽40米，夕阳的光芒照亮了色彩缤纷的整个洞穴，500位女神凌空飘浮在画内与画外的云雾之中，那是怎样的辉煌灿烂啊！

（上）岩半壁画
（下）狮爪平台

那面数十米长的"镜墙"也不得了。用石灰、蜜蜡和野生蜂蜜混合而成的涂料涂抹的围墙，护卫着岩壁的狭窄通道。光洁如镜的墙面上，留下最早可追溯到 7 世纪的文字。这些断断续续的文字大多是赞美锡吉里耶和女神壁画的诗篇，时间跨度近 8 个世纪，是研究僧伽罗语言、文字与文学的重要依据，其中的 685 首诗歌已被整理成册正式出版。

位于巨岩正北的狮爪平台是攀登顶峰的最后一站。

站在考古发掘出的两个巨大的狮爪前，简直想象不出这两只狮子当初到底有多大。

狮子一直是僧伽罗王朝最重要的象征，也是锡吉里耶又叫狮子岩的原因。

从两个狮爪形成的入口进入，攀援着悬挂和雕凿在岩石上的"之"字形陡峭阶梯，终于站在了在远处看来可望而不可即的锡吉里耶的最高处。

巨岩顶上的面积比在下面时想象的大得多。资料介绍有 1.6 万平方米。

这么大的面积几乎全部被规划有序、错落有致的建筑遗址覆盖。主体是红砖砌就的方形房址，另有小型花园和较大的蓄水池，还有石台石座等。

说是当时新建的王宫也有可能，说是早有的寺院也有道理。我想更大的可能是先有寺院，后改建为备用的王宫。

国王也不傻，平安时在岩下的水庭宫殿中享乐，危急时才撤到岩顶避难。

独立岩顶四望，四下里绿野平缓。刚刚走过的岩下的城垣遗址、中轴御道、水庭院、狮爪台历历在眼下。

按照传说，1500 年前，建造于数百米高的悬崖峭壁上的上万平方米的空中宫殿和建造于巨岩下的面积更大、功能齐备的崭新的宫城，只用了 7 年的时间，真是不可思议。不过，说是宫殿落成 6 年后，那位逃走的国王嫡子率领泰米尔大军前来复仇讨伐，这位篡权的庶子国王只有自杀了断，那情形，倒是可以想见的。因为基本用不着大动干戈，只要把躲在巨岩上面的国王团团围定，断粮断水，国王若不自杀，饿死之前就渴死了。看来，这位愚蠢的儿子，根本没有去理解老国王关于"水就是这个国家的财富"的告诫。

僧伽罗王朝古都波隆纳鲁沃宫殿遗址、佛教建筑遗址

　　对于斯里兰卡来说，虽为岛国，水却是极为重要的战略资源。历史上尤其如此。历代国王都会大建蓄水池，所以，所到之处，见到的蓄水池几乎和寺院、佛塔一样多，甚至更多。

　　我又想起刚刚离开的距锡吉里耶不算远的僧伽罗王朝古都波隆纳鲁沃。

　　那里保存有长4公里，宽3公里的古城遗址。城堡、皇宫宫殿群、寺庙群、佛塔，规模宏大，样样俱全。印象很深的是，凡有建筑遗址处即有蓄水池遗址。正是因为有数量众多的蓄水池，所以早在公元前3世纪的时候，那个地方就成为中北部干旱地区的农业经济中心，11—13世纪成为僧伽罗王朝首都。

　　12世纪帕拉克拉马巴胡大帝最伟大的功绩，也是留给后人、一直流传到今天的伟大遗产，是在他主持下将一个蓄水池拓展为小水库，将一个小水库又拓展为大湖泊。

这个湖泊的名字就叫"帕拉克拉马海"。

"帕拉克拉马海"面积 24 平方公里，灌溉面积 70 余平方公里，堤长 13 公里，堤岸上每隔一段有题刻记载。我们就是沿着"海"转过来的。途中特地去了宫殿遗址不远的"海"边，去看一座静静地庄严地站立着的石像。

石像高 3.5 米，雕立于 12 世纪，传说即为帕拉克拉马巴胡大帝的雕像。

大帝的宫殿、寺院很宏伟、很喧哗，但统统残破了；"海"边的大帝虽然孤独，却很亲切。在距大帝雕像不远处更靠近"海"的地方，我看见一位白衣白须的矍铄老人，正凝望着波光粼粼的水面，浓荫里黑色的眼睛闪闪发亮。

想到大帝的雕像和那位白衣老者，巨岩顶上到底是寺庙还是宫殿已经无关紧要了。

历史将历史过滤为文化。

可见可观的遗迹和流传不息的故事，往往被抽象为某种文化的代表。人们总是选取有价值的遗址赋予记忆纪念的意义。

在锡吉里耶附近一家半露天的餐厅吃饭的时候，我发现这个餐厅别致得很，设计感极强，而其设计的核心，是找到餐厅与锡吉里耶最佳的位置关系与最好的视角感觉。他们做到了。坐在这样的餐厅里，你会真切地感觉到自己、餐厅与那座傲然特立于世、堪称斯里兰卡文化代表的巨岩的互为审美的关系。

也许是有着从公元之前就开始的刻吟"贝叶经"的传统，斯里兰卡对于国民教育的普及高度重视。从 1947 年开始，国家就实行幼儿到大学的免费教育。到 1980 年，10 年级以下的学生一律免费发放教材和校服。就从这个普通的旅游餐厅里，我真切地感受到了一个国家重视教育、普及教育的微妙之处——对文化的尊重和文化的素养已经渗透到了日常活动的审美自觉之中。

僧伽罗王朝古都波隆纳鲁沃遗址

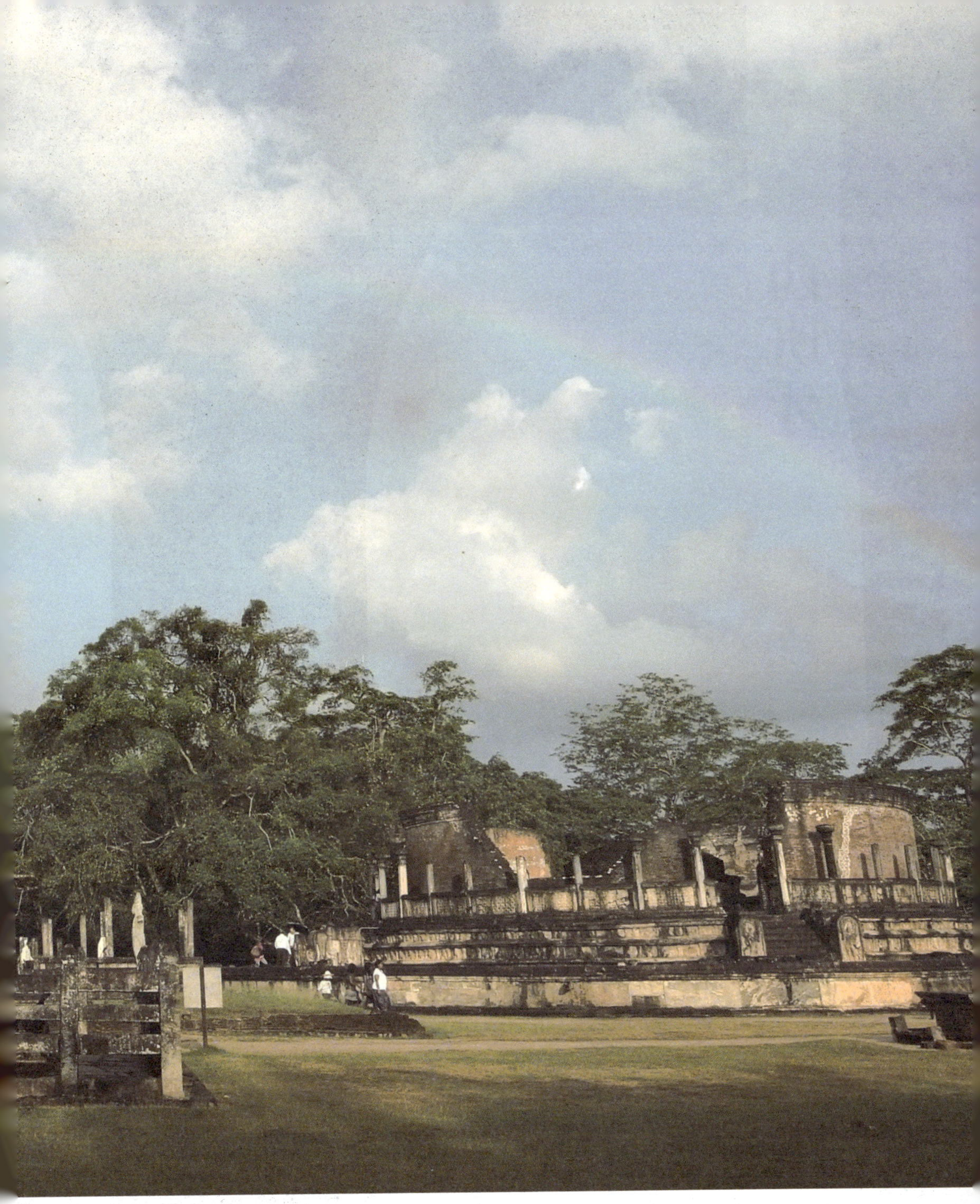

西班牙

塞哥维亚城堡式宫殿窗外

壹

输水渠与古城堡

西班牙现在还有国王,但在纪元之初并没有自己的国王。

公元前218年,罗马人开始进攻西班牙,耗费了大约200年的工夫,罗马皇帝奥古斯都才让西班牙成为罗马的一个省份。虽然花了极大的气力,毕竟是罗马帝国,有的是傲气与力量,那座举世瞩目、傲气十足的输水渠就是明证。

已经过去了2000多年,今天的人们,凡是到过塞哥维亚古城堡的人们,会永远记住那座悬在半空中的输水渠,就像到过罗马的人留下最深印象的是斗兽场一样。不过,在我的感觉中,虽说同样是罗马帝国的遗产,输水渠给我的印象却远远超过了斗兽场。

塞哥维亚距马德里不到百公里。

初冬时节,从马德里往北,翻越瓜达拉马山的时候,还有稀疏的细雨夹带着凌乱的碎雪断续地飘落。一到山那边的高原上,西班牙的阳光又照样灿烂起来。

在很远处就看得见坐落在两河交汇处陡峭河岸上被太阳照耀得格外醒目的塞哥维亚古城了。然而,当汽车直达那座悬在城市上空的输水渠前时,似

塞哥维亚古罗马输水渠，约建于公元 50 年前后

乎这座城市里所有的建筑突然消失了。

难以想象。用灰色花岗石垒起来的高高的长长的庞大建筑物横陈在碧蓝的天空中，如果没有人介绍，我想谁也不会想到这就是 2000 年前建造起来的输水渠。

土地在它下面延伸，城市在它下面铺排，人们从它下面走过，车辆从它下面开过——你根本不敢想象，须抬头仰望的石块垒成的水渠里，一渠清水哗啦啦地流淌了 2000 年。

攻城掠地的罗马人占领并毁坏了塞哥维亚，但很快又像主人似的认真负责地建造一座适宜生存的城市。罗马人知道，在干旱的地方，在足以保证具有战略优势的陡峭的高地上，建造攻守皆备的城堡，水是最重要的。

为了这座城堡的存在与坚守，必须从 16 公里外的远处开一条水渠将水引到此地。进入市区之后，必须有 275 米的渠道从空中越过城中的低洼处。于是，148 个高出地面数十米的石拱，把 275 米长的石渠高高地举在空中。中间地面最低部分的石拱是双层的，高约 30 米，十几层楼房那么高。

数百米外有两台起重机正在忙碌着建造一座与庞大的输水渠比起来很不起眼的楼房。来回转动的起重机的长臂仿佛在告诉人们：2000 年前并没有现在的运输工具，没有现在的起重设备，没有水泥之类的黏合材料——仰望水渠之后的人们因此而惊诧不已地仔细打量着、抚摸着一块又一块深色的花岗石。人们也为发现了组成石拱、托起石渠的无数花岗石之间没有使用任何黏合材料而更加惊诧不已。

人们惊诧如此宏伟的构建，居然能够就这样简单地屹立起来，竟然能够2000 年巍然矗立风雨不动。人们还发现了那些露出来的石块早已没有了尖棱尖角，抚摸起来有一种柔和的感觉。有人说那是被 2000 年的雨水冲刷的。但西班牙的雨水很少，应该说是被 2000 年的风吹拂得没了棱角。柔和的石块组成一个连接一个的柔和的石拱，柔和的石拱托举着延绵的石渠。无论从哪个角度看，正面侧面，高处低处，俯视仰视，都有一种神奇的感受。

长长的高高的柔和的直线与曲线组成的图形，异常清晰地投印在石拱石桥下的地面上。太阳光很强，浓重的投影看着看着变成了深蓝色。深蓝色的影子与石拱石桥组合成浓淡虚实的多维影像，又与影像中专心致志地写生作画的艺术家一起慢慢地移动着变化着。此情此景，真让人不忍离去。

自从有了这样的输水渠，有了这样哗哗流水的浇灌，这座城市就开始蓬蓬勃勃地生长。

站在高处眺望，古老的城堡完全是以悬在空中的输水渠为中心发展起来的。

罗马人建起了输水渠，也为城堡划定了基准线。没有罗马人的输水渠，就没有这座城堡。

从城内看建立在古城最突出最险要处的王宫

　　罗马人之后，阿拉伯人统治了不算短的时期。直到 11 世纪，完全征服了阿拉伯人的阿方索六世重新控制了这个地方，塞哥维亚从此进入了政治稳定经济繁荣发展的时期。这个时期建造的环绕整个古城的防御体系被完整地保存至今。

　　随地就势布局的古城形似橄榄。国王的宫殿如武士般威猛地屹立在最突出最险要的尖角上。沿着石拱上的石渠往前，穿过古老的街道，就看见宫殿高高的圆顶和尖顶。

　　宫殿的三面是深下去的峭壁，从正面进入也必须通过一座架在同样深的壕沟上的吊桥。当年的宫殿现已成为向公众开放的博物馆。展室里，那个时代的人与马的铠甲铮铮闪光，刀剑长矛锋利无比，一派无坚不摧的豪迈气势。

　　从国王的窗口望出去，城堡外的开阔地带尽收眼底，更觉得王宫的确建造在足以控制城堡内外的显要位置上。遥想当年，窗外的风景定然不是眼前油画般的静谧温馨，更多是铁马金戈风烟滚滚，所以才有如此壁垒森严的宫殿式城堡，城堡式宫殿。

13—15世纪，卡斯蒂利亚的几代国王都定都塞哥维亚。著名的伊莎贝拉女王于1474年在此登基。她与她的继承了阿拉贡王位的丈夫费迪南德共同治理两个王国，王权得到了大大强化。长期以来穆斯林西班牙与基督教西班牙的拉锯式对抗结束了，统一的基督教西班牙形成了，因而被称为"天主教国王"。离王宫不远，与王宫的圆顶相互守望的就是始建于11世纪，完成于16世纪的哥特式主教堂的华美尖顶。这座宏伟的大教堂因此而成为塞哥维亚又一处著名的历史见证。

塞哥维亚往南不远，也就五六十公里的距离，是至今仍然保持着中世纪古朴风貌的阿维拉古城堡。

在这里，城堡与宫殿与教堂的关系更为典型。

据说因为圣人泰雷萨出生于此、宗教大审判长托尔克马达埋葬于此，阿维拉被称为"圣人和石头之城"。

阿维拉最早的教堂是公元之初罗马人建造的，完整的城堡出现于11世纪。阿方索六世在修建塞哥维亚王宫的时候，为了巩固来之不易的征服阿拉伯人的战果，特地选派一批西班牙最优秀的骑士到此，开始修建一个军事重地所需要具备的一切防御工事。

国王的命令是必须建成基督教王国里最坚固的堡垒。纵长的阿维拉城堡占据了高原与河流之间的地带，完全用石头砌起来的9道城门和82座与城墙连在一起的堡垒，共同组成2.5公里长的铁桶般的防御城墙。城市中心处的城墙内侧，是一道壮观的石壁景观，建于12—14世纪的大教堂嵌在石壁上。教堂的正面对着城内的广场，背面与城墙结为一体。高耸入云的塔楼在82座堡垒中独立挺拔，犹如率领和指挥舰队的旗舰——处于基督教王国与伊斯兰王国的交接地，作为教堂的宗教作用与特殊的军事防御功能紧密相连——一座名副其实的"圣人与石头之城"。

王宫下方通往外界的道路，当年应是车马奔走，
尘土飞扬

这座世界闻名的中世纪防卫城市的典范，其最具标志性的城墙至今完整无缺。

马德里南 70 公里处的托莱多古城堡，从远处看起来，就是一座耸立在岩石上的军事要塞。

和塞哥维亚、阿维拉一样，它也曾经在罗马人的治下。不同的是，6 世纪前后，托莱多成为西哥特王国的首都。7 世纪建起的大教堂，从 8 世纪开始被穆斯林统治了大约 3 个世纪。11 世纪以后，作为西班牙宫廷的所在地之一，托莱多成为卡斯里蒂亚王国最大的政治和社会中心。16 世纪，这里则是查理五世领导的最高权力机构临时所在地。托莱多是西班牙历史的一个缩影，曾获得"帝国皇冠城市"的美称。

不只是托莱多，也不仅仅是塞哥维亚、阿维拉，西班牙土地上所有宫殿式的城堡或城堡式的宫殿，无疑都是战争与争夺的产物。

罗马人来了，走了；哥特人来了，走了；摩尔人来了，走了；阿拉伯人来了，走了——对于如我这样不大熟悉乱麻般纠扯缠绕的西班牙历史的人们来说，只记得这些地方的城堡、宫殿、教堂，总是在来了、走了，又来了、又走了的循环中不断地在建、在毁、在修、在补，但结果总是一样的——城堡与宫殿，还有教堂，却是越来越复杂了、越来越牢固了、越来越堂皇了。不过，再坚固再牢靠也不管用，还是会一毁再毁，但还是要一修再修。不管用也要修。

或许这正是历史延续、文化积淀的宿命。

托莱多由此成功地保持多种风貌长达 2000 年之久。

当我在看得出是在岩石上开出来的不规则的、杂密曲折的、由小路和死巷组成的街道中转来转去的时候，当不同风格、不同色彩、不同时代的建筑景观让人眼花缭乱的时候，我真切地感觉到，这正是在同一环境里产生和包容了多种文化的托莱多的独特魅力所在。

尤其是这里的几种主要的宗教——犹太教、基督教、伊斯兰教——同处

有着华美尖顶的塞哥维亚哥特式主教堂

共存，不同的教派教徒比邻而居，对多元文化艺术的存在与发展起到了很大的推动作用。

为了保存继承独特的多元文化艺术风貌，被确定为世界文化遗产的今天的托莱多，不仅不准拆毁古建筑，也不准修建任何新式样的建筑。法律规定，所有的新装修必须采用11—14世纪的外观式样。因此，托莱多古城堡不会消失。托莱多古城堡所体现的西班牙文化的重要特征，会不断地给人们新的启示。

站在托莱多城外的高地上，可清楚地看得出古城堡的东、南、西三面被塔霍河的清流环绕着。

我想，这座2000年的城堡和西班牙所有的城堡一样，用三面的流水或沟壑封锁自己的孤独。可是，无论有过多久的拒绝，经过多久的守护，总有一扇门——罗马人的、阿拉伯人的、西班牙人的——一起开向遥远的起伏。

可以进来，可以出去，不管这城堡移动到哪里、停留在何处。

这让我又想到了塞哥维亚的输水渠。

2000多年来，城堡、宫殿、教堂，时建时毁，时毁时建，唯独输水渠自打横空出世以来，不论什么人占领了那个地方，从来没有哪一位对它动过毁坏的念头。相反，都在小心翼翼地倍加呵护。

是的，被流水和沟壑封锁的城堡会感到孤独。输水渠不会，它永远亲近与被亲近。这样的遗产真是值得所有的人永远抬头仰望。

我又记起我站在输水渠下抬头仰望的那一刻。那一刻，与输水渠同时期的秦始皇兵马俑突然出现在我的眼前。我还记得当时顺口溜出的打油诗："罗马石渠秦陶俑，东西造作是不同；你修教堂我造庙，谁为私来谁为公。"

当我意识到我是从是否对社会对公众有益有利的角度，从是为了死人还是为了活人的角度作价值判断时，立刻又想到，东西方的不同，绝不能由一两件事论定。事实上，还是在罗马人修水渠的那个时候，中国人就在四川修建了都江堰，在广西修建了灵渠；而且与战争无关，是比罗马的输水渠更为单纯伟大的、为民众为社会的水利工程。并且，2000年来一直在发挥着巨大的作用。它们虽然没有塞哥维亚输水渠那样的视觉冲击效果，实际作用却比塞哥维亚的输水渠大得多，并更能经得起任何历史的考验，就连汶川那样的大地震，也丝毫没影响其久远而巨大作用的发挥。

托莱多古城

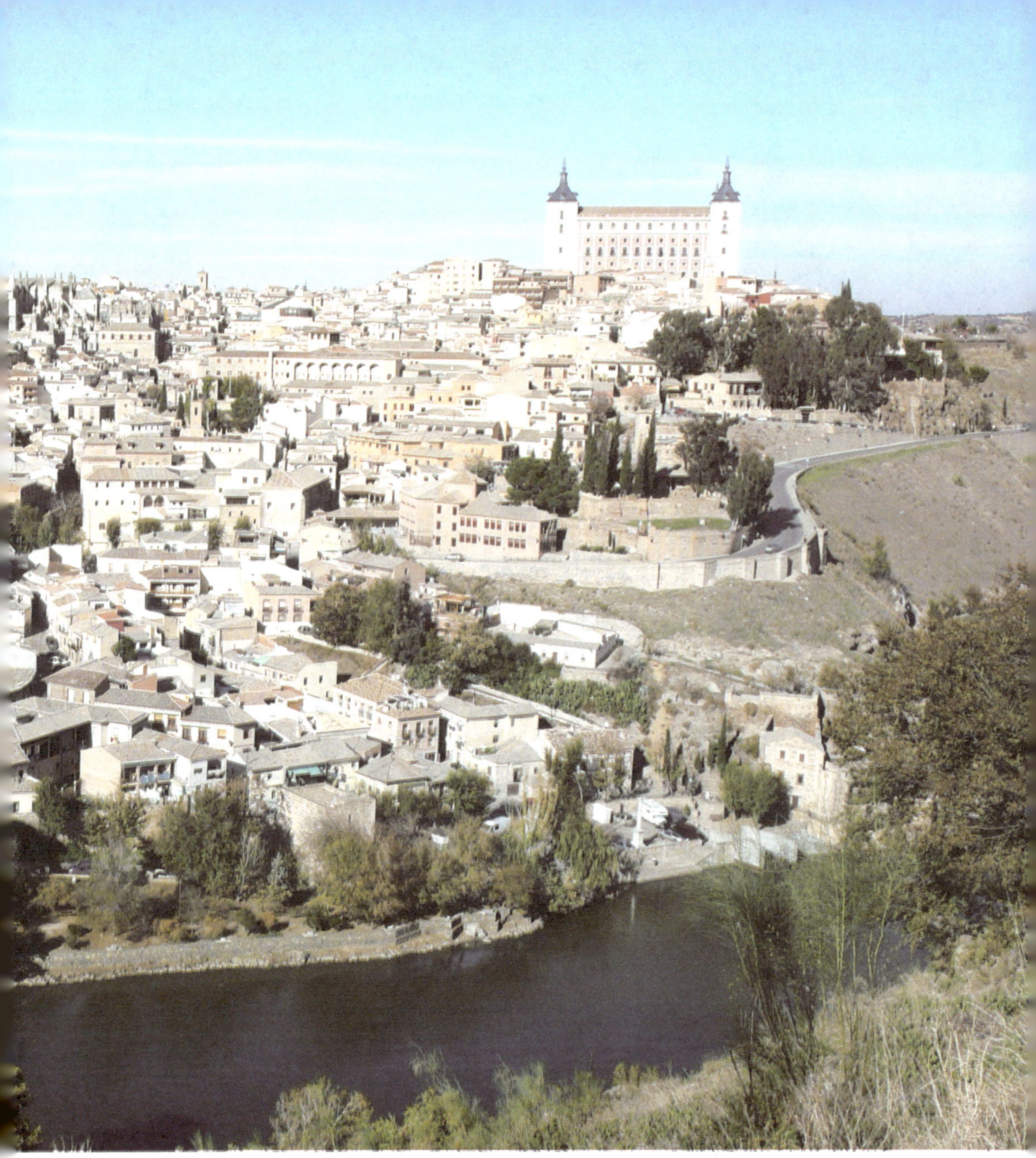

马德里皇宫对面的阿尔穆戴娜主教堂

贰

皇帝的影子

城堡自有城堡的优势,城堡也有城堡的局限。

在争夺守护、战争频繁的时期,帝王们都在拼命地修建牢固的城堡;在国家稳定、繁荣发展的时期,则需要兴建宏大的城市。

西班牙的托莱多与马德里虽然相距不足百公里,但一衰一兴正是这样的结果。

在相当长的时间,马德里只是保卫托莱多和塔霍河流域的一道屏障。一直到奥地利王朝雄踞欧洲,1560年菲利普二世把首都从托莱多迁往马德里之后,马德里才迅速地发展起来。

正如古老的城堡作为遗产特色留给人们的是封闭的城墙一样,新兴的城市留给人们的则是开放的广场。

马德里的广场很多,其中有两个最为著名:一个是老的,叫马约广场;另一个新一些,叫西班牙广场。两个广场的出现前后相距约300百年。

叫作马约广场的老广场,不仅老,且大。西班牙语"马约"就是"大"或者"主要"的意思。

马约广场由菲利普二世下令修建,菲利普三世扩建。现在仍然竖立在广

(上)马约广场旁再建于18世纪的马德里皇宫,皇宫前后均有开阔的广场

(下)建于18世纪的普拉多美术馆,是世界著名美术馆之一,收藏、展出维拉斯盖茨、戈雅的许多名作

场中央骑着马的青铜塑像，塑的是菲利普三世。马的嘴巴原来是张开着的，后来发现有鸟儿能飞进去却飞不出来，便让马的嘴巴闭上了。

马约广场是皇帝的广场，也是市民的广场，从曾经有过的不同名称就看得出来，如宪法广场、皇家广场、共和广场、联邦广场等。

马约广场是马德里许多重大事件发生的地方。这里既举行过封圣仪式，也处决过犯人，还做过斗牛场，现在是马德里人和来马德里的人们游览、休闲、餐饮的极好去处。轻轻松松地坐在开阔的广场上，吃点，喝点，看看四面的风景，聊聊马德里的过去和现在，是一种非常惬意的享受。

距马约广场不远的皇宫的前面和后面，也有很大很大的广场。

留存到今的皇宫建于18世纪，是在原来的皇宫毁于大火之后修建的。整个工程持续了30年。皇宫落成时，宫殿的顶部高高地竖立着历代西班牙国王的塑像。据说有位皇后梦见有一尊塑像掉下来，正巧砸到了当时的国王，于是这些站在宫殿顶部高高在上的国王们便被转移到广场上、公园里或其他城市去了。

宏伟开阔的皇宫，现在已经不是皇家的宅邸了。不过，王室的接待活动还会在这里举行，但并不妨碍游人出入参观，更不妨碍人们在空荡荡的广场里随意行走。

只要有可能，帝王们都会把自己的广场铺排得特别大。城里毕竟会受到些限制，在城外找一块地方便自由得多。所以，行宫的广场更广阔。

西班牙一年里阳光照射超过300天，是欧洲著名的太阳之国。有谚云：到西班牙花钱买太阳。艳阳高照、气候干燥自不待说，这大概也是伊比利亚半岛处处被冬日下暗绿低矮的橄榄树覆盖的原因。然而，马德里南约50公里处的阿兰胡埃斯，却是另一番景象。虽是冬天，这个地方依然森林繁茂，红叶黄叶满目，绿茵遍地。

菲利普二世在建都马德里的时候，便将这块难得的绿洲划作兴建行宫的领地；到17世纪，已经整修成皇家的夏宫和狩猎驻地；18世纪皇后兴建的宫殿既奢华又温馨，室内装饰具有东方情调，园林则是典型的法国巴洛克风格。

以王宫和园林闻名的阿兰胡埃斯文化景观

宫殿前面的雕塑、喷水池、整齐的花草树木搭配成精致的几何图案。宫殿左侧，幽深的河水从遥不可及的远方穿过茂密的树丛潺潺而来。宫殿旁便有了湖水荡漾，白鹅成群——堂皇的皇家建筑与迤逦的自然风光组合出别致的景观。

不过，给我印象最深的，还是宫殿右侧长长的卫队兵营前黄沙铺就的平展展的操场。足有两个足球场那么大的操场，与宫殿后面宽宽的大道、绿色的草坪组成的平坦的广场连为一体，再与后面茂密的森林连为一体。森林中间是同样黄沙铺就的望不到尽头的好几条林荫大道、林间小道——皇帝的广场看起来大得简直没有边际。

这使我立刻想到巴塞罗那。

巴塞罗那连接地中海的出海口处，哥伦布的雕像高高地站立在高高的柱子上。哥伦布伸手遥指处，大约是美洲方向。雕像的周围虽然不再是广阔的广场，可谁都知道，哥伦布的广场是浩瀚的大海。但同样谁都知道，塑像虽是哥伦布，但浩瀚的大海到头来还是西班牙皇帝的"广场"。

阿兰胡埃斯文化景观

哥伦布确实非凡无比，他的行动打开了人类的眼界。然而就他本人而言，从十几岁开始，注定只是一位肆无忌惮的海上漂泊者。哥伦布终其一生的行动就是海上冒险，挑战自然与自我，寻找新大陆。他的梦想就是发现，他的理想就是将他衷心信仰的基督教传布于所有的发现地。他百折不挠的大无畏精神就是从这里生发出来的。而作为国家统治者的行动，作为争夺天下的国王的梦想，则是对领土与财富的渴望、征服与夺取。二者之间在精神取向上的共同点，使得哥伦布得到了与他同一年出生，用武力、用基督教统一了西班牙的伊莎贝拉女王的大力支持。

当四面碰壁的哥伦布在几乎走投无路之时，西班牙国王封他为大西洋海军元帅，下令所有水手听命于他，准许他担任未来所有发现的岛屿和陆地的总督，新发现土地上的产品1/10归他所有。虽然这是空头支票——国王同时下令只许成功不许失败，否则一切赏赐皆作废——但对哥伦布来说，只要能扬帆海上，足矣。

伊莎贝拉女王在关键时刻的支持起了决定性作用。也许是为了强化这作

马德里西班牙广场塞万提斯纪念碑

用，后来还有言传，说女王用自己的珠宝首饰弥补了哥伦布探险经费的不足。最终的结果是，女王死后，哥伦布失宠。两年后，哥伦布在挫败与潦倒中也死了。然而，西班牙却由此取得好几个世纪海上霸权、殖民强国的地位。

哥伦布既给西班牙带来了滚滚财富，也给西班牙带来了血腥掠夺的恶名。西班牙的殖民之梦彻底破灭后，战乱不断，最终陷入外侵内战的泥潭。曾是首席宫廷画家的伟大的戈雅用他的写实艺术记录和保留了西班牙18世纪与19世纪之交的苦痛。毕加索用他的现代艺术，让西班牙20世纪的苦痛与自己的名字永远连在一起。

不管怎么样，哥伦布还是被后来的人们尊重和纪念。矗立在地中海边的雕像朝晖夕映中看起来总是充满无限的激情。几百年过去了，流传至今的是经过时间过滤而愈加单纯鲜明的一往无前的探索、发现、奋斗的精神。

说到哥伦布的精神遗产，塞万提斯功不可没。但单说塞万提斯历尽磨难的一生，实在是西班牙海上扩张的牺牲品。也许正因如此，他的堂吉诃德才把那么一种西班牙精神发挥到极致。虽然一切源自幻想与冲动，但正是这种荒唐里的理智，可笑中的人文主义，错乱下的执着，非理性中的理性，把锄强扶弱，见义勇为，为民主、自由、平等、理想赴汤蹈火奋不顾身的精神宣泄得淋漓尽致。

塞万提斯留给西班牙的是比黄金更有价值更久远的精神财富。

塞万提斯更值得纪念。马德里的西班牙广场，就是19世纪为纪念塞万提斯诞辰300年，在马德里的一处荒芜的高地上落成的——那时的马德里大约已经不大容易找得到足够大的空地了。比起皇帝们自家的广场，西班牙广场显然不算大，但纪念碑雄伟高大。

塞万提斯端坐在纪念碑一侧的正中，十分严肃地俯视着他脚下平台上瘦高的堂吉诃德和矮胖的桑丘；手执长矛的堂吉诃德同样十分严肃地望着前方，又好像十分严肃地看着并指向面前水池中自己的和忠实的桑丘的倒影——无比完美的纪念构成。

可是，不知道为什么，在纪念碑的另一侧，与塞万提斯背对的那个位置，

主要按照高迪的设计，建造了100多年且还在继续建造的"圣家堂"

端坐着伊莎贝拉女王。

是塞万提斯有着与伊莎贝拉女王同等的历史地位与贡献？还是伊莎贝拉女王与塞万提斯有着同等的地位与贡献？还是有了伊莎贝拉才有塞万提斯？抑或其他什么意思？

是不是因为伊莎贝拉女王在西班牙历史上发挥了重要作用而备受西班牙人的爱戴？比如经她之手建立起统一的西班牙基督教王国，比如她力排众议坚定地支持哥伦布寻找新大陆等。当然啦，像这样的事情有一两件就足够了。我想，更重要的可能是伊莎贝拉以一国之主拥有的权力与威望，热心于国家教育事业。西班牙的许多学者受到她的鼓励扶持。她本人好学不倦，30多岁以后还学习拉丁文。还有西班牙文字的历史、西班牙官方语言的统一，都与她密切相关。

所以，纪念伟大的作家塞万提斯，不能不牢记伊莎贝拉。我注意到，女王塑像下方很大的圆形喷泉喷涌不息。纪念一位伟大的作家拉上一位有为的帝王作陪，或者说把作家与国王放在同等的位置上纪念，这样的纪念方式，大概只有西班牙人才想得出来并做得到。

更让我感动，并让我至今仍时常想起的，是雄伟的纪念碑最上方的一组雕塑：在塞万提斯和伊莎贝拉头顶上方的最高最中心处，仿佛是从二人头顶上升起来一个圆圆的大月亮；大月亮四周围坐着一圈妙龄少女，少女们正在月光下安安静静地读书——多么令人陶醉的情景！

是在证明伊莎贝拉和塞万提斯的意义吗？是在告诉人们西班牙为什么会有那么多出色的文学家艺术家，会有那么多迷人的文学艺术吗？

塞万提斯、委拉斯开兹、戈雅、毕加索、米罗、达利……对了，还有那个堂吉诃德般的建筑艺术家高迪，那个创造幻想、创造神秘的建筑诗人高迪！

到西班牙的人，一定不会放过到巴塞罗那领略高迪艺术的机会，一定会去欣赏高迪那些早已成为巴塞罗那标志性建筑的艺术佳作。如古艾公园、巴约之家、米腊之家等等。尤其是建了100多年还在继续建造的"圣家堂"，那里简直是建筑艺术的天堂、建筑实验艺术的广场。

高迪的晚年，1916—1924年，处于孤独与愤世嫉俗中，他将全部身心投入到早已接手的原名叫"贫者的大教堂"的建造之中。

高迪灵魂中生长着的神圣的狂热越来越无止境了，"圣家堂"注定是他无法完成的建筑。

1926年6月7日，高迪在走向"圣家堂"的路上，一辆有轨电车撞倒了他，带走了他的生命。从那以后，"圣家堂"吸引着世界各地的建筑艺术家继续高迪的创造，一直到现在。

在巴塞罗那，我凝视着林立的由植物、动物、人物组成的高高的大教堂的尖塔和横在尖塔间的大吊车的长长的吊臂，忽然又想到了马德里的西班牙广场，想到了堂吉诃德的长矛与风车。

位于巴塞罗那格拉西亚大道上的巴约之家，代表高迪生动的现代派风格

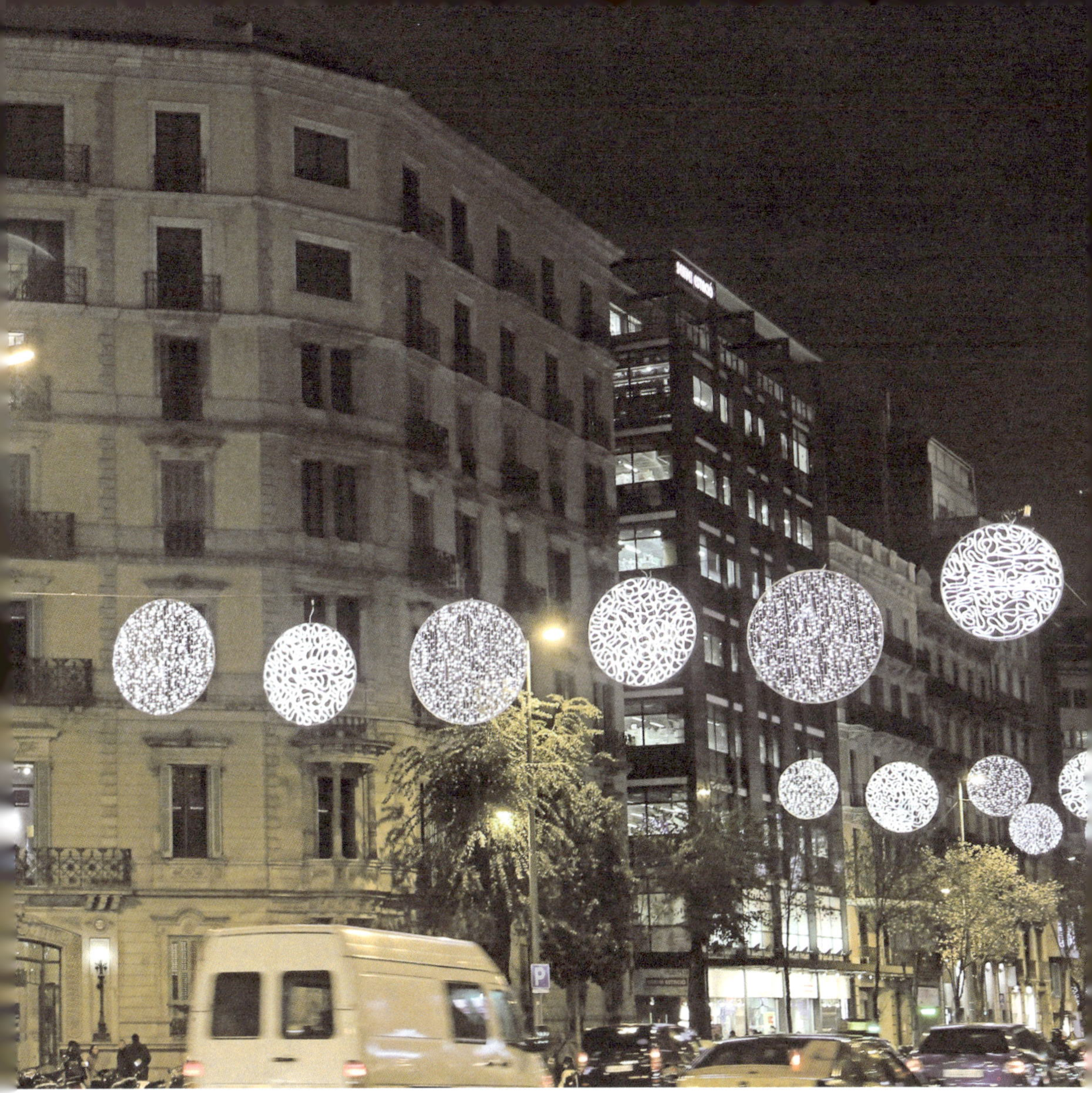

意大利

建于12世纪、伸向碧海中的奥沃城堡

壹
皇宫在庞贝旁

从庞贝古城废墟出来,一直思考一个问题:庞贝城消失在公元初,庞贝废墟发现在18世纪,在其间如此之长的岁月里,谁知道庞贝的存在呢?

在它的旁边,当时与它相互守望的城区还在,但城市早已不知发生了多大的变化。又有新的城市出现了,也早已成为古城。它们之间,谁知道谁呢?

掩埋了庞贝的维苏威火山,终日云遮雾罩。据说这活火山又到了活跃期。政府已经动员居民搬迁,并有搬迁补贴。但周边的居民似乎无动于衷:是因为看见了这么大的一座城市的被掩埋和被发现,才无动于衷的吗?

那不勒斯就在庞贝的旁边。

这座位于意大利南部的著名城市,虽然不以皇城皇宫著称,但却是拥有宫殿和教堂最多的城市之一。

那不勒斯三面环山,一面临海,山不大,亦无名,海湾却是全世界最优美的海湾之一。

沿着海湾的滨海大道往前,稍稍转个弯,一座伸向碧波中蓝天下的黑褐色的古堡突然出现。

看过去不像是古堡,倒很像一座无比巨大的岩石砍削或水泥浇筑的军事

海湾对面，白云缭绕着的，便是掩埋了庞贝的维苏威火山

要塞。不知是在训练还是在比赛，古堡一侧的海面上，排成好几队的白色帆船在太阳下闪闪发亮。五颜六色的大片帆影让逆光中的黑褐色古堡更为神秘，更显荒蛮之气。

可是，那不勒斯人一定觉得这座叫作奥沃城堡的古堡格外亲切。他们作词谱曲歌唱他们的古堡。他们要用歌声让所有看见古堡的人相信，这城堡真的是风情万种。

但我相信大部分外来者和我一样，看一眼就会觉得它是一座坚固牢靠的历史见证。8—11世纪，海湾一带就是那不勒斯公国的首都了。12世纪，法国人统治下的西西里王国吞并了那不勒斯公国。那时候，此地还只是海湾边的一个小小的渔村。西西里国王在伸向大海的礁石上建起了这座雄伟的城堡，让它雄赳赳地守卫着美丽的海湾，眺望着海湾对面的维苏威火山。

在既雄伟又神秘的奥沃城堡下的另一侧，在必须仰头才能看到顶端的高耸的石头城墙下，散布着一处挨着一处的食店。每家店铺前排列着的水具里，种种海鲜游动，谁都不会怀疑，几个小时之前，它们还游动在数步之外的碧蓝的海水里。

这里是有名的品尝海鲜的地方，刚刚从那不勒斯湾捕获的极新鲜的海鱼贝类绝对值得一尝。用熟透的西红柿制作的最初形态的意大利面条，也是此地一绝。还有比萨，正宗的意大利比萨，不是现代加工法制作的，而是传统的用土豆和奶酪制成，用烧红的木炭烤出来的那种。也许是海湾的空气好，也许是那不勒斯的水最适合做比萨，据说咬一口刚刚出炉的这样的比萨，才能真正感受到确实到了那不勒斯。

比萨如今已经成为普及的平民食品，而当时却是很受宫廷欢迎的高级食品。波旁家族的玛格丽特公主主办过比萨大赛，获一等奖的比萨饼以她的名字命名为玛格丽特比萨饼。

古堡下的海鲜、熟透的西红柿制作的意大利面、传统的比萨，无疑都是那不勒斯人歌声中风情万种中的重要内容。虽然称得上个个风味独特，但此中的味道，绝对比不上站在碧蓝的大海边，凝望海湾对面的维苏威火山和火山下的庞贝废墟的那种味道来的浓烈。

古堡建起来的时候，海湾那边的庞贝已被掩埋了 2000 年以上。

关于被一直称作一个"城市"的庞贝的记忆和传说，大概早已被海风海浪淘洗吹拂得无影无踪。因为 1000 年的时间毕竟太长了。那片曾经繁荣的地方，早已被一岁一枯荣的荒草覆盖过 1000 次。

我想，800 年前在这个地方建造这座城堡的人们，可能没有一个人知道海湾对面曾经有过一座繁华的城市。如果不是发现并发掘出了那片废墟，如果不是刚刚从废墟中走出来，2000 年后的我，以及和我一样在这里津津有味地品尝着美食的这么多的人们，哪里会知道有过这样的事情呢？我们肯定只会知道这里的海鲜多么新鲜，意大利面条多么正宗，传统的比萨多么有味道。

碾压出深深车辙的庞贝街道

在一本《发现之旅》的书里这样描写道：公元79年8月24日，这个夏日的拂晓，天气热得异乎寻常，突然一下剧烈的震动，搅动了灼热的空气。接着是轰然一声雷鸣，人们吓得目瞪口呆，眼睁睁地看着维苏威火山裂成两半，炙热的石块从上空泻下，火山灰紧接而来，填塞了他们的眼睛、嘴巴和肺部。

根据各项资料可以清楚地看到：公元79年8月24日以后，这个城市，已在人类的地图上消失。平坦的土地上，野草和葡萄藤蔓衍生长，逐渐覆盖了原来的城区。不久，农人便忘记了这个城市的名字，而称呼它"西维塔"，意思是"城市"，一个没有什么特色的名词。

就这样过了将近1700年。1748年，当时的西西里国王，也是当时的那不勒斯王及后来的西班牙国王查理三世，从西班牙调来专门给西班牙宫廷供应各类珍藏的专业人员，开始挖掘这个生长着茂盛荒草的地方。十几年后，发现了一块标志性的石块，石块上刻着这座城市的名字——"庞贝"。

"西维塔"真正的名字叫庞贝。

最初的任意挖掘具有极大的破坏性。

随着庞贝的名字传遍欧洲，庞贝的混乱挖掘遭到历史学家、艺术家激烈的批评抗议，但庞贝的挖掘愈发轰轰烈烈了。

西西里王国的皇后卡洛莉娜对挖掘产生了浓厚兴趣，法国《百科全书》的编著者狄德罗说话了，德国大文豪歌德考察了挖掘现场，英国驻那不勒斯大使汉密尔顿更是挖掘现场的常客。到了19世纪初，1808年，拿破仑的妹夫与妹妹成为那不勒斯的国王和王后，他们不惜自掏腰包，加速挖掘工作的进度。那不勒斯旧王朝复辟以后，发掘工作有所放慢，但仍在进行。

庞贝的重大发现越来越多。

那不勒斯于1860年经公民投票表决，赞成与北意大利统一。以庞贝的影响力，首位新王意识到有组织有计划的挖掘对于新王朝的重要意义。

庞贝终于在19世纪后期进入考古挖掘的时代。

庞贝一处庭院中的青铜雕塑《农牧之神》（复制品，原作在那不勒斯国家考古博物馆）

歌德从废墟的墙面、屋顶、走廊，看见多姿多彩的壁画，为庞贝人对艺术与图画的热爱感动不已，并慨叹今不如昔。历史学家泰纳看到的庞贝是这样的：几乎所有房屋的中间，都有一个像客厅大小的花园，当中是一个白色大理石的水池和喷泉，四周围着一圈柱廊。在一天中最热的时候，还有什么地方能比这里更方便更舒适呢？白色的柱子之间绿树成荫，红色的瓦片映着碧蓝天空，鲜花丛中流过闪闪发光的潺潺泉水，喷泉落下的珍珠般的水滴挡住烈日——这里岂不是最宜伸展筋骨、沉思冥想、尽情享受自然与生命之美的地方？泰纳觉得愈是思索这种古代的生活习惯，愈会觉得它真是美好，恰能符合当地的气候和人类的天性。

250年来积累起来的关于庞贝的所有考古资料，足以再现一个希腊罗马时代的海湾边的美丽城市的景观与生活。

断墙上仍然留存着红色黑色的竞选告示和居民的意见，记录下当时的民主选举制度。

庞贝居民与另一城市居民在角斗表演期间相互打斗致死致伤，罗马皇帝将此事交给元老院调查处理，元老院宣布庞贝10年内不准举办这类活动，并把主要当事人流放外地，可见当时法制制度的实行情况。

剧作家、诗人的格外尊敬与欢迎，可见庞贝人的艺术修养和庞贝艺术之高雅。

血腥的竞技场与热闹的大剧场，则适应了平民的娱乐需求。

遍布的神庙与祭祀场所，说明庞贝的宗教虔诚。

对爱情的追求与对死亡的看重，表达得同样自然、鲜明而强烈。出生于庞贝望族的萨皮娜富有而貌美，庞贝人引以为傲，把赞美的诗句写在墙壁上："愿你花容月貌常驻，萨皮娜，愿你永远美丽贞节。"公元62年大地震那年，萨皮娜嫁给了尼禄皇帝。除了向皇帝求情帮助家乡人民抗震救灾，萨皮娜还请求皇帝解除元老院做出的停止庞贝人竞技娱乐的惩罚。请求获得批准，庞贝人在城墙上留下"皇帝与皇后圣裁万岁"的大字标语。

从保罗教堂正中看皇宫、平民表决广场、查理三世、费迪南一世青铜像

离开奥沃古堡的时候,再一次凝视海湾对面的维苏威火山和火山下的庞贝废墟,我更加确信 800 年前建造这座古堡的人们真的不知道海湾对面有过一座那么繁华的城市。

如果知道的话,他们不会把奥沃城堡建造得这么神秘、这么充满蛮荒的气息。

从古堡出来,回到滨海大道上,继续往前。走过一段长长的上坡路,皇宫到了。

皇宫建在海湾尽头半山正中的平坦处。

皇宫对面是保罗教堂。

方正的皇宫和大圆柱弧形教堂环抱着广阔的公民表决广场,广场中央矗立着查理三世和修建这广场的费迪南一世的骑马塑像。

皇宫的右侧,是查理三世当那不勒斯王时建造的圣卡洛歌剧院。作为意大利三大歌剧院之一,圣卡洛歌剧院以其超群的音响效果和豪华的内部装饰闻名。

建于 17 世纪西班牙哈布斯堡王朝统治时期的皇宫，早已成为开放的博物馆。外表端庄朴实、内部宏大豪华的宫殿里，八座那不勒斯王的塑像展现着皇宫的历史。欣赏 18、19 世纪的家具、陶瓷、壁毯、绘画艺术品，自然会想到歌德赞赏过的公元前的庞贝艺术。

皇宫是那不勒斯的中心，也是美丽的那不勒斯湾的中心。

站在皇宫面向海湾的平台上，三面环山、一面向海的那不勒斯尽收眼底。左边的海湾一侧是白云掩映着山顶的维苏威火山，右边海湾一侧是耸立在碧海中的岩石般的奥沃古堡，后面则是拥挤不堪的古老城区的中心。

紧靠皇宫左侧稍低点的地方，又见一座格外醒目的古堡，叫作新城堡。也许是为了区别于奥沃城堡，也许是因为那不勒斯这个名字源自希腊语"新城市"一词，才这么叫的。其实新城堡也很古老，它的出现只比奥沃城堡晚了不到一个世纪。1266 年，法国安茹王朝统治者在此建都，人口增加，经济繁荣，那时的那不勒斯就以宫殿和教堂的精美而远近闻名了。安茹家族兴建的新的城堡式宫殿，被称作"安茹家族的城堡"。15 世纪西班牙阿拉贡家族阿方索五世统治时，在原来的基础上重新建造。

新建的新城堡更为奇特。虽然四围城墙，但城墙的体量还不如城墙间的四座圆筒状塔楼高大。远远看起来，不是圆圆的塔楼矗立在城墙间，而是短短的城墙夹在粗壮的塔楼间。并且，正面右边的两座塔楼之间，是大理石浮雕装饰的堪称文艺复兴式杰作的凯旋门。

新城堡地势比皇宫低，又近，所以看得清楚；再望望另一边远一些的、只能看清轮廓的奥沃城堡，两相对看——如果说奥沃城堡像一座伸向碧蓝海水里的岩石岛屿，新城堡则是摆放在海湾边的一个童话故事。

据说早在庞贝时代，那不勒斯就是奥古斯都、尼禄皇帝等帝王们喜爱的避暑胜地。

希腊、罗马，以后的法国、西班牙、德国等，2000 多年的时间里，那

太阳雨中圆弧形的保罗教堂

不勒斯一直受欧洲几个主要民族的统治。

你走我来，结果是城市结构复杂，建筑景观迥异。

皇宫后面翁贝托一世大街里面的老城区中心之所以拥堵不堪，因为还在使用着公元前600年希腊城市的道路。众多的古老宫殿和教堂高高低低地散落其间，好几个著名的国立博物馆、美术馆就设在旧宫殿中。为了找到供奉那不勒斯的守护圣人圣真纳罗大教堂（据说因圣人之血每年两次在祭祀日"液化"而成为市民向往之地），我在狭窄的明显破旧的街巷里穿行了好几个来回。

那不勒斯人不无自炫地说他们这个地方是"意大利永恒的剧院"。

的确如此。在这个色彩纷呈的大舞台上，上演过太多的历史剧。一代又一代的那不勒斯人要不断地应付那么多走马灯般变换的统治者。他们不能不被训练成出色的演员。

文化与种族交叉的那不勒斯文化，和那不勒斯自然风光、城市景观、生活方式一样新奇、复杂、无序、矛盾、生动。

那不勒斯一年中的文化活动、大小节日层出不穷，每年除夕在皇宫前宽阔的平民表决广场准时举行的倒计时燃放烟花仪式，是全城市民的狂欢节日。

那不勒斯人还有一句名言：不游那不勒斯，没有资格谈论人生、艺术、爱情与死亡——虽然带有城市广告词的味道，但仔细想想庞贝，想想那不勒斯的历史，想想这个城市的种种奇特之处，便觉得很有道理了。

再想想掩埋了庞贝的维苏威火山真的到了活跃期，火山周围的那不勒斯人真的还是那么无动于衷，也就完全可以理解了。

建于13世纪到15世纪的新城堡

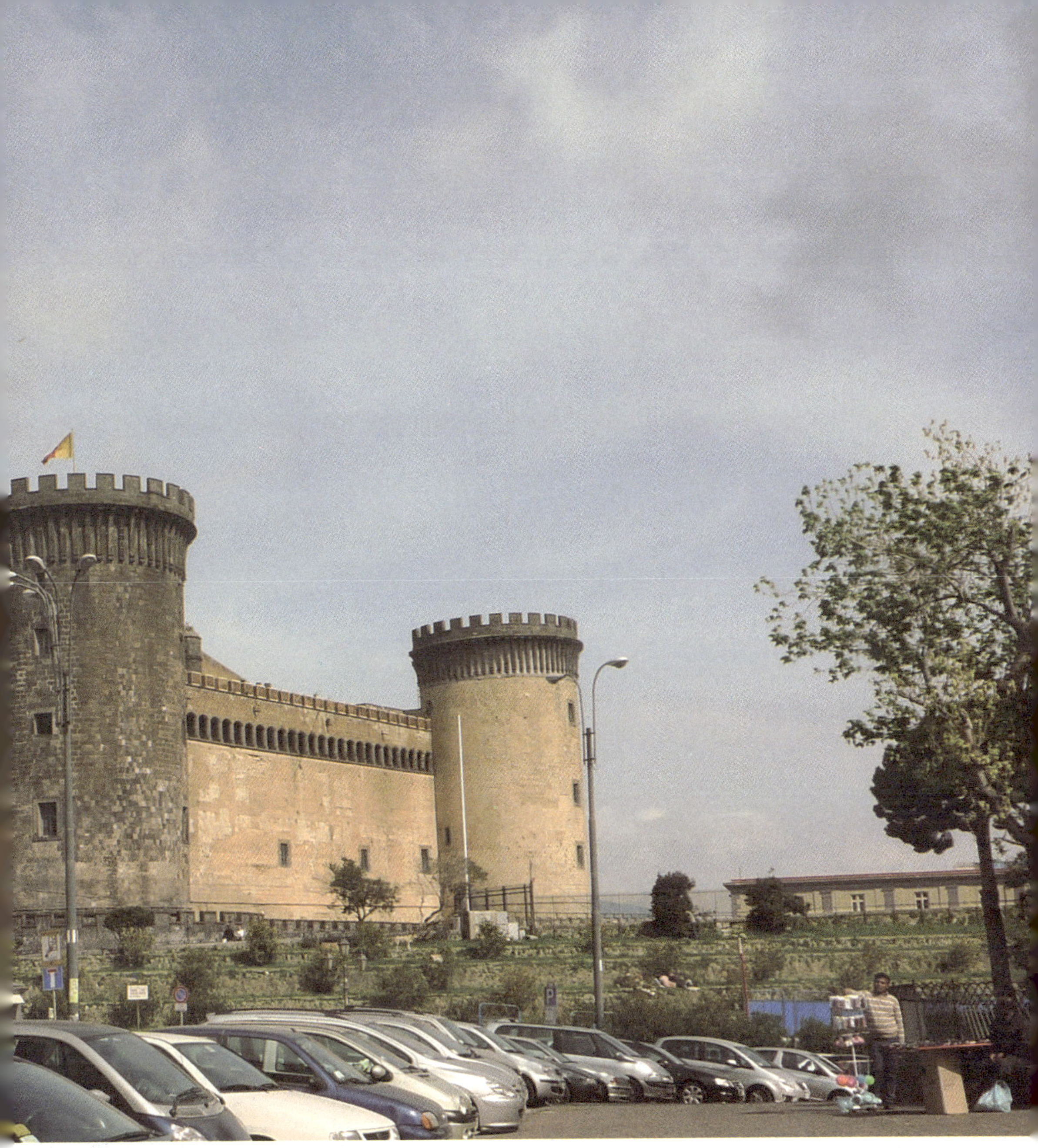

大斗兽竞技场脚下的君士坦丁凯旋门,始建于公元 315 年,重新修缮于 2000 年

贰

梦断废墟

我把一下午的时间全都交给了古罗马的大斗兽竞技场。

由于时间的关系,第一次去罗马时只仔细观看了它的外貌。即便如此,留下的印象几年来挥之不去,因而也更惦记着它的内部。

这并不是主要原因。

对于人类文明史来说,有关古罗马的创造、毁灭、发现、保护的桩桩件件都是太重大的事件,事关政治制度体制、社会结构形态、哲学文化艺术,全部是后人津津乐道的话题,甚至是后世复兴的根据与依傍。而环形大斗兽竞技场,不论是原创原建,还是遗址废墟,都是排在第一位的形象工程。

诗人拜伦1818年看过后就说过这样的话:"只要古罗马环形大斗兽竞技场还矗立着,罗马就矗立着;环形大斗兽竞技场一旦倒塌,罗马就会随之倒塌;罗马一旦倒塌,世界也就倒塌了。"

进到斗兽竞技场内,才知道在外边看到的真的只是皮毛。但是,当你突然直面一个怎么也想象不到的罗马"内部"世界时,除了惊讶,实在找不出什么话可说。

干脆从宽阔的层层台阶逐级而上,气喘吁吁地直接登上最高层,站在当

（上）从三层看大斗兽竞技场底层
（下）大斗兽竞技场正西、双神庙及其以西，是废墟最集中的地方

年属于奴隶与穷人的观看位置上——我想把竞技场作为一个中心制高点四处瞭望。

事实上，它就是古罗马城的中心。

当年的罗马城，是围绕着七座小山逐步形成的。说是山，其实只是一些起伏着的小丘陵。大斗兽竞技场正在这些丘陵中心的低洼处。

向正西方向的帕拉蒂尼山北侧一带望去，那里是废墟最集中的地方。多到没有专业的知识，没有专业的指导，根本分不清哪儿是哪儿，什么是什么。大片的废墟从远处，几乎是从视线的尽头一直连绵到脚下。

这片废墟的中心部分是罗马广场。据说公元前754年，或者公元前753年，罗马第一位国王罗慕路斯在这里举行了用一头公牛拉着犁测量城市周长的盛典。现在每年的4月21日晚上，都要在这座广场上举行烛光音乐会，庆祝罗马的建立。

恺撒神庙建在广场的中心，正对着高高的演讲台。左右两边是长长的大会堂，右前方是恺撒建造的元老院。元老院的通道由不同颜色的大理石构成重叠的几何图案，两侧宽阔的台阶是安排议员们可移动座椅的地方，座椅可以按照某种意愿移向"支持"或"反对"的一方。流传的说法是恺撒的座椅是金子制成的。不管恺撒的金椅子能不能移动，如电影里再现的那样，恺撒倒在他亲手建造的元老院的血泊中。

公元前44年，被谋杀的恺撒的尸体，最初被庄严地安放在金光闪闪的圣庙的讲坛上。而安东尼打动人心的悼词，让人们放弃了在广场上举行葬礼的传统，改为在最神圣的主教总部火化恺撒的遗体。罗马皇帝的神话仪式，就这样从这里开了头。

公元前29年，在恺撒的火化地点，恺撒神庙拔地而起。在恺撒神庙与大斗兽竞技场之间，是公元2世纪哈德良皇帝建造的规模宏大、结构独特的双神庙——罗马神庙和韦奈尔神庙。两座神庙各自的半圆形后殿连接在一起。罗马神庙正面向西，面对公共集会广场和恺撒神庙；韦奈尔神庙正面向东，

大斗兽竞技场二层通道

面对大斗兽竞技场。

  偏西南一点，几乎与这一大片废墟连在一起的、被绿荫覆盖着的是罗马七山中最著名的帕拉蒂尼山。

  人们把罗马诞生的神话故事，给了帕拉蒂尼山的山洞：因为王位的争夺，罗慕路斯和雷慕斯兄弟俩被扔进台伯河。河水把他们冲到帕拉蒂尼山脚下，一匹母狼在树林里喂养了他们。随后，一位好心的牧羊人抚养了他们。他们长大后各自建立自己的城市又相互争夺。雷慕斯被杀，罗慕路斯成为罗马第一位国王。

  于是，这块帝国的根据地，便成为后来的风水宝地，逐渐由精英聚集的时尚之区发展为皇宫区。奥古斯都宫殿、图密善宫殿、图密善马术表演场等都集中在这里。

公元4世纪君士坦丁将首都迁往今天的土耳其以前，帕拉蒂尼山一直是皇室居住地。皇家宫殿俯视的山脚下绿草满眼，那就是传说中那匹母狼喂养兄弟俩的地方，也是后来开辟成叫作马克西姆的古罗马最大的战车竞技场的所在地。

最早出现在公元前4世纪的马克西姆竞技场，绝对是有史以来人类最古老、最大的体育场。战车赛（如今日之赛车）的竞技与宗教有关，与战争有关。献给神，张扬国家、集团、个人的力量。战车赛一直是罗马的主要竞赛，重要的赛事由官方组织并组队参加。战车战马赛也是那个时候观众最多的比赛，驭手与角斗士一样是最受欢迎的英雄。

想当年，在长620米、宽120米，可容纳20多万人的环形竞技场里，战马嘶鸣，战车轰隆。四围三层木石结构看台上，几十万人齐声呐喊，高大宽敞的皇家包厢里也欢腾无比，那是怎样惊天动地的景象！想来肯定远远胜过今日任何一场足球赛。马克西姆竞技场一直辉煌到公元549年，其后日渐荒废，在很长的时间里，长满农人栽种的卷心菜。

与马克西姆战车竞技场直道相连，著名的卡拉卡拉大浴场坐落在大斗兽竞技场正南面的切利奥山脚下。

历史往往有点奇怪。不知从哪一年突然时兴起来的如今的洗浴中心之类，在罗马时代就相当时髦。不过，在这方面可真是今不如昔。气势宏大、堂皇张扬的罗马大浴场，可不是现在到处可见的闪闪烁烁的洗浴中心比得了的。

新登基的皇帝，总是期望用建造类似大竞技场、大神庙、大教堂那样的巨大公共设施，获得民众的支持。而大浴场与公众的关系更为直接与密切，修建浴场便成为罗马建筑的一大特色。

公元206年到217年，塞维鲁皇帝建造起占地1万平方米的帝国大浴场，他的儿子卡拉卡拉主持了落成典礼。整整100年后，在大斗兽竞技场正北远一些的地方，与卡拉卡拉大浴场遥遥相对，戴克里先建起又一座规模相当的公共浴场。

（上）废墟中心部分的罗马广场
（下）卡拉卡拉大浴场遗址

罗马时代如此规模的大浴场不只用于洗浴：浴场内有大小不同规格的浴室，若干个主浴室大到可同时容纳1600人；有游泳池、跳水池；有热房、冷房；有喷泉游乐广场；有运动场、体育馆；有图书馆、美术馆、会议厅……

公共浴场变得愈来愈广阔豪华。仅从卡拉卡拉大浴场和戴克里先大浴场现存的局部雄伟遗址看，会疑心是把海滨浴场移入了城市广场之中。集会式的集体沐浴，奢侈的聚会，私密的政治、军事、生意的筹划，公众社交活动——个人的卫生场所演化为罗马城里最主要的、设施齐备的阳谋阴谋和休闲娱乐空间。

转向大斗兽场的东北方向，埃斯奎利诺山南向的低坡处，是尼禄皇帝的梦幻之地。尼禄把他的金色宫殿建造在这个地方。整座金殿到底豪华雄伟到什么程度，早已无法想象了。说它是金色宫殿，只因其内部装饰用了大量金制的叶片，也有说整座建筑内部全部用黄金装饰。尼禄大帝的住所、待客厅、宴会大厅、庭院、长廊、花园、池塘……新奇的圆筒形拱顶，一眼望不到头的高大柱廊，华丽的大理石镶嵌，彩色浮雕……小桥流水，花香袭人，阳光灿烂，金碧辉煌……殿堂、庭院、花园和人工湖绕过山丘，延伸到大斗兽竞技场南边的切利奥山北坡，与西边帕拉蒂尼山古老的宫殿连成一片。

脚下的大斗兽场，就是在尼禄的人工湖上建造起来的。

尼禄金殿建于公元64—68年，但它完整存在的时间可能还没有建造的时间长。由于尼禄的极端统治激起民愤，尼禄被迫自杀。当继起的弗拉维安王朝的缔造者维斯帕西安决定填平尼禄的人工湖建造公共娱乐场所时，几乎没有人提出异议。

公元80年，在尼禄的人工湖上，用石头垒建起的庞然大物矗立在人们眼前。正式的名字叫弗拉维安竞技场。这座基本上是圆环形的独立建筑占地达3万平方米，高达48米。据测算，它共用石灰岩10万立方米，还大约用了300吨铁，制造了把石块连接固定起来的抓钩。从外面看上去，三层环形拱廊壁立，第四层顶阁高高在上。从里面最上层看下去，感觉像是从一块高地上开凿挖掘出来的一个大盆地。盆底一个圆形广场，周围是三层层层向上

经考古工作者清理、保护起来的废墟

扩展的有座位的看台，第四层是只能站着看的看台。

据统计，这里可容纳5—9万名观众。按照社会地位，不同阶层的人对应安排不同层面的观看位置。皇室成员和守望圣火的贞女们拥有特殊的包厢，身着白色红边长袍的元老们坐在"唱诗席"中，然后依次为武士、平民、士兵等；特殊职业者有特殊席位，如作家、学者、教师、外宾等；第四层只能站着看的位置属于穷人、女人、奴隶。第四层的廊檐下排列着突出来的240个中空构件，用来安插长木以支撑遮阳、避雨、防寒的大块篷布。

数万观众从第一层的80个拱门入口进入半透明的巨大空间，另有160个出口遍布各层各级座位间，即使出现失控局面，混乱的人群也能够在十几分钟的时间里快速疏散。

中心的圆形场地厚木铺就，木上铺沙，以便于及时清除残杀的痕迹。木板下有可以通行的隧道，专供要人、野兽、角斗士出入。有时候某些庆典会延续好几个月。上午猎捕野兽表演，人与兽格斗，下午角斗表演，人与人厮杀。整个庆典活动中，被杀死的各种野兽和人成千上万。

从死囚、奴隶、战俘中挑选出来的不同级别的角斗士，或全副武装或轻装，在角斗开始前的游行队伍里，齐声吟诵着"你好，皇帝，我们就要死去，向你致敬"。

没有一个人不希望幸存下来，然而幸存下来的只有极个别人。

惨烈的大斗兽竞技场的杀戮表演，一直延续到5世纪初。随着基督教势力的扩大，随着罗马帝国的衰落，大斗兽场竞技场的显赫地位一落千丈，后来不断受到地震等自然灾害和人为破坏成为废墟。直到18世纪，教皇宣布此地为神圣场所，这里才得到一些保护的待遇。19世纪以来，在每年复活节前的星期五的晚上，这里都要举行教皇亲自参加的赎罪仪式。对赎罪的含义有不同的说法，无论如何，至少最应该为500多年间无数生命的惨遭杀戮而赎罪。

站在当年穷人、奴隶、女人站立的最高层，四顾茫然。

几乎所有能看到的古罗马遗迹，早已全成废墟，唯有脚下的君士坦丁凯旋门完好如初。这座罗马最大的拱形门，是公元315年君士坦丁大帝为纪念自己的胜利建造的，即使矗立在大斗兽竞技场旁边也不显压抑，足见其威严气派。不过，现在看到的样子，是2000年重新修缮的复原结果。是啊，今天我们能够多少知道一点散落在这些废墟里的零星故事，完全是考古学家的功劳，否则，出现在我们眼中的只是断墙残垣、破砖烂石，还有那些集体孤立着的无头无脑的大理石柱子。

千万不要以为并责怪后人破坏了罗马人的罗马。

罗马城的被毁坏，几乎与罗马城的建立一样古老。

公元前700多年罗马出现和建立的传说很有神秘感；公元前500年共和制取代君主制耐人寻味：是不是这样的体制才让恺撒在公元前1世纪登上历史的舞台？让他的侄子、接着成为他养子的屋大维，即奥古斯都成为他所建立的王朝的第一位皇帝？

产生罗马诞生神话的帕拉蒂尼山景观

　　他们稳固了自己的和国家的地位，改革了制度，开拓了帝国的疆域。还有接下来的维斯帕西安、图拉真、哈德良，这些精明贤明的君主们，让罗马在几百年的时间里一直保持兴旺发达的状态。

　　喝过狼奶的罗马人的后代，从帕拉蒂尼山的草屋中走出来去征服世界。罗马军团所向无敌。更为古老的埃及成为罗马帝国的一个省，西班牙完全臣服，不列颠被征服，巴勒斯坦被吞并，帝国的疆域到达莱茵河、多瑙河流域，从不列颠群岛直到小亚细亚。

　　罗马帝国破坏、征服，同时也建设。

　　所到之处，修建港口、道路、桥梁、隧道、水渠、剧院以及上千公里的城墙。还有艺术的装点——罗马军团的军营平面图"卡斯特拉"成为很多欧洲、非洲、中东城市的规划样板。

　　古罗马是由征服者世系建立起来的，罗马的统治者是一批又一批野心家、自大狂。他们一个个好大喜功，而且一定要把精神的追求变成物质的显示。罗马人的生命力、意志力、表现欲与他们结实的肌肉、强健的体力一起放肆地到处炫耀。

对外对内对自然，统统建立在暴力征服的基础上。他们既可以像秋风扫落叶一样，横扫千军攻城掠地，又可以把坚硬的花岗岩大理石当作手里的面团，把捏成庞大的华丽铺张的建筑和千姿百态的夺目艺术。

他们就这样把罗马变成世界的中心，把罗马城建成古代世界上最大最发达的城市。奥古斯都时代的罗马城已发展到令人难以置信的拥有100万人口的超级大都市，奥古斯都竟然能够把如此巨大的砖头垒砌的罗马变成大理石的罗马。罗马最兴盛的时候，城墙圆周16公里，拥有379座用来防御的塔楼，13个城门。

罗马，金光闪闪的圣地，各国君王既害怕又向往的地方。

罗马是征服者、建设者，也是破坏者——自己的破坏者。

一边是建设，一边是毁坏；再建设，再毁坏。最大的破坏者是尼禄大帝。其实破坏罗马的不止他一个，他只是代表之一。

奥古斯都后不久，公元54年，出生于皇室家族的尼禄登上皇位。公元64年，一场大火彻底改变了尼禄的形象。熊熊大火燃烧了9天，几乎烧毁了整个罗马。有一种说法，说这火就是尼禄放的，因为他想为自己建造更加奢华的宫殿。

我以为作为一个罗马帝国的统治者，还不至于荒唐到这个程度。大火之后，尼禄集中精力复建被毁的城市没什么不对，这原本是他的职责。问题出在他借机没收了大片地块，营建他那宏大豪华到不可思议的金色宫殿，明目张胆地把个人享受置于公众利益之上。

几年后，站在落成的人间天堂般的金殿前，心满意足的尼禄居然说出这样的话来："终于可以住进一个像样的家里了。"

这情景如果不是编造出来的话,说尼禄放火烧毁罗马真也没法让人不信。况且，尼禄还把自己巨大的青铜塑像，矗立在后来建起大斗兽竞技场的人工湖的西北边上，右侧就是罗马广场。站在那个地方，越过波光粼粼的湖水，

曾经在尼禄金殿中的《拉奥孔》，现陈列在梵蒂冈博物馆

尼禄可以时时刻刻一眼不眨地欣赏他的金色宫殿。

尼禄被迫自杀后，后来的帝王为着政治的清明，本应将这尊塑像推倒铲除，以清除尼禄的恶劣影响。可能因为这雕塑太大太精美而不忍毁掉，人们终于想出了一个很实用的处理办法：在巨像的头部周围增加了光环，更改了上面的题字。尼禄于是被摇身一变，成了人们敬拜的太阳神。尼禄变成的太阳神一直矗立到中世纪才被移走熔化，派作它用。

在尼禄的人工湖上建起大斗兽竞技场半个世纪后，图拉真皇帝用他的皇家大浴场，彻底覆盖了尼禄的金色宫殿。在动手之前，人们有计划地把金殿里所有珍贵的物品，包括墙壁上的大理石移往别处，其中就有现在展示于梵蒂冈博物馆的那座著名的《拉奥孔》雕塑。

尼禄对于尼禄之前的罗马，尼禄之后的罗马对于尼禄，算是一个典型的例子。事实上，类似的情形数百年来从未间断。

争权夺利，朝代更替，战争杀戮，火灾震灾等，与罗马城、与罗马城里大小建筑的修筑与毁坏，难以厘清地纠结交织在一起。直到4世纪，君士坦丁分割为东西帝国，西罗马衰败；公元410年，西哥特人突袭罗马，大肆抢掠，不可战胜的罗马神话才就此终结，辉煌灿烂的古罗马城就这样被彻底毁掉了。

正是由于这样的数百年甚至上千年的惊心动魄的历史，被不断毁坏的罗马继续被不断地发现着；被不断地毁坏着，又被不断地发现着。

罗马虽然衰败了，但衰败的罗马仍然想极力挽留住自己曾经光辉过的容颜，哪怕布满了疤痕。

5世纪中期，看着墙倒众人推的罗马城，帝国皇帝里奥一世借一法官的破坏行为，向罗马城行政长官下达命令："任何人不得毁损或者破坏任何建筑——我们的祖先所建造的神庙和纪念建筑物——这些建筑是给公众使用，或者是为了给公众娱乐才建造的。因此，胆敢冒天下之大不韪的法官，应该被罚以50斤黄金。至于听从了这个法官的命令而没有提出异议，没有表示反抗的公务员和财会人员，要惩以笞刑，而且还要断其双手，以惩罚他们用

梵蒂冈博物馆中的各类艺术品，有许多来自古罗马废墟

双手亵渎了祖先所造的建筑——本来他们是应该保护好这些古物的。"类似的有些夸张的命令，历代皇帝下达过不少，结果还是挡不住不断的毁坏。

19世纪，人们发现了一种烧石灰的炉子。有一座炉子里，半是已烧成的石灰粉，半是堆积的各种大理石雕塑。那些雕像都是些令人惊叹的精美艺术品啊！精美的艺术品就是这样变成了后世建筑的黏合剂或表层的涂料。至于那些不知掏空了多少座山的大块小块的大理石，不论是奥古斯都的，还是尼禄的，都免不了被不停地改名换姓、挪来挪去地充当不同时代不同建筑构件的命运。

罗马废墟在好多时候是最节约成本的大采石场。

经历了数个世纪的宗教、教皇的巨大影响以至统治，作为废墟的罗马很快成为文艺复兴的源头与中心。但同时也造成毁坏、保护、利用并存的更加混乱的局面。

为了建新的罗马，例如为了建梵蒂冈图书馆、圣彼得教堂等，若干代教皇允许封闭古建筑遗址和毁坏许多壮观的废墟。米开朗琪罗被教皇派去鉴定艺术品，拉斐尔担任了古物专员。废墟的被分割和分割中不断的种种发现，让帝王、君主、建筑学家、考古学家、探宝探险者、学者、艺术家都着迷了。

疯狂地寻宝，疯狂地寻找艺术品，无计划、无组织、无纪律、无约束、无责任地四下挖掘，各取所需。新建的豪宅中，画廊、陈列室里，堆满各类艺术品。在墙壁上嵌进古老的浮雕或者残片成为时尚，在废墟上建造辉煌的住宅更是地位、品味、权势与金钱的象征，艺术家的画室也成了展室、仓库。

有人做过统计，到了16世纪中期，罗马像样的私人收藏馆已超过90个，其摆放陈列罗马古物的方式已经很像现代的博物馆了。事实上，不少豪门巨宅后来因此陆续成为真正的博物馆。

罗马文物成为欧洲的新宠，各国帝王纷纷派使者前来采购。石柱、大理石残块、雕塑、壁画源源不断流向各国各处，修复、拼接、仿制之风大盛。英国人还为此创建了文物爱好者协会，组织各国的"文物癖"到罗马开展个性化旅游也成为旅行风尚。

15世纪，一些学者、历史学家怀着崇敬的心情瞻仰罗马圣地，看到罗马人发表演讲、制定法律、任命法官的古罗马广场，一边是碧绿的菜地，一边是牛猪踩踏的泥泞，触目惊心，感慨万端，唏嘘不已——罗马人总是在房子上盖房子。16世纪，法国思想家蒙田跑遍了这座城市。他知道，自己走在"所有屋子的屋脊上"。

科学的考古工作在混乱中开始并走向成熟。一本本精美考古专著的出版，在学界产生了有力的影响。18世纪与19世纪之交，法国人相继两次入侵、统治罗马，掠夺的同时，也大力推进了科学的考古发掘与遗址的保护。19世纪初建立了考古研究院，建筑界也欣然加盟。在拿破仑的直接指派下，最具标志性的大斗兽竞技场大遗址的清理、修整、保护最见成效。大概在那个时候，已经整修成我眼前的这个样子了吧？

从公元前8世纪开始，罗马帝国在冲突、战争和文化交流中建立并延续，罗马从公元2世纪起成为世界的中心。这个多元文化帝国的一部分，一直延续到5世纪。

罗马文明绵延了1200年。

多少个世纪的湮没与发现，流失与保护，罗马的各种艺术品虽然大多残损，却依然不妨碍它们成为许多世界著名博物馆的核心藏品。罗马文明到处闪闪发光。

也许真的和传说中罗马帝国的起源有关，甚至可以断定这样的传说正是暴力征战、残酷掠夺的遗传基因：他们是一批、一系列强壮的母狼哺育的、崛起于暴力、充满了暴行的严酷的"贵族"。坚定不屈、狂妄自大被奉为典范。内部罗马世界赖以运转的是以分明的等级和巨大的不平等为特征的无所不在的奴隶制度。仅以不可想象的罗马城市的规划建造来说，没有足够可以任意驱使的奴隶劳动力，完成一次又一次庞大的建筑工程简直是不可想象的。那些超大型的建筑，神殿、水渠、大广场、大剧场、大竞技场、大会堂、图书馆，等等，作为公共空间，看起来具有城市生活公共设施的作用，但实际上更大的作用是权力本身的显示与炫耀。所以，随着一次次的权利更替于一次次的暴力，一次次的宏大建筑便成为一次次暴力的废墟。

当时的世界中心，如今废墟一片；且一半在地上，一半在地下。不过，即便是废墟，毕竟是罗马，人们看到的也是狮子老虎的骨骼。罗马人留给后人的永远是有力的机体——如到处可见的雕塑那样，那是神、英雄、皇帝、角斗士、线条、色彩、大理石构成的罗马世界。残破的建筑、雕塑、壁画，早已成为后世所有艺术领域包括城市规划、大型建筑研习临摹、仿效的对象和激发创造灵感的典范。是的，仅仅是废墟残存，至今居然依然具有难以再现、难以超越的神话性质。

罗马到底是什么？2000多年前最为辉煌的罗马到底是什么？1000多年来的罗马废墟到底是什么？

太阳就要从罗马广场废墟的那头落下去了。遥想当年夕阳落照下的罗马，人们从演讲广场解散，元老院的讨论辩论也暂告一段，从浴场中出来的人们容光焕发、精神抖擞——成千上万的人从四面八方集中到我脚下的这个无比巨大的"盆子"里。夕阳下的搏斗鲜血淋漓，欢呼声响彻罗马。

忽然变成废墟了。有的皇帝想把它改成羊毛工厂，有人想把它改成宗教场所，有人想在这里举行巫术仪式。1349年、1703年的大地震使它遭受了严重的损害。国王派人用木栅栏封住所有的拱门。它和其他的遗址一样，很快就被枝枝蔓蔓疯长的荒草覆盖了，数得上的植物足有三四百种。没过多久，底层的拱洞又成为小贩们兜售杂物的自由市场。拿破仑来了，他比较负责任地整修成现在这个样子。小贩们走了，像我们这样的参观者又来了。不断地来了很多很多的人，以后会有更多的人来，但荒草仍在一些角落里生长着。

夕阳落照下的大斗兽竞技场在明暗参半的映衬下，残破参差的轮廓愈发分明了，四面的废墟剪影的效果更加清晰了，甚至能看清荒草的摇曳，而场内场外，以及更远些的熙熙攘攘的游人，却渐渐进入朦胧之中。

此种情境，真有恍然入梦幻中之感。

凡入罗马废墟者，不论过去、现在、今后，大约会皆生梦幻。

真正的罗马，谁也不可能完全知晓。带着梦幻来，带着梦幻去，结果是梦断废墟，结果是所有的人被罗马化了，成了罗马梦幻的一部分。

在大斗兽竞技场里向上看

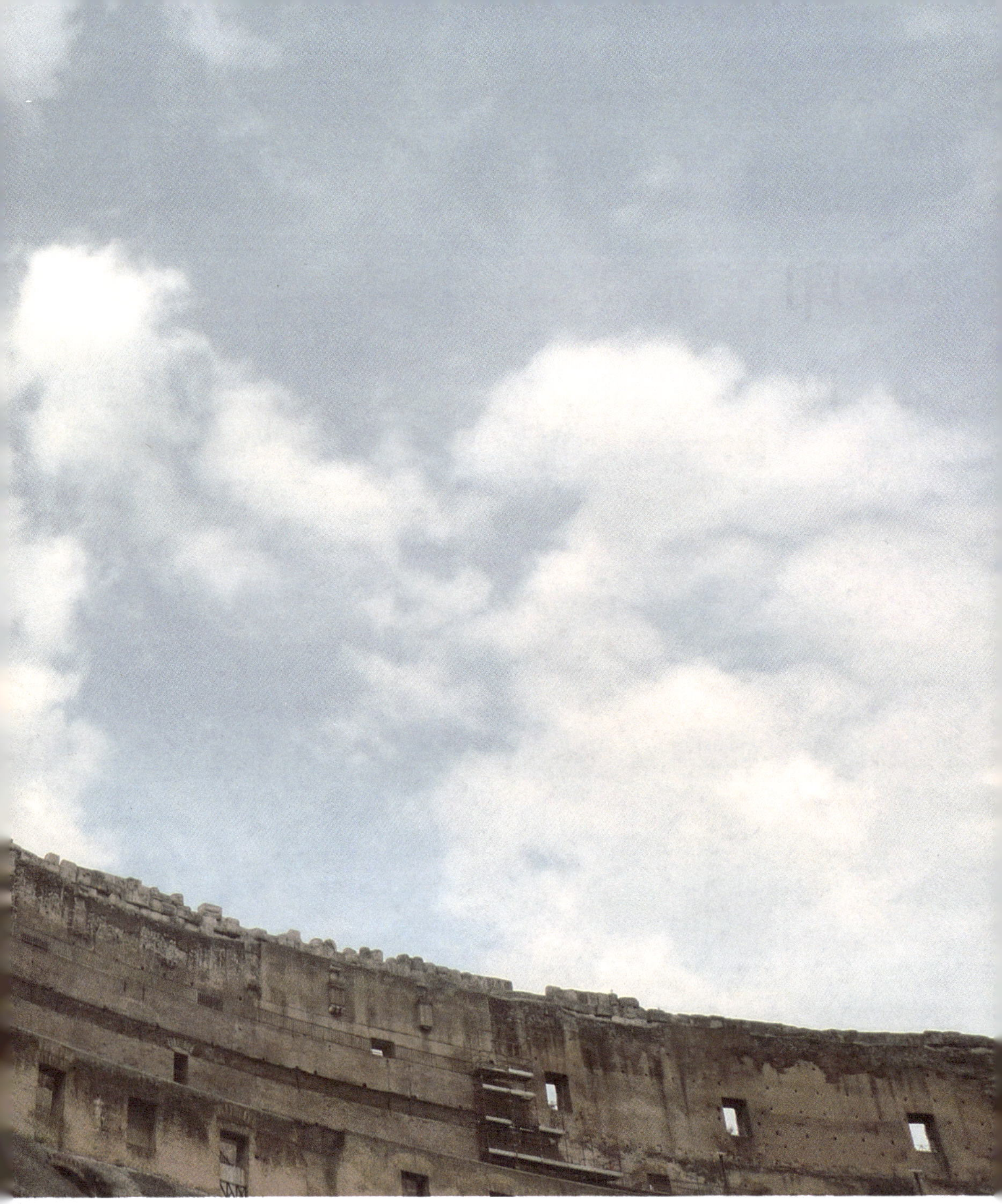

印度

在阿格拉宫殿城堡的城墙上、从庭院中或从宫殿的窗口,可以清楚地看到矗立在亚穆纳河湾边白色的泰姬陵

怅望泰姬陵

在现在依然是政治中心的北印度一带，在首都新德里，在阿格拉，给我印象最深的，除了梦幻般的白色的泰姬陵，还有同样梦幻般的红色的城堡宫殿。

这些在炎热的阳光下总是闪烁着神秘色彩的古老遗迹，大多是莫卧儿帝国的标志。

16世纪早期兴起、盛极一时，统治了印度两个多世纪的莫卧儿王朝，在印度的历史上创造了谜一样的奇迹。

但在大象，骆驼，马车，自行车，三轮车，拖拉机，摩托车，小卡车，大货车，公共汽车，破旧的小汽车，崭新高档的小轿车，低矮的老房子，高耸的新大厦，时尚的大广告——在所有这一切的混杂拥挤中穿过阿格拉古城，突然看见天外来客般的无比巨大的红砂岩城堡梦幻似的矗立眼前时，便觉得发生什么样的奇迹都不应该感到奇怪了。

尽管如此，红色城堡护城河之深之宽，横跨护城河的石桥之宽之高，城墙城门瓮城之高之雄伟，还是够让人惊异的。

建立莫卧儿王朝的决定性力量是入侵印度的穆斯林势力。经过数十年的征战，于1526年消灭了德里诸王朝中最后一个王朝，建立起莫卧儿帝国的

阿格拉堡阿玛尔·辛格门,且不说城墙的高耸厚实,单看大块红砂石的垒砌和高大的城堡门的雕刻,足见工程之浩大

巴布尔，就是蒙古征服者成吉思汗的后代。巴布尔的儿子在继续的扩张中，差点儿招致覆灭，而孙子阿克巴却是一位大有作为的帝王。

阿克巴在位 50 年。他把帝国的首都从德里迁到阿格拉，以军事、政治方面的有力改革大大强化了中央集权，不仅迅速巩固了阿格拉的地位，同时促使莫卧儿王朝空前繁荣。

接下来的继承人贾汗吉尔，迎娶美丽贤淑的波斯人努尔为王后，并赋予王后很大权力。由于努尔的努力和影响，波斯文化首先在宫中盛行，很快流行于整个王朝。

源于中亚、信奉伊斯兰教的莫卧儿王朝，在建筑、绘画、服饰、文学、风俗习惯等方面，出现了印度文化与波斯文化、阿拉伯文化相互融合的景象。把莫卧儿王朝推向鼎盛的第五代王沙贾汗，他的王妃也是一位才貌出众的波斯女子。正是这位波斯女子，使得巅峰期的莫卧儿王朝的国王，为她营造了一座举世无双的陵墓——泰姬陵。

德里与阿格拉同在亚穆纳河畔。阿格拉在下游，距德里也就 200 公里左右的路程。阿克巴大帝为什么要把首都从德里迁往不远处的阿格拉？真实意图虽然不很清晰，但结果效果是明显的。他在阿格拉大兴土木，建造起不止一座宏大的红色宫殿城堡，以此极力凸现出阿格拉不可摇动的地位和莫卧儿王朝无与伦比的繁荣强盛。

这些气度恢宏的建筑，至今仍然让人瞠目结舌。

走过又宽又高的护城河石桥，走近阳光下鲜艳夺目的红砂石砌起的高高的城墙，走进高大的城门，站在瓮城的斜坡上抬头仰望，只看见城墙的堞口围出一片深邃湛蓝的天空。

要知道，阿克巴是 14 岁继承帝位的，他于 1565 年设计这座城堡的时候才 23 岁。在他的亲自指挥下，用了不到 6 年的时间，就建成了如此雄伟的宫城。此中的奥妙，真的是难以想象。

阿格拉堡设有四个城门。20 多米高的双层红砂岩城墙里，绿草遍地。

阿格拉堡内接见贵宾的觐见宫

从介绍的图示可见，当年宫殿林立。显然，保存至今的已经不多了，但从留下来的宫殿看，仍然颇具规模。

最著名的是阿克巴为他的妻子建造的加罕基宫。宫殿正前面有一个特大的红砂岩石缸，据说缸体表面曾经嵌满闪闪发光的无数宝石，只是如今已经荡然无存了。贾汗基宫内部庭院由敞亮的大厅、连贯的廊房、交错的栋梁组成。中央设有华丽的大理石喷泉的皇家浴室，四周嵌以大量的玻璃片作装饰。装饰品最好最多的是著名的八角塔楼。八角塔楼的闻名，不仅因为是莫卧儿王朝两个最美丽的波斯王妃居住过的地方，还因为后来成为国王的囚室。到处可见的大理石雕刻，不论是造型图案还是工艺技巧，精致华美得让人随时随地惊讶不已。特别是那些镂空的细密委婉的屏风、窗棂花格，不伸手摸摸，根本不会相信是用大理石透雕而成的。

阿克巴的第二个重大形象工程，是在石头山脊上建造他的胜利之城西格里。

阿格拉堡内与泰姬陵遥相合影的最佳位置

他的阿格拉城堡宫殿已经足够风光无限了，可是，仅仅为了一个预言——苦于一直没有儿子做汗位继承人的阿克巴大帝，听了西格里城圣者的预言之后，终于有儿子了——可能是为了还愿或是为了吉利，1571年，在阿格拉城堡宫殿刚刚建成的时候，阿克巴就做出决定：迁都到距阿格拉只有37公里的西格里。

从1571年到1584年，历经14年的时间，在西格里4平方公里的广阔范围里，在起伏的山丘上，一座远远超过阿格拉堡的同样鲜艳夺目的红砂岩城堡宫殿，奇迹般地出现了。

可是，谁也想不到的是，西格里城堡宫殿刚刚使用了14年，由于严重的干旱缺水，阿克巴不得不放弃他的胜利之城。西格里的辉煌随风而去，到头来只落了个帝王偶尔到此歇歇脚的行宫地位。

成吉思汗后代的所作所为真的是匪夷所思。倾全国之力，耗费不可计数，然而，使用的时间甚至比建造的时间还要短。难道在做出决定之时，就不知

阿格拉堡内国王接见公众的大厅

道或根本就没有考虑供水的问题吗？

所幸这座壮美的古都保存得还算可以，能够成为现在的旅游胜地。来自世界各地的参观者，除了对阿克巴大帝的荒唐行为百思不得其解外，有意义的是，人们可以从西格里城堡宫殿建筑风格上，看见阿克巴大帝时代伊斯兰文化与印度文化相互融合的经典创造。

阿格拉城堡宫殿因西格里被放逐了14年后，又恢复到莫卧儿帝国权力中心的位置上。

轮到沙贾汗续写莫卧儿王朝的盛世华章和凄婉故事了。

沙贾汗称帝之后，为阿格拉堡增添了不少新的建筑。如接见要人贵宾、外国使者的精美的小会客厅，接见公众的大觐见厅等。这都不算是最重要的。沙贾汗这个莫卧儿王朝的盛世君王，如他的祖父一样，也为莫卧儿王朝留下两大形象工程：泰姬陵和德里红堡。并且，他主持设计修建的这两大建筑的影响力和知名度，远远超过了他的祖父阿克巴。

泰姬陵是沙贾汗为纪念他的爱妃泰姬·玛哈尔修建的。

泰姬，这位和她的婆婆一样同为波斯人的王妃，很有可能在才貌等诸多方面都超过了实际上执掌过朝政的婆婆。至少沙贾汗觉得是这样。

美貌无双的泰姬如何帮助丈夫在残酷的博弈中登上王位？如何帮助丈夫管理国家大事？如何跟随丈夫南征北战东拼西杀？泰姬到底在使莫卧儿王朝走向鼎盛中起了多大作用？也许只有沙贾汗清楚。

因为不论做什么，不管走到哪里，沙贾汗身边不能没有泰姬。泰姬一边帮助沙贾汗打理天下，一边不停地生儿育女。16岁结婚，到38岁时一共生了14个孩子。她的第14个孩子就诞生在行军作战的征途上。泰姬因此身亡。

传说泰姬临终前对沙贾汗提出三项要求：一是为她建一座陵墓；二是不再结婚，专心抚养儿女；三是立刚刚诞生的小女为王。这要求虽然有点离谱，也难全部实现，但在那一刻，沙贾汗无疑下定决心：此生若只做一件事的话，定然是为他的爱妃建造一座举世无双的陵墓。

说造就造。沙贾汗选择了周围空旷但站在阿格拉皇宫可以遥望清楚的亚穆纳河拐弯处，建造爱妃的陵墓。

1631年，泰姬逝世的当年，泰姬陵破土动工。据统计，至少有2万多个劳工、石匠、艺术家、工程师连续不断地苦干了22年。主体石料全部为白色的大理石，高67米的中心圆顶在四角四个高40多米的塔柱的簇拥下直耸云天。大理石棺椁安放在中央大厅的底部（沙贾汗死后也安葬在这里）。里里外外遍布无与伦比的精美雕刻。除了象牙外，镶嵌的宝石半宝石据说有35种之多，其中有来自中国西藏、斯里兰卡、波斯、阿富汗等地的翡翠、水晶、珊瑚、绿松石、青金石、蓝宝石和钻石。

泰姬陵

　　长580米，宽305米的陵园正中，是一个方正美丽的流水喷泉花园，端庄高贵的泰姬陵优雅柔和地矗立和浮动在花园水面的尽头。日夜流淌不息的亚穆纳河，在她的背后飘带般地日夜飘荡着。

　　不论从哪个角度，不论白天还是黑夜，泰姬陵的与大地、河流、天空，与花园，与两侧清真寺的均衡稳定和谐，她自身的均衡稳定和谐，及由此散发着的无处不在的让人神清气定敬仰有加的美感，相信自诞生以来就无可挑剔。

　　泰姬陵陵园门额上，镌刻着这样的铭文："请心地纯洁的人进入这座天国的花园。"泰姬陵不会让人想到是一座陵墓，泰姬陵是一座自称为宇宙之王的帝王的倾情纪念之作,是一座鼎盛的莫卧儿帝国以倾国之力创造的全世界最美丽的伊斯兰建筑艺术极品。

就在为泰姬陵确定地址的时候,沙贾汗便萌生出更加浪漫的设想。泰姬陵的定位,就是这一设想指导下的整体设计的组成部分。

沙贾汗的想象浪漫得不得了。他要在白色泰姬陵的对岸,为自己建造一座同样规模的黑色陵墓。他要建一座横跨亚穆纳河,连接黑白双陵的彩虹般的美丽桥梁。这是他和泰姬相望相守一同走向天堂的永恒之桥。而且,白色的泰姬陵,黑色的沙贾汗陵,与红色的阿格拉堡,在宽阔的亚穆纳河的拐弯处形成人间宫殿、天堂宫殿的既优雅又超稳定的三角形组合——如此浪漫无比的奇思妙想,让沙贾汗自己都觉得将足以使他的泰姬心满意足了。不过,还不到为自己建造陵墓的时候。他把这个蠢蠢欲动的念头暂时压在心底,更加用心用力地赶建泰姬陵。

毕竟是强大的莫卧儿帝国的帝王。泰姬陵建到大约一半的时候,沙贾汗或许意识到自己不能再这样沉溺于追忆与纪念之中了,或许他意识到身处与泰姬共同生活的阿格拉宫殿,随时随地都可以望见亚穆纳河畔日渐升高的白色建筑,以至更加难以摆脱白色的思念和黑色的诱惑,因此为了他的帝国,为了自己,他必须离开这个地方,他必须另有选择与追求。

当沙贾汗下定让他的王朝重返德里的决心后,虽然热火朝天的泰姬陵工程使得国家财政如牛负重,但这位酷爱建筑艺术的帝王还是毫不犹豫地启动了修筑德里红堡的浩大工程。

莫卧儿王朝毕竟正值鼎盛,筹集建城筑殿的资金并不是一件十分困难的事情。从1639年到1648年,整整10年时间过去了,如阿格拉红堡和泰姬陵那样,以亚穆纳河为背景,规模更加宏大的德里新红堡拔地而起。沙贾汗立即把莫卧儿王朝的首都从阿格拉重新迁回德里,并以自己的名字把德里改名为沙贾汗巴德(沙贾汗王,即宇宙之王的意思)。红堡就是首都的中心。

比起阿克巴建造的阿格拉堡来,沙贾汗德里红堡的城门更加高耸,高达

（上）泰姬陵通体都有这样精美的雕刻装饰
（下）泰姬陵西侧的清真寺

33米的八角形门塔雄伟挺拔；德里红堡的城墙更加修长，护城河更加宽深，一眼看不到尽头，看起来既壮观又觉得真是牢不可破。沙贾汗说到他的城门和外城墙时颇为得意："就像一位美丽女子的面纱一样。"在美丽的面纱里面，沙贾汗几乎原样复建了他在阿格拉堡增建的接见公众的觐见大厅和接见贵宾的觐见宫。他把做礼拜的宫殿、收藏陈列珍宝的宫殿和他豪华富丽的起居之处，建在了紧临亚穆纳河的一面。有诗歌这样歌唱沙贾汗的宫殿："如果说地上有天堂，天堂就在这里。"

沙贾汗还算勤政。他坚持每天都要在崭新的觐见大厅接见百姓，听取意见建议。这里也是公开处置罪犯的地方，比如让大象踩死，让毒蛇咬死，还有腰斩等刑法也在这里公开执行。

可惜好景不长。就在他迁都10年，泰姬陵落成5年之际，1658年，沙贾汗的儿子们为争夺汗位大动干戈。骁勇善战屡建大功的第三个儿子奥朗则，杀掉自己的兄弟，囚禁了自己的父亲，夺得了皇位。

作为儿子的囚徒，沙贾汗被送回阿格拉堡。不知是对自己父亲的宽容还是残忍，沙贾汗被囚禁在当年泰姬居住过的八角形塔楼里。

那里是眺望泰姬陵的最佳位置。

这位莫卧儿帝国最鼎盛时的雄心勃勃的国王，被关在自己的宫殿里，日日怅望着为自己的爱妃亲手建造的白色陵墓在朝晖夕映波光粼粼中美轮美奂。沙贾汗不得不怅望。他也只有怅望，只剩怅望。不过，他还得感谢泰姬，感谢自己建造的泰姬陵给了他无穷的慰藉。否则，漫长的日日夜夜何以度过？

这位曾经叱咤风云的帝王也许天天这样安慰自己：那座白色陵墓中的泰姬一定有知，一定会得到无穷的欣慰。事实上，更多的是相互的叹息。

就这样，每天，沙贾汗穿上泰姬喜欢的精心刺绣的奢华服饰，怔怔地站在拱形的窗口，怅望白色的陵墓，畅想黑色的陵墓和彩虹般的长桥。

他就这样生生地怅望了8年，直到生生地怅望而死。

泰戈尔说，泰姬陵是"一滴爱的泪珠"。

德里红堡的大门、城墙

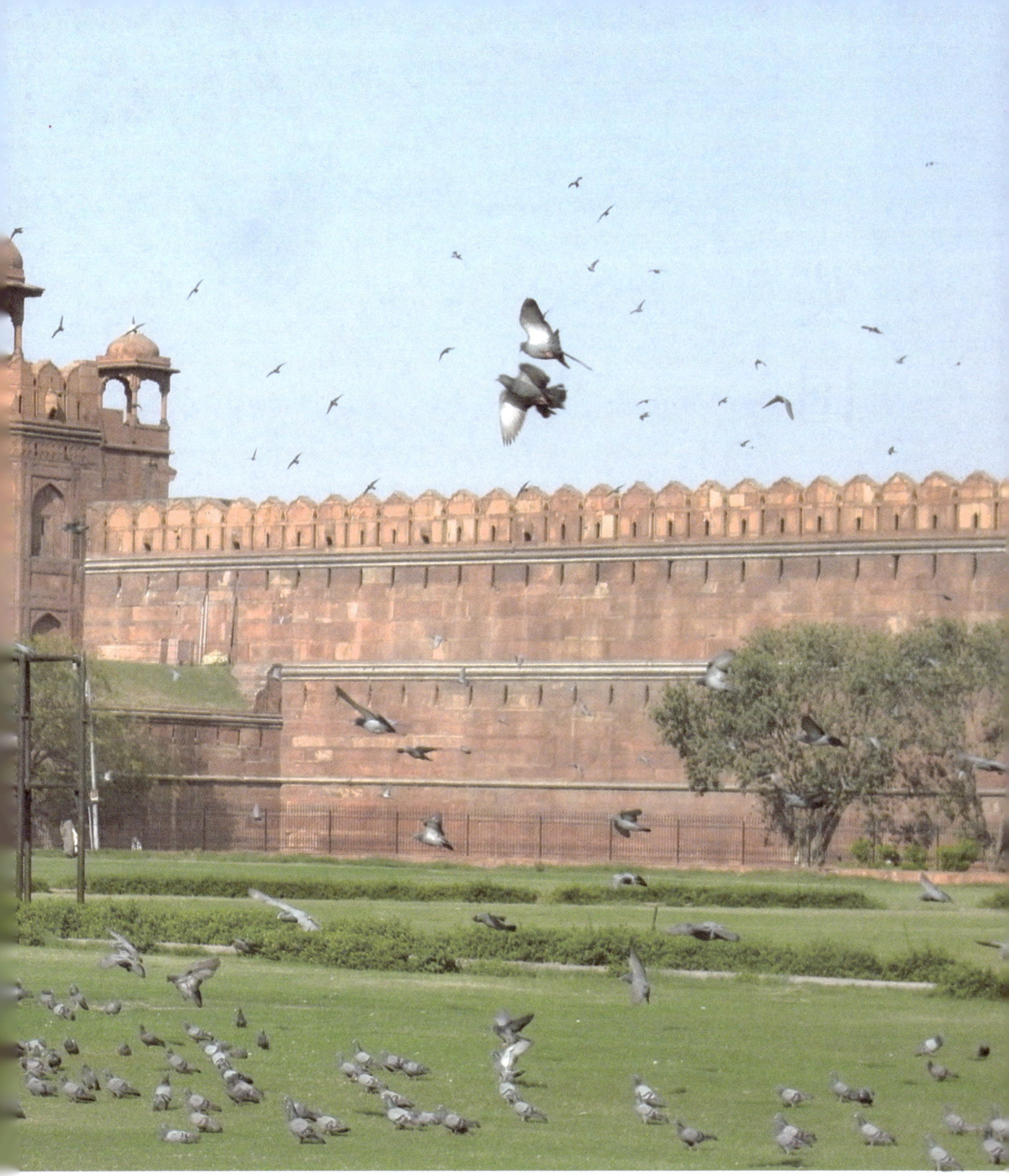

英国

肯辛顿宫前的镀金铁门

壹

从肯辛顿到白金汉

在伦敦的时间虽短，也一定得找到肯辛顿宫看看，为戴安娜。

从伦敦上空降落时就这么想过。

那一刻，看见泰晤士河在伦敦 1/3 处划了一个近乎半圆的优雅的 S 形曲线，一下子就觉得这位总在沉思往昔不待搭理现实的伦敦老绅士有了十足的韵味。像泰晤士河给了老绅士以生机那样，伦敦绅士是不是被戴安娜平民化了现代化了么一点点或很多？

那天的阳光格外清丽明朗。

到了才知道，肯辛顿离住处很近，也就十几分钟的车程。虽在市中心，但先看见的却是望不到头的草地树林——著名的海德公园。海德公园与肯辛顿公园连成一片——戴安娜的肯辛顿宫藏在树林草地的深处。

来得太早了，离开门的时间还早。镀金的宫殿铁门紧闭，铁门下几束至少是昨晚摆放的玫瑰花继续枯萎着。

据说自从戴安娜遇难后，十多年过去了，差不多每天总有花束摆放在这里。

在宫殿周围走走，只见一眼望不到边际的新鲜嫩绿的草地间，晶莹圆润

肯辛顿宫前的维多利亚女王雕塑

的露珠,在慢慢升起越来越强烈的太阳光的照射下,一个接着一个地消失着。

戴安娜曾经住在被镀金铁门封锁着的那一堆宫殿里。

被公众称为"英格兰玫瑰"的戴安娜曾经在铁门内外盛开过。

肯辛顿宫从17世纪末威廉三世时代成为王宫,一直是王室的寓所。戴安娜成为王妃后就住在这里,离婚后也住在这里,直到遇难。

1961年7月1日出生的戴安娜,本来就是一位快乐善良活泼可爱的少女。1981年与查尔斯王子结婚成为王妃后,到接连生了威廉王子、亨理王子,戴安娜应该都是快乐的。

伊丽莎白女王并不是不喜欢戴安娜,但女王的理性认为戴安娜待人接物的方式不适合王室传统。可是,悲天悯人的戴安娜却为王室吹进不少现代之风。她积极投身各种慈善事业，热心参与各种公益活动，照顾艾滋病患者、麻风病人、无家可归者，被民意测验显示为"王室最受欢迎的人"。她不是那种王室里的标准"王妃"，而是受人爱戴的童话故事里的"主角"，"人民的王妃"，甚至成为英国的"形象大使"。

戴安娜作为王妃的特立独行，的确给英国带来不少光彩，甚至带来了旅游业服装业等方面的经济效益。

肯辛顿宫因戴安娜而变化，宫里的气氛因戴安娜而轻松愉快。

不幸的是，1992年与查尔斯分居，1996年解除婚约，1997年，年仅36岁的戴安娜就遇难了。

明亮的朝阳把一棵大树的浓荫投放在嫩绿的草地上，正好与镀金铁门旁竖立的展览广告画面连接在一起，直令人觉得那个现代展更加现代了——肯辛顿宫正在举办与戴安娜有关的展览。

展览的名字好像叫"魔宫"。作品的名字有叫"王室的忧愁"的，抑或叫"恐怖"，还有叫"眼泪之裙"的。

戴安娜穿过的礼服，被木头做的模特穿着，站在打开的鸟笼子里。鸟笼子放置在一片白桦树林里。那件据说用2000多只纸鸟缝制的"眼泪之裙"，半悬在曾经是维多利亚公主的卧室里。

——确实来得太早了，开门的时间还没到，可是等待进去参观的人已经不少了。

又有新鲜的玫瑰花束增添在铁门下。

镀金的铁门虽然还紧锁着，"英格兰玫瑰"却已经早早地在铁门内外枯萎着并盛开着了。

在肯辛顿宫另一侧的草地上，维多利亚静静地沐浴着明媚的阳光。虽然关心她的人比关心黛安娜的人少得多，但她还是旁若无人地端足了国王的架势。

不知是石质的原因，抑或特意追求"磨砂"的艺术效果，纯白色的维多

海德公园边的阿尔伯特纪念塔

利亚雕像有点朦胧模糊——幸亏有这么点效果，再被清晨明丽的阳光和清爽的空气那么一过滤，维多利亚总算有了一些柔和与亲切。

肯辛顿宫是黛安娜的死地，也是几乎占据了整个19世纪的维多利亚女王的生地。

1819年5月出生在肯辛顿宫的维多利亚，虽然在出生8个月后父亲就去世了，但她在这里度过的少年时代还是无忧无虑的。唯一给她带来忧伤的可能是她的伯父——国王威廉四世——唯一的女儿的早逝。然而正是这一原因，彻底改变了维多利亚的命运。

国王驾崩了，正在绿色的草地里、树林间求得安慰的维多利亚突然就由公主变成了国王。那年她刚刚18岁。其实早在11岁的时候，她就基本上被定为继承人，她的母亲已经做好"垂帘听政"的准备。可是国王恰恰在维多利亚18岁生日刚过才死去。第二年，维多利亚在威斯敏斯特大教堂加冕。第4年，与大表兄阿尔伯特亲王结婚，此后一连生了9个孩子。夫妇二人尽量多花些时间在孩子们身上——英国第一家庭的生活成为英国人的典范。

维多利亚亲自安排孩子们的婚事：长女成为德国皇后，一个孙女成为俄国末代女皇……在欧洲有了太多皇亲国戚的维多利亚，被称为"欧洲的祖母"。

1876年，维多利亚成为印度女皇；1897年，举行在位60年庆典；之后，又继续在位到1901年去世。维多利亚算不上伟大的君主，也非才华出众之人，但在她当国王的漫长时间里，大都有良相辅佐。她的聪明集中体现在她明白在君主立宪的体制下，必须按大臣们的意见办。正因为深谙此道，后来大臣们反倒越来越听她的话了。在她的时代，工业空前发展，科学、文化、艺术面貌一新，特别是工业革命的震撼带动了社会巨变。1800年，英国70%的人口从事农业；到1900年，只有10%的人口从事农业；但同时也几乎让英国乡村和工业区陷入前所未有的社会与精神的贫乏之中。工业城市的悲惨，寻常百姓的凄苦，被狄更斯真实地描绘在《雾都孤儿》《艰难时世》等伟大的作品中。

阿尔伯特纪念塔马路对面的阿尔伯特音乐厅

英国的维多利亚时代几乎与中国的慈禧时代重叠。

看到雍容富态的维多利亚的晚年肖像,就会想到一样雍容富态的慈禧的晚年肖像,只不过穿着打扮不同罢了。

至于智商能力也不能说二者谁高谁低,但是阅读过描述维多利亚女王译本的慈禧,却于1860年、1900年先后两次饱受维多利亚女王派出的军队的烧杀劫掠之害——此中原因,真让人寻思不尽。

在维多利亚时代,表现得最才华横溢最光彩照人的,非维多利亚的丈夫阿尔伯特亲王莫属。

在工业革命非凡成就的激励下,阿尔伯特突发奇想——为了庆祝、炫耀英国在19世纪中期成为世界帝国与工业巨人,于1851年5月1日—10月15日举办也首创了世界博览会。

会场就设在肯辛顿宫前面的海德公园的绿草地上。

从最庞大的蒸汽引擎，到来自印度的最精细的金丝珠宝饰品，博览会汇聚了 10 万种展品。中国的丝绸、茶、中草药、蜡、棉花、扇子、漆器、鼻烟壶等产品参展，中国商人徐荣村选送的"荣记湖丝"获金、银奖牌各一。总计有令人无法想象的 600 万人参观了博览会。海德公园里为博览会新建的被称为水晶宫的巨大温室，大到可以把很大很大的大树栽在里面。

阿尔伯特在肯辛顿宫一手导演的"英国印象"，立刻让全世界瞠目结舌。

这个时代的英国的确有许多改变时代的伟大创造：世界第一条载客铁轨宣告建成；1833 年全面废除奴隶制；1848 年的麻醉剂消除了人们对手术的恐惧；1859 年达尔文《进化论》问世；1870 年实施全民教育到 11 岁；1880 年代家家户户使用电力照明或取暖，驱走了阴霾雾塞的寒冷冬日；1882 年发布古迹保护法；1895 年组成国家信托基金会对乡间及其遗迹提供保护。

这一切的集中展示与陆续实现，与阿尔伯特关系密切。可惜的是，为维多利亚女王做足了宣传文章的阿尔伯特，在 1861 年 42 岁时英年早逝。

阿尔伯特这么早就舍维多利亚而去，成为女王一生中最大之痛。从此以后，这位风光无限的英国女王，开始了差不多可以称为"隐居"的生活。一年四季她都穿着黑色的衣服，一年中的大多数时间她都在远离白金汉宫的温莎堡度过，以致有人不无刻薄地把她叫作"温莎寡妇"。

由于这位"欧洲祖母"自此之后的深居简出，皇亲国戚便接踵而至，温莎堡几乎成为欧洲皇族的宫殿。

在肯辛顿公园的另一边，紧邻宽阔的大马路，与肯辛顿宫前面小巧、洁白、柔和的维多利亚女王雕像形成鲜明对比，阿尔伯特高耸雄伟的金色塑像在太阳照耀下放射着夺目的金色光芒。

这是维多利亚为自己钟爱的丈夫建立的直上云天的金色纪念塔。

马路对面，稳重而典雅的半圆形音乐厅就叫作阿尔伯特音乐厅，也是女王为纪念丈夫建立的。并且，自建成之后，每年一度的国情报告都在这里举行。

维多利亚及阿尔伯特博物馆

  在温莎堡圣乔治大教堂旁边，维多利亚用大理石和花砖重建了纪念阿尔伯特的专用教堂。

  据说在英国各地，到处可见关于阿尔伯特的纪念建筑——大概这位女王的后半生，基本上沉浸在对丈夫的怀念中了。

  不过，抛开女王个人的感情和握有的权力不说，阿尔伯特倒真是位值得纪念的了不起的人物。就凭他举办了首次规模空前的世界博览会，建起和筹划了至今仍是世界著名的两座博物馆，就值得让后人纪念。

  这两座博物馆，一座是维多利亚及阿尔伯特博物馆，一座是自然历史博物馆。

"欢迎来到世界上最伟大的装饰艺术博物馆"——维多利亚及阿尔伯特博物馆醒目的宣传词，表明这座由阿尔伯特亲自督建的博物馆，以藏品最丰富、最兼容并蓄成为世界上最大的装饰艺术博物馆而自豪。

阿尔伯特建造这座博物馆有两大目标：一是收藏首届世界博览会的展品，一是期望成为英国建筑艺术、建筑工匠的骄傲。这座博物馆不仅规模宏大，且内部结构异常复杂。迷宫般的展线长达10公里以上，数不清的展室展品大致可分为艺术与设计、工具与技术两大类。就建筑本身而言，教堂式的圆顶尖顶、华丽丰富的外墙结构与装饰，不论从哪个角度看起来均显经典的风范。

与建造这座博物馆同时筹划的自然历史博物馆，仅隔一条不宽的马路与维多利亚及阿尔伯特博物馆高高并列。自然博物馆从外到内，类似大教堂的法国罗马式建筑，更能显示出维多利亚风格。

来到白金汉宫，已是日暮时分。

英国是古老的，但白金汉宫作为皇宫却是年轻的；这里至今仍然是皇宫，并且不知道会延续到什么时候。

最初由白金汉公爵于1705年兴建的这组叫作"白金汉屋"的建筑，不久就被乔治三世买下送给他的妻子。19世纪20年代、20世纪20年代经数次扩建；1931年用石料装饰了外墙面；此后白金汉曾做过大英帝国的纪念堂、美术馆、办公厅、藏金库。

白金汉作为皇宫的历史是从维多利亚开始的。1837年，维多利亚女王即位以后，这个地方正式成为皇宫。所以，在白金汉宫前的广场上，维多利亚女王塑像在金色的天使翼下毫不客气地唯我独尊着。

在这座现在拥有600多个厅室，除皇室起居与皇务活动外还收藏和展览着各类艺术品的英国皇宫前，每天上午11时半，头戴高耸的黑毛皮帽，身穿红衣黑裤的皇家卫队，准时举行引人注目、动作有些夸张的换岗仪式。

自然历史博物馆

今天的换岗仪式是看不到了,但看见国旗在暮色里飘扬着,便知道女王正在宫中。还看见白金汉宫一侧的长条海报,知道宫中的"女王"美术馆正在举办维多利亚夫妇"双人展"。

长条海报正中的维多利亚和阿尔伯特彩色头像在暮色里格外醒目,笑容可掬;可能是从某幅油画中挖出来的。虽不知展览的是什么内容,但一看这海报,又立刻想到维多利亚及阿尔伯特博物馆,想到这座博物馆有点另类的名字。再想想倒也没什么不妥:女王执政,丈夫从文;算得上丈夫为女王,女王为丈夫的一对绝配。

白金汉宫前的维多利亚女王雕塑

白金汉宫在海德公园的东头，肯辛顿宫在海德公园的西头。可这一东一西就大不一般了。

从维多利亚到黛安娜，英国的、英国王室的许多事情传下来了，但绝对不是无论什么都可以传承下来。

比起维多利亚来，黛安娜的笑容更加灿烂。因为灿烂，所以枯萎；因为枯萎，所以更加灿烂。如现在肯辛顿宫镀金铁门下的玫瑰，天天枯萎，天天盛开。

暮色中的白金汉宫

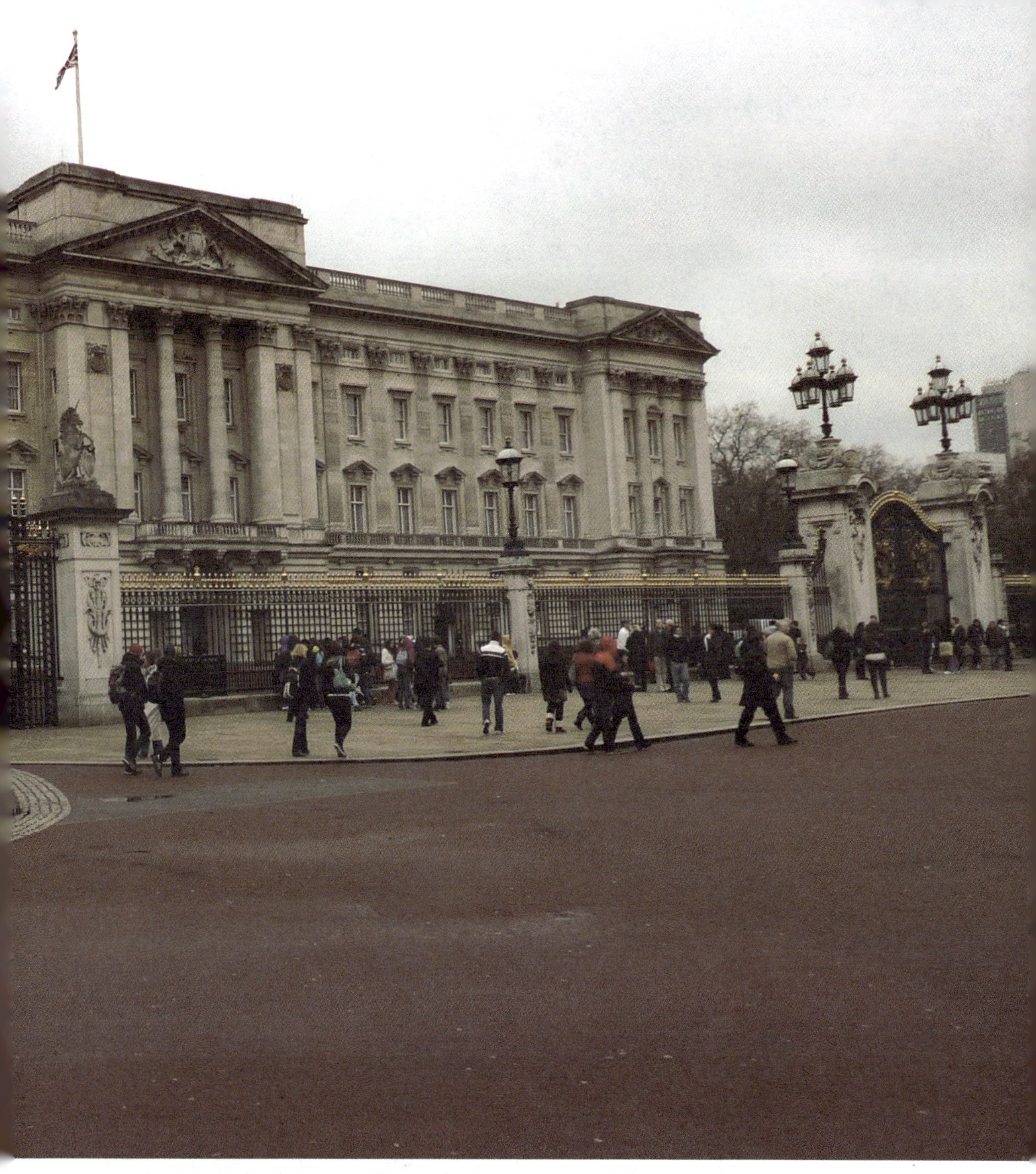

最早建造的飘扬着温莎堡旗帜的中心塔楼

贰

皇家堡垒

　　看见温莎堡的时候，才突然明白阿尔伯特英年早逝后，无法摆脱纠结于心底的忧伤的维多利亚女王，为什么只好也只能躲进这个地方，把她的后半生交给温莎堡了。

　　不只维多利亚女王，所有英国王室的人们几乎没有一个不把温莎堡当作他们的精神栖息地。王室做出明确规定，每年的4月和6月，女王须在温莎堡内正式居住。除此之外，女王和王室其他成员的大部分私人周末，基本上也是在温莎堡度过的。

　　住在伦敦城里的人们，一到周末，会像游动的鱼群，迫不及待地离开拥挤的都市，离开住厌了的家，至少会到都市周边去寻找新鲜和快乐。

　　女王和王室成员一到周末，也会像伦敦的市民那样匆匆离开市中心。但他们是离开城里的家，回到离伦敦不远不近恰到好处的乡下的家。对于他们大多数人来说，温莎堡是属于世界的，更是他们自己的最浪漫的城堡，同时又是最豪华最有特权最为古老的城堡，所以也是最适合他们休憩度假的地方。

　　沿泰晤士河往西，穿过整洁安静的村庄，经过高墙遮挡着的富裕人家的庄园，到了泰晤士河流经皇家伯克郡大片碧草如茵林木盎然的地段，便看见

从温莎镇看温莎堡

镇守在隆起的高地上的一大片巍然古堡。

既粗砺又齐整的石块垒砌的厚实城墙，随地势曲折起伏。同样粗砺齐整的石块垒砌的圆形的方形的塔楼闸门高下错落——从伦敦到温莎堡，仅仅个把小时，仿佛穿过了许多时空，古老的巍峨威严就横在眼前了——这大概就是温莎堡吸引着从国王到百姓不断来去的无穷魅力吧。

英国王室对温莎堡的情有独钟，是因为将近千年的历史告诉他们，温莎堡是大英王国牢不可破的皇家根据地。只要一进入温莎堡，甚至只是远远地望见了温莎堡，或者仅仅是想到了温莎堡，那种根深蒂固的稳定的感觉、安全的感觉，就会油然而生。

最初的温莎其实只是英王国一处小小的山寨——围绕在伦敦周边的一连串要塞中的一个。只是因为成为要塞之前，大约公元 1066 年前，这个地方就是皇家的狩猎场；又因为高出泰晤士河谷 30 多米而成了这一带唯一的天然屏障；离伦敦城也近，所以，温莎要塞就被特别看重了。

最早的建筑物出现在 1080 年。在小小山脊的正中位置上，做起了泥土

亨利三世国王闸门，现为观众出口

护堤，建起了一座土木结构的房子。虽然只有孤零零的主体建筑，且纯粹为防御而建，但整体的城堡式规划设计却既标准又具特色，因而不少人建议，把这个地方作为皇室居住地使用。

从12世纪的国王亨利一世，到他的孙子亨利二世，就不停地按照皇家居住需要扩建。城堡的规模渐渐显示出来了。堡内建起了独立的皇室内舍，建起了接待官员、宾客的国家寓所和大厅；土木组合的外墙更换为石块垒砌；标志性的圆形塔楼矗立起来了。到亨利三世，教堂也建起来了。

14世纪，爱德华三世大规模改扩，终于把城堡式的要塞变成哥特式的宫殿，上、中、下三个建筑功能区基本形成。下区的圣乔治学院，上区的两个大的圆形塔楼与一个小一些的方形塔楼组成的内闸楼，独立的国王和王后的房间与众多的皇家寓所，围绕着长方形的内部庭院。爱德华四世又在亨利三世的教堂旁边，建造了一直保留到现在的圣乔治大教堂。

在17世纪中期的英国内战中，温莎堡被议会军队占领，并被当作监狱使用。被处决的国王查理一世安葬在圣乔治大教堂内。1660年恢复君主制后，

温莎堡仪仗队

国王查理二世决定使温莎堡重新成为市区外的主要皇宫,并为此进行了为期11年的修缮改造工程。这一次在建筑内部的艺术装饰上最下功夫,也最见成效。最重要的国家寓所,被改建扩建装饰成英国最宏伟的巴洛克式宫殿。

为了把温莎堡改造得更加堂皇气派、更加舒适宜居,19世纪的乔治四世国王,在他的总艺术顾问的影响下,还发起了一次专为温莎堡的设计比赛。结果是把600多年前由亨利二世建造的标志性圆形塔楼,增高到高出泰晤士河面65.5米;增建了防护墙和塔楼;新建了纪念打败拿破仑的滑铁卢大厅;新建了陈列乔治四世大量艺术珍藏的艺术展厅。

历经近800年的不断完善,温莎堡似乎完美无比了,甚至没有给把自己的后半生交给温莎堡的维多利亚女王留下任何施展她才华与权力财力的机会。不过,维多利亚女王确有她的过人之处。她于1845年做出的将温莎堡上区的国家寓所一带定期向公众开放的决定,比起她之前所有努力地营造皇家堡垒的国王们的做法,要开明得多。维多利亚女王唯一给予温莎堡的,是

举行各种仪式的方庭位于温莎堡上区，查理二世的骑马铜像是 1679 年的作品

把圣乔治大教堂旁边不再使用的老教堂用大理石和花砖重建，以怀念 1861 年就早早地在这里逝世的丈夫阿尔伯特亲王。

曾经称霸世界的英国人，一直有意无意地让温莎堡怀念并展示自己的光荣与梦想。

最早的造梦者，是把温莎堡要塞首先营造成温莎堡皇宫的爱德华三世。

爱德华三世一手创建了世界上最古老最重要的嘉德勋章骑士团。英法战争期间，他就在温莎堡主持了多次比武活动。1348 年，他刚刚从战胜法国的前线归来，就着手建立起由他本人和另外 25 名骑士爵士组成的嘉德勋章骑士团。骑士团中的大部分骑士，曾随他远征过法国。此后的两个世纪，在温莎堡，每年都会按时为新的勋章骑士举行定期三天的庆祝活动——后来渐渐淡化。

但到了 1948 年，国王乔治六世下了一道命令，令嘉德勋章骑士在温莎堡集会，以庆祝嘉德勋章骑士团成立 600 周年，并规定此后每年的纪念日都

温莎堡辖区的圣乔治大教堂、阿尔伯特纪念教堂及举行嘉德勋章骑士列队仪式的广场

要在温莎堡举行盛大的列队游行庆祝仪式。这个传统一直保留至今。现在,嘉德勋章骑士团的组成人员包括了女王和其他重要的皇室成员以及国内的重要人物。

一年一度的庆祝纪念仪式是温莎堡最为张扬最为热闹的时刻。身着盛装的嘉德勋章骑士团,由退伍军人组成的温莎军骑士团、应邀的宾客、围观的群众,浩浩荡荡地塞满温莎堡内的道路和庭院。此时此刻,从女王到骑士,到偶或到此一游的参观者,仿佛一同走进温莎堡昔日的辉煌梦境之中。

在温莎堡参观,印象最深的两处,一处就是600年来与嘉德勋章骑士团有重大关系的圣乔治礼堂。这个宏大的礼堂因此而成为温莎堡最具历史性的建筑。

长达55米的大厅两侧,排列着白色的大理石雕像。两面的墙壁上,装饰着不同时代的武器与盔甲组成的雕塑。从大厅周边的墙面上，到高高的橡木制作的穹隆天花板上，布满从古至今所有嘉德勋章骑士的将近700块五颜六色的纹章盾徽。

圣乔治礼堂现在是女王举行国宴的地方。相信所有应邀赴宴的人，只要抬头仰望，便能看见英国历史的天幕上星斗闪烁。

每年嘉德勋章骑士日的午餐，特意安排在另一侧的滑铁卢厅。每到这一天，可设60个位子的长条餐桌上，摆满芬芳的鲜花、亮晶晶的镶银餐具和每年只拿出一次的皇室珍藏的瓷器。座椅靠背后，嵌有各位嘉德勋章骑士的椅牌，如现在开重要会议时的桌签。在国王的率领下，以国王为核心，大家依次坐定，大杯喝酒，大块吃肉，想来颇有另一番味道。

另一处留有深刻印象的是引发温莎堡大火的地方。

作为皇家引以为豪的牢固根据地，温莎堡的历史，基本上是不断地增补完善的历史，从没有遭受过大的破坏，包括第二次世界大战遭到轰炸的时候。但在1992年11月20日这一天，却发生了一场意想不到的大火。事后查明，大火是由维多利亚女王私人教堂里的射灯照燃了祭坛上的窗帘引起的。火势迅速蔓延，维多利亚小教堂及旁边相连相通的圣乔治礼堂、大接待室被烧毁，周边的一些房子亦受到程度不同的破坏。

这一事故固然重大，但更让人关注的是对待这一事故的态度。英国皇室并没有故意隐匿或无意中淡化此事，而是大书特书。官方导览手册里，有温莎堡正在燃烧的火光冲天的大幅照片，有女王视察灾情的小幅照片。

着火点处未被烧毁的屏风石块，被原地保护下来，作为火灾纪念碑。碑上刻着清晰醒目的文字："1992年11月20日的火灾从这里开始。重建被大火烧毁的部分在5年后才完成，即1997年11月20日。这一天也是女王伊丽莎白陛下与爱丁堡公爵结婚50周年日。"

来自世界各地的每一位进入温莎堡的参观者，都看得清清楚楚。

回望温莎堡，周边人群车辆越是熙攘，越觉温莎堡远隔尘世。

厚实的随地势而高低不一的石头墙和不规则地凸出在墙体间的圆形的、方形的19座塔楼，三座闸门，把占地5万多平方米的温莎堡围得严严实实。

或许是既坐落在斜坡上又不规则的缘故，温莎堡看起来反倒更显得无比稳固。

想想里面高高低低、疏密错落、堡中有堡的上、中、下三个区域，想想那座位于城堡最高处，位于中区城堡中心的圆形塔楼，不管是在堡里看还是从堡外看，始终吸引着人们的目光，因为总有一面旗帜在它的上面高高飘扬。当女王在堡内时，飘扬着温莎堡皇室的皇旗，其余时间则飘扬着英国国旗。想想这座最早的、最高的、最坚固的堡垒存放着最核心的皇室档案文献照片；想想每年在这里举行的年度国会开幕、女王寿辰游行、嘉德勋章骑士团委任新骑士仪式——想想这些，就觉得这座矗立在伦敦郊外小山坡上的古老城堡，虽不在城市的中心，却是中心外的中心。

是伦敦的中心，是英国的中心。

伦敦市中心也有一座古堡，叫伦敦塔。伦敦塔不仅在伦敦市中心，历史也比温莎堡久远，是伦敦的真正起点。来到这个地方，却顿生蛮荒之感。穿过繁华闹市，忽然发现一座古堡沉在绿色洼地里时，的确让人恍惚而惊异——古老的城堡怎么会漂移进现代的都市？眼下碧绿开阔的洼地，应该是当年城堡的护城河或护城壕。不过肯定不会有现在这么宽。伦敦城外温莎堡的高墙，将乡村原野与城堡隔绝；伦敦城中伦敦塔碧绿的洼地与同温莎堡差不多的高墙，将闹市与古堡隔绝。但退回到1000年前温莎堡初创的时候，甚至退回到2000年前罗马人占领的时候，现在伦敦塔的周围定然蛮荒无边。

从公元初到公元400年，罗马人在这里统治了400年，也开拓了400年。罗马人留下了城堡、别墅、浴场、黄金饰品、美丽的银器、漂亮的马赛克、玻璃制品、精致的大理石雕像，整整齐齐干干净净地走了。罗马人将很大的空间留给新的创造者——神话人物亚瑟王，留给来自北欧的强悍的海盗们。

于是，这个地方又退回到蛮荒之中。于是，征服者威廉攻陷了伦敦城，

伦敦塔外层城墙和护城壕

在泰晤士河北岸修建了木制防御工事，顽强抵御渡海而来的海盗。

1097年，在泰晤士河稍稍靠上游一点的伦敦城外的温莎建起土木要塞之后，这里的城堡就出现了。因十几米高的塔楼矗立起来成为标志建筑，这城堡便得了伦敦塔的名称。经数百年的改扩建，成为今天看到的古气森森的格局。

伦敦塔的防护更为严实。高耸厚实的外层围墙内有外巡逻道；外巡逻道内有内层围墙、内巡逻道；外层、内层围墙间均筑有圆形方形的塔楼。那座最早建立，也是最高最大的塔楼，矗立在城堡最中央的位置上，真正是墙里有墙，塔中有塔。从导览图上数一数，塔楼共19座，不多不少，与温莎堡塔楼数完全一样，不知只是偶合，还是另有关系。

毫无疑问，这样的建筑格局建筑格调出现在平缓的山坡间或耸立在险要的悬崖峭壁上更为得体，一旦被围困在现代都市之中，便不得不变成超越时

（上）伦敦塔旁泰晤士河上的伦敦桥
（下）最早建立的伦敦塔中央塔楼，因 1241 年被刷成白色后称白塔

空的外来的庞然大物。

伦敦塔给人的蛮荒感，除了自身的历史和建造的特色外，更由于它的血腥气。虽然也是一处千年的皇家堡垒，数百年的皇室住所；虽然也能看见内里的尊贵和奢华；但在经历30多次王权的更替后，伦敦塔似乎始终是皇室的牢狱，始终是皇室关起门来用囚禁、严刑、处死等隐秘手段和阴谋诡计解决皇族内部问题的地方。

这样的地方尤其需要牢固和严密，这样的地方连名称也充满血腥气。

紧临泰晤士河的外墙下有一座低矮结实的铁门叫叛徒门。当年在不远处的威斯敏斯特经审讯被判决为叛徒卖国贼的人，立即被押送上船，沿着泰晤士河从叛徒门进入设在伦敦塔中的牢狱里。

叛徒门正对着的内层围墙间的塔叫血腥塔。1471年，爱德华四世下令在血腥塔旁处死精神失常的亨利六世。12年后，爱德华四世驾崩，其子爱德华王子、理查德王子被叔父格洛斯特公爵带到伦敦塔，此后就再也没有人看见过这两位王子，而格洛斯特当年就被加冕为理查三世。直到1647年在血腥塔附近发现两位王子的骸骨后，才证实了理查三世弑侄篡位的阴谋。

亨利八世的两任王后，先后在这里被砍头处死，其中一位就是伊丽莎白一世的母亲。

在伦敦塔内看着现在仍然穿着红黑相间的亨利八世时期服装的守卫们尽职尽责地走来走去，想着他们每天晚上9时35分，准时举行象征性的伦敦塔"上锁"仪式；还有，看见被视为伦敦塔吉祥鸟的大乌鸦飞来飞去（据说当大乌鸦一旦离开，伦敦塔就会倒塌，王国随之覆灭），伦敦塔的历历往事就浮现在眼前。

矗立于伦敦塔中央的那座已有近千年历史的塔楼，现在是皇家军械武备珍藏展馆，刀光剑影里能看见亨利八世的铠甲。叫作滑铁卢营房的建筑里，是皇家的珍宝展馆，陈列着各种王室的戒指、宝剑、权杖等，镶有"光明之山"钻石的伊丽莎白二世王冠、维多利亚女王加冕典礼上的帝国王冠、镶有世界

威斯敏斯特大教堂

第一大钻石"非洲之星"的权杖，件件举世瞩目。

血腥塔、武备馆、珠宝室以如此特别的方式，集中展现在充满蛮荒感的皇家伦敦塔里，或许同时也最能见证和说明权位、阴谋、虐杀、争战、掠夺、财富之间的真实关系。

位于伦敦中心，曾经是王国中心的伦敦塔，早已不是王国的中心了；位于伦敦边缘、曾经不是王国中心的温莎堡，至今仍然是王国的中心——出入于这两个地方，的确很有些奇异的感受。

还是在泰晤士河畔，还是皇家的要地，介于二者之间的威斯敏斯特区正好是边缘与中心二者之间的平衡地。

从泰晤士河对岸望过去，让人久久注目的议会大厦及大本钟、宏大精致到如塔楼组成的巨大城堡、临河排列的座座尖顶直冲蓝天，平添了轩昂的风采。

议会大厦准确的名字应该是威斯敏斯特宫，是由曾经作了六个世纪的皇宫改建而成的，现在是为英国人制定法律的地方。与它并列在一起的大本钟，及时准确地为英国人报时。无论从哪个角度看，它们都不愧为伦敦的标志。

坐落在议会广场另一侧的威斯敏斯特大教堂，不只是英国最大最美的哥特式教堂，更是英国政治、宗教和君主政体并存的实体、记忆与象征。

从征服者威廉即位开始，近千年来已有38次国王加冕典礼在此举行。皇室的葬礼也在这里举行。不少君王长眠此地，还有不少故事陪葬在里面。一些历史名人、文化名人也获准葬在教堂的角落里。如诗人之角、音乐家长廊里的乔叟、斯宾塞、勃朗宁、密尔顿、拜伦、王尔德、莎士比亚、狄更斯、琼生、普赛尔、牛顿、法拉第、达尔文、李斯特、丘吉尔，等等。

与温莎堡和伦敦塔不同，这个地方一直是开放的。

皇室明白，婚礼、葬礼、加冕礼都是要给人看的，看到的人越多越好，这足以给权位增光添彩。这类面子上的事情完全可以大张旗鼓地操办，不需要也不应该在封闭的如温莎堡、伦敦塔这样的堡垒中进行。

从泰晤士河对岸看威斯敏斯特议会大厦和大本钟

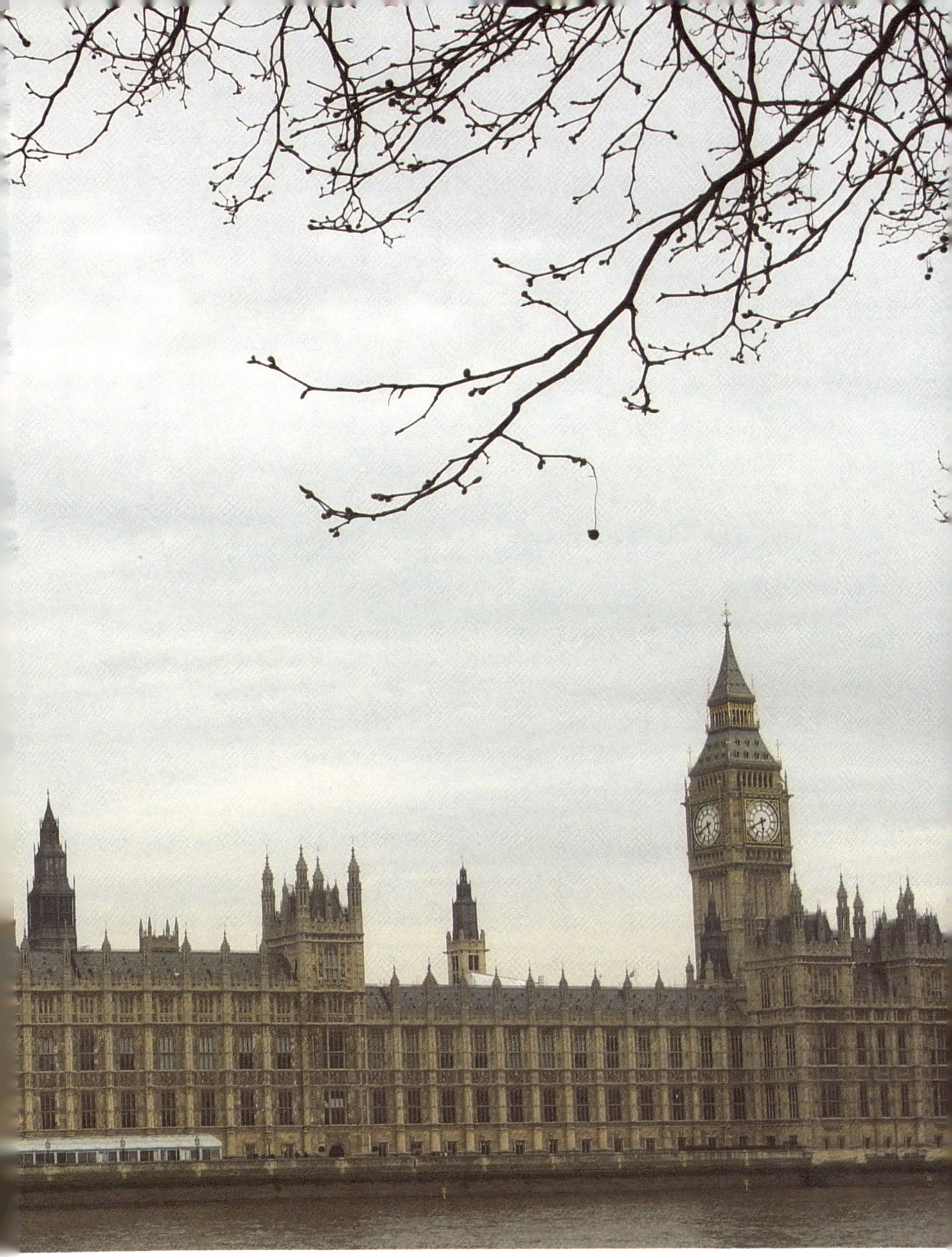